中國學術思想 研究輯刊

二 五 編

林 慶 彰 主編

第 8 冊

胡安國《春秋傳》的王道思想（上）

戴 金 波 著

花木蘭文化出版社

國家圖書館出版品預行編目資料

胡安國《春秋傳》的王道思想（上）／戴金波 著 — 初版 —
新北市：花木蘭文化出版社，2017〔民106〕
目 4+178 面；19×26 公分
（中國學術思想研究輯刊 二五編；第 8 冊）
ISBN 978-986-404-919-6（精裝）
1.（宋）胡安國 2.春秋（經書）3.學術思想 4.研究考訂
030.8   106000985

ISBN-978-986-404-919-6

9 789864 049196

中國學術思想研究輯刊
二五編 第 八 冊   ISBN：978-986-404-919-6

胡安國《春秋傳》的王道思想（上）

作　　者	戴金波
主　　編	林慶彰
總 編 輯	杜潔祥
副總編輯	楊嘉樂
編　　輯	許郁翎、王筑　美術編輯　陳逸婷
出　　版	花木蘭文化出版社
社　　長	高小娟
聯絡地址	235 新北市中和區中安街七二號十三樓
	電話：02-2923-1455／傳眞：02-2923-1452
網　　址	http://www.huamulan.tw 信箱 hml810518@gmail.com
印　　刷	普羅文化出版廣告事業
封面設計	劉開工作室
初　　版	2017 年 3 月
全書字數	323259 字
定　　價	二五編 20 冊（精裝）新台幣 38,000 元

胡安國《春秋傳》的王道思想（上）

戴金波　著

作者簡介

戴金波：男，出生於 1978 年 10 月，湖南汨羅人，本科畢業於湖南師範大學歷史系，研究生畢業於湖南大學嶽麓書院，師從朱漢民先生，研究中國思想文化史，獲歷史學博士學位，參與 2 項國家社科基金重大項目，在《中國哲學史》、《齊魯學刊》、《湖南大學學報》（哲社版）、《西北大學學報》等期刊發表學術論文多篇，並有論文被人大複印資料全文轉載。

提　要

　　「尊王」是《春秋》學的傳統，胡安國闡發了「《春秋》尊君抑臣」、「尊天子抑制諸侯」的經義。《胡傳》的「尊王大義」既是對傳統的繼承，又有新的發展。《胡傳》尊王之義的背後，是宋儒重建「禮樂征伐自天子出」的「大一統」秩序的願望。宋代有一套得到士大夫階層認同的「祖宗之法」。胡安國《春秋傳》對「祖宗之法」的闡釋主要集中在三個方面：主張「兵權不可假人」；要求防範宗室、外戚、後宮干政亂政；提倡人臣崇尚「忠義氣節」。

　　胡安國闡揚「尊王大義」，但並不主張「絕對君權」。他希冀君主秉持「天地之性」，成為「聖王合一」式的理想統治者。胡安國的「崇道」思想是對傳統天命論、災異論的「揚棄」，董仲舒天人感應論和啖趙學派「舉王綱、正君則」大義也對《胡傳》產生影響。胡安國提出了「聖人以天自處」說，認為聖人「是天理之所在」，有資格貶黜天子。

　　宋儒的王道理想在《胡傳》中得到全面反映。胡安國王道理想的終極依據是與「天理」同一的「元」，其價值取向體現在王霸義利之辨，而王道的「實現途徑」則在於「天下為公」。《春秋傳》發展了傳統的「君臣一體」論，認為「卿大夫」是「國君之陪貳」，提出人臣與天子「共天位治天職」，體現了宋代「與士大夫共治天下」政治文化。

目次

第1章 緒 論

1.1 文獻綜述

1.1.1 胡安國《春秋傳》的成書及影響

胡安國（1074～1138），字康侯，謚文定，建寧崇安績溪里（今屬福建）人，世稱武夷先生。北宋哲宗紹聖四年（1097）中進士，歷仕哲宗、徽宗、欽宗、高宗四帝，歷任府學教授、太學錄、太學博士、湖北路學事、湖南路學事、給事中、中書舍人兼侍讀、寶文閣直學士，但「自登第迄謝世，四十年在官，實歷不及六載」〔註1〕〔1〕。晚年長期隱居湖南衡山，創碧泉書院、文定書堂，致力於著書、講學、授徒，成為湖湘學派的先驅。其主要著作有《春秋傳》三十卷、《文集》十五卷、《資治通鑑舉要補遺》一百卷，後二者今皆不存。胡安國「強學力行，以聖人為標的」，「正義直指，風節凜然」，被謝良佐稱讚為：「如大冬嚴雪百草萎死，而松柏挺然獨秀者也。」〔註2〕〔1〕其生平事跡可敬可佩者頗多，俱見於《伊洛淵源錄》、《朱子語類》、《宋史》本傳、《宋元學案》及其子胡寅所撰的《先公行狀》。

胡安國畢生致力於《春秋》之學，《春秋傳》是其代表作。紹興二年（1132）胡安國兼侍讀，專講《春秋》，「時講官四人，援例乞各專一經。上（高宗）曰：『他人通經，豈胡某比。』」〔註3〕〔2〕紹興五年（1135）「除徽猷閣待制，

〔註1〕 脫脫，宋史（卷四三五）‧儒林五‧胡安國傳，北京：中華書局，1999，10075。
〔註2〕 脫脫，宋史（卷四三五）‧儒林五‧胡安國傳，北京：中華書局，1999，10076。
〔註3〕 胡寅，斐然集（卷二十五）‧先公行狀，長沙：嶽麓書社，2009，516。

知永州」，胡安國堅辭。高宗「詔以經筵舊臣，重閔勞之，特從其請，提舉江州太平觀，令纂修所著《春秋傳》」〔註4〕〔1〕。紹興六年（1136）書成進入，高宗謂其「深得聖人之旨」。《宋元學案》謂：「（安國）初學《春秋》，用功十年，遍覽諸家，欲求博取以會要妙，然但得其糟粕耳。又十年，時有省發，遂集眾傳，附以己說，猶未敢以爲得也。又五年，去者或取，取者或去，己說之不可於心者，尚多有之。又五年，書成，舊說之得存者寡矣。及此二年，所習似益察，乃知聖人之旨益無窮，信非言論所能盡也。」〔註5〕〔6〕其用功之深與成書之難如此！

胡安國的《春秋傳》在宋代《春秋》學史上佔有非常獨特的地位。宋代《春秋》學極其繁盛，四庫館臣稱「說《春秋》者莫夥於兩宋」〔註6〕〔49〕。《宋史‧藝文志》所錄經部書中，《春秋》類達二百四十種，二千七百九十九卷，在數量上遠遠超過其它經類，《四庫全書》錄《春秋》類共一百一十四部，一千八百三十八卷，其中宋代著作三十八部，六百八十九卷，佔了總數的三分之一。而在卷帙如此浩繁的宋代《春秋》學著作中，最爲引人注目的就是胡安國的《春秋傳》，因其卓著的成就和影響，學界亦稱之爲《胡傳》。《胡傳》不僅被宋高宗稱讚，還獲得了朱熹的基本認可。宋代學術史上一個頗有趣味的現象是：胡安國於諸經之中唯獨選擇了《春秋》爲其作傳，而朱熹遍注群經，卻偏偏沒有注解《春秋》。雖然不能證明朱熹不注《春秋》是因爲已經有了《胡傳》，也儘管朱熹對它有種種不滿，但他確實承認自己「平生不敢說《春秋》，若說時，只是將胡文定說扶持說去」〔註7〕〔44〕。

胡安國《春秋傳》在後代學術史上也有重要地位，《春秋》學史上有尊胡一派。宋末陳深著《讀春秋編》，首倡尊胡。元儒俞皐作《春秋集傳釋義大成》，而將《胡傳》與三傳同列。吳澄（1255～1330）爲該書作序，「序謂兼列胡氏，以從時尚。而『四傳』之名，亦權輿於澄序中。《胡傳》日尊，此其漸也」〔註8〕〔49〕。至正年間，李廉著《春秋諸傳會通》，把《胡傳》與三傳並列而稱爲「四家」，並對科舉考試並用三傳與《胡傳》給予很高的評

〔註4〕脫脫，宋史（卷四三五）‧儒林五‧胡安國傳，北京：中華書局，1999，10072。

〔註5〕黃宗羲，宋元學案‧武夷學案，北京：中華書局，1983，1173。

〔註6〕紀昀，四庫全書總目（卷二十九）‧日講春秋解義，北京：中華書局，1965，234。

〔註7〕朱熹，朱子全書（第17冊）‧朱子語類（卷八十三），上海：上海古籍出版社，合肥：安徽教育出版社，2002，2838。

〔註8〕四庫全書總目提要（卷二十八），上海：上海古籍出版社，1987，560。

價。汪克寬著《春秋胡傳附錄纂疏》,「一以《胡氏傳》爲主」,是羽翼《胡傳》的得力之作。虞集爲之作序:「能取胡氏之說,考其援引之所自出,原類例之始發,而盡究其終。」〔註 9〕〔49〕到了明代,《胡傳》的地位更加鞏固。永樂年間,胡廣等修《春秋大全》,「經文以胡氏爲據」,實際是照抄汪氏《纂疏》而成。〔註 10〕後來姜寶著《春秋事義全考》,雖在個別經義上對《胡傳》有異議並間或有所匡補,但仍以《胡傳》爲宗。

胡安國《春秋傳》在科舉史上亦有重要影響,曾風行科場數百年。元仁宗皇慶二年(1313),「國家設進士科以取人,治《春秋》者,三傳之外,獨以胡氏爲說」〔註 11〕〔52〕。此後,《胡傳》被懸爲功令,成爲科舉取士的標準。《四書五經大全》頒佈之後,科舉考試並用《胡傳》和張洽《集注》,後來張氏書漸漸棄而不用,「遂獨用安國書,漸乃棄經不讀,惟以安國之《傳》爲主」〔註 12〕〔49〕,《胡傳》由是定於一尊。《胡傳》在科考中的獨尊地位直到清初才因其嚴於夷夏之防而被取消。這是《胡傳》流傳史上的轉折點。清代的《御製春秋傳說彙纂》「於安國舊說,始多所駁正,棄瑕取瑜,擷其精粹」〔註 13〕〔49〕,所駁所棄者,大多是華夷之辨的內容;而所取所擷者,則多是維護君臣綱常的「尊王」、「大一統」之說。《四庫全書》雖將《胡傳》「謹校而錄之」,但把書中所涉夷夏之防的內容篡改得面目全非。此後的《胡傳》雖然仍在流傳,其影響力卻一落千丈了。

胡安國《春秋傳》既結合時政解經,又借解經闡發理學義理,頗有時代特色。將理學精神注入《春秋》經學,本是《胡傳》的學術貢獻,而結合時政解經卻往往導致義理不合經旨。正因爲這樣,後儒對《胡傳》的評價就有褒有貶。對《胡傳》的表彰一般都以爲其義理精當、「議論正大」。例如蔣悌生說:「近世明經取士專用《胡氏傳》,蓋取其議論正大。」劉永之曰:「胡康侯之學術正矣,其議論辨而嚴矣。」對《胡傳》的批評往往責其解經不合孔子原意。蔣悌生謂:「若曰一一合乎筆削之初意,則未敢必其然也。」劉

〔註 9〕四庫全書總目提要(卷二十八),上海:上海古籍出版社,1987,569。

〔註 10〕按:顧炎武《日知錄》卷十七「四書五經大全」條云:「至《春秋大全》,則全襲元人汪克寬《胡傳纂疏》,但改其中『愚按』二字爲『汪氏曰』,及添『廬陵李氏』等一二條而已。」(合肥:安徽大學出版社,2007,1008)。

〔註 11〕朱彝尊《經義考》卷一九九引《春秋胡傳附錄纂疏》虞集序,北京:中華書局,1998,1019。

〔註 12〕四庫全書總目提要(卷二十八),上海:上海古籍出版社,1987,547。

〔註 13〕四庫全書總目提要(卷二十八),上海:上海古籍出版社,1987,547。

永之則說:「其言理之精而非經之本旨也。」俞汝言也說:「胡氏之《傳》借經以抒己志,非仲尼之本旨。」〔註14〕〔52〕朱熹既認爲「胡《春秋》大義正」、「議論有開合精神」,又指出「胡文定說《春秋》,高而不曉事」,「有牽強處」,「亦有過當處」〔註15〕〔44〕。四庫館臣對《胡傳》的評價雖不甚高,但謂「顧其書作於南渡之後,故感激時事,往往借《春秋》以寓意,不必一一悉合於經旨」〔註16〕〔49〕,卻道出了《胡傳》的最大特色。

1.1.2 胡安國《春秋傳》研究綜述

前人對胡安國及其《春秋傳》的研究成果相當豐碩,現根據研究角度和內容的不同,試從四個方面來綜述之〔註17〕。

(1) 經學史與《春秋》學史視域中的胡安國《春秋傳》研究

經學是中國傳統學術的骨幹,而《春秋》學是經學的一個重要分支。胡氏《春秋傳》在《春秋》學史上佔有突出地位,歷來被奉爲宋代《春秋》學成就最爲突出的代表作。因此,在經學史和《春秋》學史的研究著述中,《胡傳》必定佔有一席之地。劉師培的《經學教科書》曾提到胡安國及其《春秋傳》,謂其「借今文以諷時事,亦與經旨不符」〔註18〕〔254〕,但也承認了自宋至元的許多《春秋》學家「咸以《胡傳》爲主。明代《大全》本之,而《胡傳》遂頒爲功令」〔註19〕〔254〕的事實。皮錫瑞的《經學歷史》認爲,《胡傳》「大義本孟子,一字褒貶本《公》、《穀》,皆不得謂其非」,「平心而論……元明用《胡傳》取士,推之太高;近人又詆之太過」。皮氏立論可謂「公允」,一方面肯定胡安國《春秋》學在宋代經學中的地位,稱「宋人治《春秋》者多」,「胡安國爲最顯」〔註20〕〔82〕,另一方面也指摘其「立言之大失,由解經之不明」。皮氏的觀點對後來學者的影響頗大。此外,馬宗霍、周予同、

〔註14〕朱彝尊,經義考(卷一百八十五),北京:中華書局,1998,952。
〔註15〕朱熹,朱子全書(第17冊)·朱子語類(卷八十三),上海:上海古籍出版社,合肥:安徽教育出版社,2002,2845。
〔註16〕四庫全書總目提要(卷二十七),上海:上海古籍出版社,1987,547。
〔註17〕許多論著本來是綜合性的,但本文在介紹的時候,也從這四個方面分開敘述,並非強爲分割。
〔註18〕劉師培,經學教科書,上海:上海古籍出版社,2006,103。
〔註19〕劉師培,經學教科書,上海:上海古籍出版社,2006,104。
〔註20〕皮錫瑞,經學歷史,北京:中華書局,2004,179。

朱維錚等近、當代學者以及日人本田成之談到宋代《春秋》學時，總不免涉及胡安國及其《春秋傳》，或多或少都有各自獨到的見解。當然，在他們的通史性的經學史著作中，不可能有很大的篇幅予以展開。

在《春秋》學史的研究中，也不難發現《胡傳》的重要性。趙伯雄的《春秋學史》用了一節的篇幅研究胡氏《春秋傳》，不僅介紹胡氏其人其學、《春秋傳》之成書與要旨以及後儒的評論，還重點論述了胡氏《春秋傳》的時代特徵：一是以「天理」與「人欲」的矛盾來解說《春秋》經義，二是儘量結合時政解經。此外，值得一提的是，該著對胡氏備受後儒批評的「夏時冠周月」說做了肯定，認為「胡氏的批評者糾纏於冠於『周月』之上的表面上的『周時』（筆者按：當為『夏時』之筆誤），而忽略了胡氏所闡發的孔子『為萬世製法』的大義，從而無形中降低了《春秋》對當時政治的指導意義」〔註 21〕〔154〕。戴維所著的《春秋學史》將胡安國視為「程學系統」的主要代表，認為胡氏《春秋傳》「是將《春秋》理學化最系統完整的著述，同時也是發揮理學觀念最完善的著述」〔註 22〕〔89〕。此論固然正確，但其對胡氏《春秋》學思想以簡單介紹為主，而較少有深入分析的文字。近人牟潤孫的《兩宋春秋學的主流》對《胡傳》的尊王攘夷思想有深刻的剖析。〔註 23〕〔204〕李建軍的《宋代〈春秋〉學與宋型文化》在「宋代《春秋》學與政治」、「宋代《春秋》學與理想」兩章中，都重點討論了胡安國的《春秋傳》。臺灣學者宋鼎宗所著《春秋宋學發微》，不僅在「兩宋春秋名家概述」一章中重點介紹胡安國，而且還在「宋儒春秋尊王說」、「攘夷說」、「寓作於述」等章節中著重討論了《胡傳》的相關內容。宋氏在談到春秋宋學的貢獻和影響時，也時時不忘以《胡傳》為例來論說。〔註 24〕〔128〕

較早專題探討胡安國《春秋》學的是盧鍾鋒《論胡安國及其〈春秋傳〉》一文，比較詳細地介紹了胡安國及其《春秋傳》的主要思想內容與經學成就。〔註 25〕〔179〕浦衛忠的《論胡安國〈春秋傳〉的思想》對胡氏傳中的義理闡釋取向作了探討，提出《胡傳》有融會《周易》之義理於《春秋》之傾向，

〔註 21〕趙伯雄，春秋學史，濟南：山東教育出版社，2004，520。

〔註 22〕戴維，春秋學史，長沙：湖南教育出版社，2004，366。

〔註 23〕牟潤孫，注史齋叢稿（上冊）·兩宋《春秋》學之主流，北京：中華書局，2009，69。

〔註 24〕宋鼎宗，春秋宋學發微，臺北：文史哲出版社，1986。

〔註 25〕盧鍾鋒，論胡安國及其《春秋傳》，中國史研究，1982（3）。

討論了胡安國對天人感應模式下的政治學說與民本思想，並對胡安國的「仁」的觀念進行闡釋。〔註26〕〔205〕這些成果都爲後學的繼續研究打下了基礎。

宋鼎宗關於胡安國《春秋》學研究的專著是《春秋胡氏學》。書名就表達了著者對《胡傳》的重視，在《春秋》學中專門劃出了一塊屬於《胡傳》的領地。該書的「導論」涉及胡氏生平簡介與學術淵源的考辨，這本是一般性的介紹，但著者依據多種史料，羅列了一個比較詳盡的胡安國年譜。著者認爲，胡安國治《春秋》的態度「以通學爲門戶」〔註27〕〔129〕，既「正三傳之謬誤」，也「蹈三家之偏失」；既「因時賢之新說」，又「述一己之所得」。而《胡傳》的治學方法則可分爲「考之經傳」，「悟之義理」，「嚴一字褒貶」，「繩之條例」〔註28〕〔129〕等四種。該著對《胡傳》的經學成就多有肯定和推崇，但也「秉公」立論，提出了不少批評意見。例如，著者認爲《胡傳》存在「體例鬆弛」、「割裂經文」、「同例歧義」、「例窮則變」的毛病，而且「摘瑕而傷鍥刻」，「稱美而逾情實」，同時還多有穿鑿臆測與疏誤矛盾。此外，臺灣學人研究胡安國《春秋傳》的成果主要還有：簡福興的《胡氏春秋學研究》〔註29〕〔255〕、羅清能的《胡氏〈春秋傳〉研究》〔註30〕〔256〕，以及汪嘉玲在林慶彰先生指導下撰寫的碩士論文《胡安國〈春秋傳〉研究》〔註31〕〔257〕。他們都從經學角度對《胡傳》有深入研究。

王江武的博士論文《胡安國〈春秋傳〉研究》將胡氏《春秋》學放在宋代學術轉型的背景下來探討胡氏《春秋傳》的方法和大義，認爲胡氏之學既是傳統注疏章句之學和性理之學的相互交融，也是史學與理學、政治的相互交融。〔註32〕〔213〕該文上篇總論胡安國的《春秋》觀與解經方法，指出「《春秋》經說」和「《春秋》史說」這兩種對立的看法「其實是知識和價值之緊張的表現」，「《春秋》經說」以爲經所記之事表達了儒家「王道」政治的觀念，而「《春秋》史說」則以爲《春秋》爲信史而非經，沒有孔子的微言大義。關

〔註26〕浦衛忠，論胡安國《春秋傳》的思想，經學今詮續編，瀋陽：遼寧教育出版社，2001，509～550。

〔註27〕宋鼎宗，春秋胡氏學，臺北：萬卷樓圖書有限公司，2000，40。

〔註28〕宋鼎宗，春秋胡氏學，臺北：萬卷樓圖書有限公司，2000，20、25、33、40、98。

〔註29〕簡福興，胡氏春秋學研究，臺南：欣禾圖書公司，1982。

〔註30〕羅清能，胡氏《春秋傳》研究，花蓮：眞義出版社，1989。

〔註31〕汪嘉玲，胡安國《春秋傳》研究，〔臺灣東吳大學碩士學位論文〕，2002。

〔註32〕王江武，胡安國《春秋傳》研究，〔復旦大學博士學位論文〕，2008。

於胡安國的《春秋》觀，該文認為胡安國在《春秋》為「經」或「史」之間，小即在價值和知識之間，採取了兼取的立場，一方面承認《春秋》所記是史實，另一方面又認為聖人是「以魯史而見王法」，即「《春秋》立文兼述作」。胡安國寓經於史，經史一體的《春秋》觀，也直接影響了他自己的治學觀點，即史實和大義，知識和價值並重。胡氏「事取《左氏》，義兼《公》、《穀》」，同時「兼取百家之說，成一家之言，其經義具有明顯的時代意義，體現了鮮明的時代特徵」。該文下篇討論胡安國《春秋傳》所闡發的大義，包括「尊王大義」、「災異之說」、「經權之說」、「華夷之辨」等內容。作者認為《春秋》學有「尊王」的傳統，但「尊王」的內涵頗有不同，胡安國之尊王並非為王權張目，他繼承伊川之說，重在尊王道，又以天理為王道的內涵，並以此來制約王權。該文還指出，胡安國的災異之說雖然在系統性上不及《公羊》，但也有自己的特色，即重視災變而重民命，強調人主分災救患之職。這篇論文雖然存在不足，但仍不失為胡安國《春秋》學研究領域的新成果，其觀點和論述都為本文的選題和思考提供了較有價值的參考。

劉昆笛的博士論文《胡安國〈春秋〉學思想研究》指出，胡安國在理學文化背景下，將《春秋》學與理學相結合，用理學大義通貫《春秋》詮釋，一方面為《春秋》學的轉型開出了新思路，另一方面為理學在南宋的發展指示了「外王」的途徑。該文認為，作為理學與經學相互融合的產物，胡氏《春秋傳》詮釋體系的核心範式，在於將《春秋》學中的「元」概念提升到理學中「理」的超越高度來把握。胡安國對《春秋》的經典詮釋，有「內聖」與「外王」的雙重設定。就「內聖」而言，胡安國先將春秋二百四十二年中的歷史人物從行為動機上分辨出天理與人欲的不同或對立，然後按照「元」=「理」的價值取向，來評判政治行為主體的道德優劣，從而「要求政治行為主體端正自己的本心，以天理克制人欲」。就「外王」而言，一方面要求政治主體以《春秋》案例為鑒，在政治行為中施行王道；同時要求謹嚴華夷之辨，正確解決兩宋之際的民族矛盾。該文還認為，胡安國通過詮釋《春秋》，為兩宋之際的社會政治與文化系統的構建提供了理論依據，胡氏《春秋傳》不僅對於《春秋》學史，而且對於宋代理學以及後世的社會政治思想都產生了巨大影響。〔註33〕〔214〕這些論斷無疑都有道理。該文以胡氏《春秋》學思想作為探

〔註33〕劉昆笛，胡安國《春秋》學思想研究，〔蘇州大學博士學位論文〕，2009。

尋宋代政治文化的一個觀察點，爲筆者的選題提供了有益借鑒。

章權才《胡安國〈春秋傳〉研究》一文雖然篇幅不長，卻似乎有全面概論胡氏《春秋》學之意。該文將胡安國的《春秋傳》置於宋代《春秋》學的整體人背景下來論述，對《胡傳》思想內容的概括比較全面，但觀點略嫌陳舊，例如該文最後評價胡安國「是地主階級經學家，他的代表作《春秋傳》無疑是一部地主階級的著作，其終極目的也是爲地主階級的眼前和長遠利益服務」〔註34〕〔187〕。

（2）宋明理學史視域中的胡安國《春秋傳》研究

胡安國是理學家，《春秋傳》是理學著作，這是不爭的事實。在《宋名臣言行錄》中，胡安國也被編排進了二程洛學的傳承譜系之中。朱熹之所以基本認可胡安國對《春秋》的解釋，也主要是因爲《胡傳》的義理闡釋符合理學的基本精神。在理學成爲統治思想的元、明二代和清代早期，《胡傳》也一直佔據科舉考試標準讀本的地位，直到清代康熙六十年之後，才因爲其嚴於夷夏之防而被朝廷遺棄。因此，胡安國及其《春秋傳》在理學史上應該佔有一席之地。但比較遺憾的是，少有中國哲學史著作對胡安國及其理學思想進行探討。這與胡安國在理學史上的地位是不相稱的。不過，侯外廬、邱漢生、張豈之等先生主編的《宋明理學史》對胡安國及其理學思想給予了較大的關注。該書對胡氏生平事跡與師承以及《春秋傳》的成書等作了介紹和考證，指出「《胡傳》在歷代《春秋》學研究中起著承前啓後的作用」，還分析了胡安國理學思想的特徵，認爲「胡安國的倫理觀念是宋代理學家的正統觀念」〔註35〕〔81〕，胡氏「以宋儒的倫理觀念和道德標準來評騭、衡量《春秋》的人與事，因而帶有宋代理學的鮮明特色」〔註36〕〔81〕。該著雖然因爲限於篇幅，而沒有充分展開對《胡傳》思想內容的探討，但明確肯定了胡安國在宋明理學史上的重要地位。該著對《胡傳》在理學史上的定位爲後學的進一步研究指明了方向。

朱漢民教授的專著《湖湘學派源流》、《湘學原道錄》、《湖湘學派與湖湘文化》等都對胡安國的理學思想有深入的研究。特別是《湖湘學派與湖湘文化》一書，專闢「湖湘學派的開創者——胡安國」一章，論述了胡氏的生平

〔註34〕章權才，胡安國《春秋傳》研究，學術研究，1995（2）。
〔註35〕侯外廬等，宋明理學史（上冊），北京：人民出版社，1984，247、234。
〔註36〕侯外廬等，宋明理學史（上冊），北京：人民出版社，1984，247、234。

事跡、學術思想及其對開創湖湘學派所起的重要作用。該書從「心與理一」
的本體論和致知、存心的修身工夫論兩個方面討論了胡安國的理學思想，指
出了胡安國的「理」與「心」是同一的本體存在，而「心與理一」不僅僅是
一種哲學本體論的表述，而且是道德修養的理論前提和最終目的。這樣看來，
胡安國關於「性與天道」的思想體現出將儒家倫理哲理化的理學風格，具有
由人道而及天道、注重在日用倫常中獲得本體性超越的理論特色。〔註37〕〔73〕
深入《春秋傳》文本中挖掘胡安國的理學與經世思想的資源，是該書的一大
特色，亦是其成功之處。著者指出，《春秋》本是一部記載春秋魯國歷史的典
籍，但胡安國特別注重其中「義理」的發揮，而且把義理的闡發與兩宋時期
的民族文化復興運動結合起來，具有鮮明的時代特色。這些學術成果已為學
術界所廣泛認同，並對許多研究者產生了影響。

　　王雷松《胡安國〈春秋傳〉校釋與研究》把文獻整理校釋和思想研究結
合起來，注重從理學角度分析研究胡安國及其《春秋傳》。王氏《胡安國理
學地位探析》一文實際上就是其博士學位論文的「結語」部分，該文認定胡
安國在宋代理學史上第一次提出了心與理一的思想，認為胡安國對於心、
理、性等理學範疇的研究雖然尚未形成規範的理論體系，但其以心為本、心
與理一的思想卻對後學產生了重要影響。〔註38〕〔201〕心性問題本來就不是
胡安國《春秋傳》的重點，《春秋》學也缺乏心性之學的思想資源和學術傳
統，但胡安國作為兩宋之際承上啟下的重要理學家，對於「心」、「性」、「理」
等理學核心範疇不可能不涉及，其《春秋傳》中也常常會留下與之相關的思
想痕跡，但很少被研究者關注。王雷松的論文將這些「蛛絲馬跡」一一收集
起來，並與胡寅《崇正辯》中所載胡安國有關言論思想相聯繫、印證，把胡
安國對「心」、「理」、「性」等理學範疇的理解比較清晰地描繪出來。

　　何俊教授的專著《南宋儒學建構》在南宋理學發展的宏觀視角下，討論
了胡安國經史並重的治學路向，肯定了胡安國對南宋儒學之湖湘學、閩學、
金華學派和永嘉學派的重大影響。〔註39〕〔97〕何俊《胡安國理學與史學相融
及其影響》一文對胡安國在南宋理學構建中的貢獻和影響給予了很高的評
價。他認為：胡安國私淑洛學而昌明於宋室南渡之後，其功不下於楊時，不

〔註37〕朱漢民，湖湘學派與湖湘文化，長沙：湖南大學出版社，2010，87。
〔註38〕王雷松，胡安國理學地位探析，鄭州輕工業學院學報（社會科學版），2008（3）。
〔註39〕何俊，南宋儒學建構，上海：上海人民出版社，2004。

僅在形式上開啓湖湘學派，而且把史學引入理學，對洛學的整個內傾化起到糾偏的作用，爲南宋儒學的建設引入了新的思想內容和方法。該文一方面承認胡安國欲借《春秋》研究實現經濟之志具有很大的理想性，他對歷史的解釋也多有牽強，《春秋傳》爲後世科舉所重並非是因爲其本身的學術成就，而只是因爲它對《春秋》經義的把握與理學精神若合符節；但另一方面更加強調胡氏於歷史中求義理的治學路徑對南宋理學的建設「有不可忽視的意義」，在何俊看來，「將史學引入哲學的玄思，從而使哲學的思辨獲得史實的支撐而不流於爲玄想而玄想，使哲學得以落實在現實的人類生活並以爲指引，以及爲價值鋪設源自史學的知識基礎，這個工作就南宋儒學而言，無疑是由胡安國所開啓的。」〔註40〕〔170〕這種評價是中肯的。

李建軍也認爲胡安國「繼承了程氏以理學視角觀照《春秋》的研究路徑，從而使得胡傳具有鮮明的理學色彩」，成爲「一部理學要籍」，胡傳的理學色彩體現在兩個方面，一是以天理人欲之辨統攝《春秋》大義，「從而使得胡傳具有一定的『形上學』（哲學）高度」；二是「以倫理綱常之謹解析《春秋》微言，進而使得胡傳具有厚重的『倫理學』底蘊」。〔註41〕〔106〕此外，吳強、盧豔晗的《〈胡氏春秋傳〉「元」思想闡微》指出胡安國用理學義理對《春秋》進行注釋和解說，借經抒理，把「元」解釋爲「始」、爲「大」；後又完全以己意地把「元」解釋爲「一」和「仁」，來闡發胡氏自我的理學思想，從而把《春秋》學納入了宋代理學的範圍。〔註42〕〔203〕

與主張《胡傳》是理學《春秋》學代表的學術觀點相異，《中國學術通史》（宋元明卷）認爲「就學術思想而言，胡安國畢生致力於爲《春秋》作傳，發揮其微言大義」，「從詮釋文本講，胡氏《春秋》學仍舊屬於漢唐今文經學的義理延續，與宋明理學的核心話題不相稱」。該著還特別指出，胡氏《春秋傳》的解經「多是難以憑信的臆度之說」〔註43〕〔144〕。由此看來，該著對於胡安國以宋代理學的義理解釋《春秋》經典的方法和成績並無太多的肯定和很高的評價。

〔註40〕 何俊，胡安國理學與史學相融及其影響，哲學研究，2002（4）。

〔註41〕 李建軍，宋代《春秋》學與宋型文化，北京：中國社會科學出版社，2008，212。

〔註42〕 吳強、盧豔晗，《胡氏春秋傳》「元」思想闡微，黑龍江教育學院學報，2007（4）。

〔註43〕 張立文、祁潤興，中國學術通史（宋元明卷），北京：人民出版社，2004，340。

（3）湖湘文化視域中的胡安國《春秋傳》研究

宋室南渡之後，理學內部形成的第一個學派就是湖湘學派。由於湖湘學派是當時理學之大宗，在理學史上佔有十分重要的地位，不僅自身的理論創建在理學思想的構建中有突出的貢獻，而且在學術思想上對南宋其它學派包括朱熹閩學都有啓迪之功。而這個學派的開創者就是胡安國。胡安國父子隱居湖南衡山，創設書堂，潛心學術，培養後學，完成了其代表著作《春秋傳》的撰著，也培養了一大批優秀人才，形成了一個學術觀點一致的學者群體。這樣，學術史上著名的理學學派——湖湘學派逐漸形成了，當時學者稱之爲「湖湘學」、「湖南一派」，黃宗羲在《武夷學案》中曾有「湖湘學派之盛」的說法。由於湖湘學派在湖湘文化史上具有獨特的地位，故而「對湖湘學派的研究，不僅僅是一個理學學派或湘學學派的專題研究，而是具有探索湖湘文化的思想源頭，解密湖湘文化的人格結構，思考湖湘文化的知識傳統的區域文化研究價值」〔註44〕〔73〕。研究湖湘學派與湖湘文化的相關課題都繞不開對湖湘學派開創者胡安國的討論。

方克立曾指出，「以倡導『體用合一』、心性之學與經世之學相結合、內聖與外王並重爲特徵的湖湘學的價值」被學界低估了，並且提倡學者對湖湘學派的創立者胡安國、胡宏父子的學術思想進行重新審視和深入研究。〔註45〕〔176〕實際上關於湖湘學的研究也頗受學界特別是湖南學者的重視和響應。朱漢民、陳谷嘉先生合著的《湖湘學派源流》與朱漢民教授所著《湖湘學派與湖湘文化》以及王立新的《開創時期的湖湘學派》等書，都是研究湖湘學派與湖湘文化的專著，也都對胡安國及其《春秋傳》的思想學術有所論述。

朱漢民教授的《湖湘學派與湖湘文化》一書認爲，胡安國的理學思想鮮明地體現出湖湘學派的學術思想特色，在湖湘學派學術思想的形成和發展過程中居於重要地位。該書強調「《春秋傳》是湖湘學的代表著作，絕不僅僅是指胡安國完成此書於湖湘這個地域，而主要是指它奠定了湖湘學的學術風格」〔註46〕〔73〕，故而論述的重點最終歸結到胡安國《春秋傳》對湖湘學派學術風格的奠定之功。該著指出，除了開創湖湘學由人道而及天道，注重在日用人倫中實現本體性超越的途徑之外，胡氏《春秋傳》亦開始了湖湘學派注重把

〔註44〕朱漢民，湖湘學派與湖湘文化·前言，長沙：湖南大學出版社，2010，3。
〔註45〕方克立，湘學精神與湖南人精神，文史哲，2005（1），18。
〔註46〕朱漢民，湖湘學派與湖湘文化，長沙：湖南大學出版社，2010，106。

義理之學和經世致用相結合的傳統。王雷松《胡安國〈春秋傳〉校釋與研究》
（下篇）與朱著的思路大致相同，其對胡安國思想的研究雖然是從理學角度
展開，但也十分注重把胡安國的理學思想置於湖湘學派與湖湘文化的背景
下，來突出胡氏之學的特色。

　　王立新《開創時期的湖湘學派》一書亦把胡安國與其思想學術放在湖湘
學派的背景之下進行專題研究。該書以胡安國父子在湖湘學派傳承中的作為
與地位為研究的中心內容，在全面介紹胡安國生平和著述情況的基礎上，著
重探討了胡氏的政治思想、理學思想、教育思想與實踐，並對胡氏與程門弟
子的交誼以及胡氏弟子後學們的生平、學術進行了概述。著者指出，胡安國
以經世致用為主要特徵的「《春秋》大義」成為湖湘文化的基本精神，對歷代
湖湘學人與政治家產生了重要的影響。〔註47〕〔131〕該著的最大貢獻在於發掘、
整理了一批胡安國研究的材料。例如，《胡安國遺文拾彙》還附錄了胡安國散
見的詩、序文、書信、奏對等數十篇，這些都為後人的研究提供了方便。然
而，該著的大量篇幅是在介紹胡氏及其弟子的生平，而很少深入到《春秋傳》
的思想內容，是為不足。

（4）對胡安國《春秋傳》政治思想及其實踐的研究

　　《春秋》本身與政治有天然的聯繫，《春秋》學實際上也是中國傳統政治
哲學的重要內容，所謂《春秋》的「微言大義」，大多屬於政治思想的範疇。
胡安國「自登第逮休致，凡四十年」〔註48〕，曾先後擔任過荊南教授、太學
錄、太學博士、提舉湖北路學事、提舉湖南路學事、太常少卿、給事中、起
居郎、中書舍人、侍讀等職務。作為一個儒家士大夫，胡安國力求實現知與
行的「合一」，把他在《春秋傳》中闡發的政治思想貫徹到政治實踐中。因此，
胡安國《春秋傳》也可以歸於中國傳統政治思想著述的範圍。朱彝尊《春秋
權衡序》謂：「若胡安國之傳出，言無不純，理無不正，然其文則孔子之文，
其事則類指南渡君臣得失，斯蓋因述以寓作者矣。」〔註49〕此話指出了《胡
傳》的意旨在於為現實政治服務。王船山也指出：「是書也，著攘夷尊周之大
義，入告高宗，出傳天下，以正人心而雪靖康之恥，起建炎之衰，誠當時之

〔註47〕王立新，開創時期的湖湘學派，長沙：嶽麓書社，2003，8。
〔註48〕朱熹，伊洛淵源錄（卷一三）·胡文定公行狀，上海：商務印書館，1935。
〔註49〕朱彝尊，曝書亭集（卷三四）·春秋權衡序，文津閣四庫全書本，1318 冊，
　　　 37。

龜鑑矣。」〔註50〕〔42〕同樣點出了《胡傳》在政治思想與實踐中的意義。

　　浦衛忠強調「胡安國《春秋傳》不僅是一部經學研究的著述，而且是一部關心社會與人生的政治論著，因此，其中觸目皆是的治國救民之描述，完全可以看作是胡安國對於理想社會與國家政治、經濟、軍事的抒發」〔註51〕〔205〕趙伯雄認爲胡氏通過發揮，把《春秋》變成了名副其實的政治教科書，《春秋傳》的要旨在於用《春秋》來「處大事，決大疑」，用《春秋》來經世、救世，其中充滿了胡氏對政治原則、政治倫理乃至政治結構及其運行機制的理解。〔註52〕〔154〕李建軍在討論宋代《春秋》學與政治的關係時，也極力彰顯《胡傳》的「政治本色」。他梳理了胡安國在內政和邦交方面的一系列思想主張，認爲「胡氏《春秋傳》就是借助闡發《春秋》而形成的經學形式的『時政論』」，「胡《傳》的經世取向既是胡氏對《春秋》經世功能深入挖掘的結果，也是胡氏繼承二程、取法孫復的邏輯歸宿，更是胡氏『康濟時艱』的經世之志的自然體現」。李建軍對胡氏《春秋傳》在政治思想史上的地位推崇備至，認爲「胡《傳》不僅是南宋『雪靖康之恥，起建炎之衰』的龜鑑，而且因其提供了一整套適用於宗法傳統社會的統御策略、政治智慧，該書後來實際上也成了元明乃至清初的政治龜鑑」〔註53〕〔106〕。雖有溢美之詞，卻不無事實的根據。

　　劉玲娣關於胡安國研究的重點是胡氏思想學術與政治實踐之間的關聯。《胡安國政治思想及其實踐略論》一文強調胡氏《春秋傳》最突出的特色是經世致用，是爲了服務於宋代的政治現實，因而胡氏的學術「具有很強的政治意味」。該文的最大成績在於對胡安國與秦檜的交往關係這個歷來爭議頗多的問題作了「實事求是的歷史分析」〔註54〕〔195〕，比較有說服力。對於有學者認爲胡氏「戒兵權」的思想主張與秦檜力主和議相表裏的觀點，該文認爲與史實不符。胡氏強調兵權不可假人，是爲了尊君強本，而秦檜集團則是企圖通過收兵權來實現其和議主張，並進而鞏固自己的政治地位的目的，二者本質不同。這些問題都與筆者的選題有較大的關聯，故此詳述。《試

〔註50〕王夫之，宋論・高宗，北京：中華書局，1964，184。

〔註51〕浦衛忠，經學今詮續編・論胡安國《春秋傳》的思想，瀋陽：遼寧教育出版社，2001，513。

〔註52〕趙伯雄，春秋學史，濟南：山東教育出版社，2004，504。

〔註53〕李建軍，宋代《春秋》學與宋型文化，北京：中國社會科學出版社，2008，186。

〔註54〕劉玲娣，胡安國政治思想及其實踐略論，史學月刊，2002（6）。

論胡安國兩宋之際的政治、學術活動》一文闡明了胡安國的政治態度和學術立場傾向於元祐黨人，在欽宗、高宗兩朝都介入了一系列的重大政治事件；胡氏《春秋傳》「採取借經論道的方式，對當朝政治生活中的重大問題作出符合時代特徵的闡釋」〔註55〕〔196〕。《胡安國學術述略》則從三個方面概論胡氏之學，對胡氏學術之大概有比較精當的把握。首先，以「聞道伊洛，志在春秋」概述胡安國的學術淵源，敘述了孫復和程頤對胡氏思想學術的影響。其次，作者以「明君臣之義，嚴夷夏之防」為胡安國《春秋傳》的主要特點。尊王攘夷是宋代《春秋》學的主題，《胡傳》的發揮確實不離這兩個主題。當然，《春秋傳》的學術特點遠不止這兩個方面，但劉文的概括則抓到了重點。第三，作者以「昌明二程洛學，波及元明二代」來描述胡安國的學術活動及其歷史影響。該文認為，胡氏的學術地位和影響表現在三個方面，一是對南宋理學的影響，為理學戰勝王安石新學、為二程洛學的傳承發揚，胡氏都有極大的功勞；二是對後世經學的影響，胡氏《春秋傳》在經學史上佔有十分重要的地位，其解經方式及其對義理的發揮，影響波及元明二代；三是對湖湘學派的影響，胡安國「通過書院教育和自己的學術影響，為湖湘學派的開創培育了濃厚的學術土壤」〔註56〕〔197〕。這些均屬確論。

王雷松的《胡安國政治哲學簡析》認為，胡安國以其《時政論》、《治國論》、《春秋傳》奠定了將心性之學與經世致用相結合的「湘派」學風，一方面為理學的發揚光大做出了重要貢獻，同時也為統治階級提供了一套有用的治國方法。〔註57〕〔199〕王雷松《胡安國〈春秋傳〉之華夷觀》一文認為，在華夷之辨中，胡安國強調的不是地域與族群的差別，而是華夏和夷狄在文化上的差別，所以胡安國以是否堅持儒家的君臣父子倫理為標準來評判華夷之辨，體現了胡安國「動態的華夷觀」〔註58〕〔200〕。

陳宇宙立足於學術與政治關係的思考，對胡安國著述《春秋傳》的原因及真正用意進行了比較詳盡的「考釋」。他認為，促使胡氏苦心著述《春秋傳》的原因有四：主觀認識的原因、師承原因、思想學術鬥爭原因、社會現

〔註55〕劉玲娣，試論胡安國兩宋之際的政治、學術活動，華中師範大學學報（人文社會科學版），2002（3）。

〔註56〕劉玲娣，胡安國學術述略，孝感學院學報，2004（4）。

〔註57〕王雷松，胡安國政治哲學簡析，商丘師範學院學報，2006（4）。

〔註58〕王雷松，胡安國《春秋傳》之華夷觀，鄭州輕工業學院學報（社會科學版），2008（1）。

實原因。該文認爲胡安國撰述《春秋傳》的眞正用意，一是在於經世致用，「將解決現實問題當作寫作的出發點，其立意不在於影射，而在於直接指導」；二是在於「立言以遺天下萬世」〔註59〕〔206〕。其「考釋」雖有依據，但卻疏漏了有一個很重要的因素，即《春秋》與社會政治的天然聯繫。筆者認爲，胡安國之所以選擇《春秋》爲其終身學術研究的對象，除了該文所述的幾個原因之外，還由於胡氏爲學志在經世，而在諸多儒家經典中，《春秋》經本來是古代政治生活與興衰之跡的記錄，無疑是與「治道」聯繫最爲密切的，因而最能適應胡氏爲學目的的需求。

宋鼎宗《春秋胡氏學》的「《春秋》經世說」與「《春秋》寓宋說」也是對胡安國政治思想的討論。著者認爲胡安國以「三綱爲經世之本」，其「爲政之本在誠信不在盟誓」，「爲政之端在嚴義利之辨」，「爲政之要在尙德賤力」，「仁政之道在勤政愛民」，「民族大義在謹夷夏之防」。「《春秋》寓宋說」指示了《胡傳》爲現實政治服務的目的，即用《春秋》的微言大義來「格南宋君臣之非」，包括以復仇大義「導高宗洗雪國恥」，以自強爲善之法「勉高宗發奮進取」，以守土有責之訓「喻高宗匡復失土」等等，這些都是《胡傳》對現實政治的積極意義。但是，著者也不無遺憾地指出，《胡傳》「本欲以濟時局之艱者，反爲時局之害」〔註60〕〔129〕，例如：「因宋祖戒權臣之法終成孤立之勢」，「因宋祖忌武將之教終無可用之人」，「因宋祖和議之故事終成偏安之局」，「因緣飾經義終無補苟且因循之志」等等。筆者以爲，這似乎是一種苛責。把南宋政治的種種弊端歸因於《胡傳》，未免過於高估了胡安國及其《春秋傳》對現實政治的實際影響。《胡傳》固然是有指向現實政治的針對性，其政治思想意義不可低估，但有多少內容被南宋君臣付諸實踐，有多少思想變成了政治現實，卻要打一個大大的問號。我們研究並重視《胡傳》政治思想的「意義」，卻並不能把「意義」當作「事實」。對這一點，美國漢學家包弼德有更加清醒的認識。他注意到胡安國「注《春秋》的目的是勸說皇帝應該把政權緊緊握在自己手中，同時任命那些主張抗金和恢復中原的人」，「胡安國在1137年把著作進呈朝廷，但在第二年，皇帝卻把政事交給一名主張和金人議和的宰相」〔註61〕〔84〕。但「它仍然不能否定胡安國序（指胡氏《春秋傳

〔註59〕陳宇宙，胡安國著述《春秋傳》的原因及眞正用意考釋，滄桑，2006（2）。
〔註60〕宋鼎宗，春秋胡氏學，臺北：萬卷樓圖書有限公司，2000，208。
〔註61〕包弼德，歷史上的理學，杭州：浙江大學出版社，2010，133。

序》）的重點」，也就是說，胡安國的政治思想主張並未完全被當局採納並變成高宗的政治實踐，但這一「事實」並不能否定《胡傳》的政治思想的重要意義。

包弼德的《歷史上的理學》考察了理學與政治的關係，認為理學有「對皇帝宣稱掌握道德權威的挑戰」，他的論斷就建立在對胡安國《春秋傳序》的分析的基礎之上。他認為：「根據胡安國的看法，《春秋傳》之所以重要，是因為它顯示了孔子的權威如何凌駕於政治權威之上；孔子實際上已具備對『天子』是非進行褒貶的資格。他作了這一部書，同時讓後代學者也能夠這麼做。」〔註62〕〔84〕這讓我們看到了宋代理學家汲汲於以孔子為榜樣，把自己打扮成孔孟聖人之道的傳承者（或「道統」傳承者）的意義，就在於使理學和理學家獲得凌駕於政治權威之上的倫理道德權威，從而可以實現引導、規範和制約君主權力的目的。包氏此論對筆者的選題立意頗有啟迪之功。

綜上所述，前人對胡安國及其《春秋傳》的研究已經取得了豐碩的成果。這些成果都對本文的研究具有重要的借鑒意義，成為筆者繼續思考的基石和起點。但是也可以發現，關於《胡傳》的研究，仍然有很多問題可以繼續深入。特別是從思想學術與社會政治的雙向互動關係來考察《胡傳》的研究成果並不多，對《胡傳》的王道思想也沒有給予足夠的關注。而「王道」作為中國傳統政治思想的核心內容（或主要話題），在《胡傳》中佔有非常重要的地位。《胡傳》的王道思想在宋代「與士大夫共治天下」的政治文化背景下，深刻地反映了思想學術與社會政治之間的雙向互動。

1.2　選題背景與意義

1.2.1　選題背景

本文之所以選擇胡安國的《春秋傳》作為研究對象，並將討論的焦點聚於其「王道」思想，主要是基於以下「預設」：以胡安國《春秋傳》的王道思想為「視點」或「窗口」，可以因小見大。既能探討傳統學術與政治之間的內在關聯，也可瞭解宋代政治文化的整體面貌。如此設想，當然有思想史與學術史的背景和依據。

〔註62〕包弼德，歷史上的理學，杭州：浙江大學出版社，2010，130。

「國學的主流是儒學，儒學的核心是經學」〔註63〕〔217〕，經學是傳統學術的根基，是傳統政治與學術之間的聯繫中介。經學的正統地位在漢武帝時代確立，至帝制廢除時終結，期間幾經朝代更替，經學與帝制幾乎伴隨始終。皮錫瑞說：「國運有盛衰，經學亦有盛衰；國統有分合，經學亦有分合。」〔註64〕〔82〕經學與政治之間必然有內在的聯繫。經典和經學在傳統政治生活中具有極重要的地位，表現之一就是歷代典章制度、政策法規的制定大多都從經典中尋求理論依據。這實際上「就是藉助傳統歷史文化的資源，以聖人和經典的恒久權威性來維護王權政治架構的權威」〔註65〕〔101〕。經典的根本精神在於經世，「儒家經典從來不是象牙塔裏的高文典冊，而是與人民生活，特別是政治生活密切相關的治世寶典。儒家經典中所承載的文化理想與歷代王朝的政治一直密切互動」〔註66〕〔172〕。經典中蘊涵「聖人之道」，對現實政治具有重要的指導作用，這也體現了經典的經世精神。

古人早已指明了經典對政治的指導意義。漢人翼奉說：「聖人見道，然後知王治之象，故畫州土，建君臣，立律曆，陳成敗，以視賢者，名之曰經。賢者見經，然後知人道之務，則《詩》、《書》、《易》、《春秋》、《禮》、《樂》是也。《易》有陰陽，《詩》有五際，《春秋》有災異，皆列終始，推得失，考天心，以言王道之安危。」〔註67〕〔9〕《隋書・經籍志》亦謂：「夫經籍也者，先聖據龍圖，握鳳紀，南面以君天下者。」又說：「夫仁義禮智，所以治國也；方技數術，所以治身也；諸子為經籍志鼓吹，文章乃政化之黼黻，皆為治之具也。」〔註68〕〔11〕胡安國也認為：「《詩》以正情，《書》以制事，《禮》以成行，《樂》以養和，《易》以明變」，而《春秋》則將這些為治之道「見之於行事之深切著明也」〔註69〕〔3〕。可見，經典不僅是儒者安身立命的精神家園，也是王者治國平天下的法寶和依據。

〔註63〕李學勤，國學的主流是儒學，儒學的核心是經學，中華讀書報，2010-8-4，15。

〔註64〕皮錫瑞，經學歷史，北京：中華書局，2004，19。

〔註65〕姜廣輝，中國經學思想史（第一卷），北京：中國社會科學出版社，2003，13。

〔註66〕黃俊傑，論東亞儒家經典詮釋與政治權力之關係——以《論語》、《孟子》為例，國學學刊，2009（3）。

〔註67〕班固，漢書・翼奉傳，北京：中華書局，1962，3172。

〔註68〕魏徵、令狐德棻，隋書（卷三十二）・經籍志，北京：中華書局，1973，903。

〔註69〕胡安國，春秋傳（卷三十）・哀公十四年「春，西狩獲麟」條，上海：上海書店，1984。原書據常熟瞿氏鐵琴銅劍樓藏宋刊本影印，未標頁碼，亦無句讀。本文所引胡安國《春秋傳》文字的標點，均為筆者所加。

經典之所以能夠指導政治生活，最根本的原因在於，儒家經典中所承載的「聖王之道」是傳統政治權力的合法性來源。《隋志》曰：

> 夫經籍也者，機神之妙旨，聖哲之能事，所以經天地，緯陰陽，正紀綱，弘道德，顯仁足以利物，藏用足以獨善，學之者將殖焉，不學者將落焉。大業崇之，則成欽明之德，匹夫克念，則有王公之重。其王者之所以樹風聲，流顯號，美教化，移風俗，何莫由乎斯道？〔註70〕〔11〕

纂修《隋書》的唐代宮廷學者們都是帝制時代掌握和解釋儒家經典的權威代表，但他們也圍繞在最高政治權威周邊，爲現實政治服務。這些經典掌握者和解釋者對經典的推崇可謂無以復加了。這段論述確實指明了經典的兩個政治功能：第一，對於掌握最高權力的君主而言，可以宣稱他們的統治合乎聖王之道，從而用經典來證明其統治秩序的合法性；第二，對於被統治的士民而言，則可以通過學習、掌握經典，從而取得在政治上的發言權，因爲「那些熟悉經典的人就有資格爲帝國系統辯護」〔註71〕〔84〕——這也是任何統治者所樂見並需要的。正如姜廣輝先生所論，一個穩定的政權，除了需要有政治的權威之外，還要有思想的權威，而思想的權威就是聖人與經典〔註72〕〔101〕。如果說「王者」代表的是政治的權威，那麼儒者則是思想的權威，他們之間的關係，也就是所謂的「治統」與「道統」的關係，二者之間既有一致性，但也存在著相當的張力。所以，在另外一方面，掌握著經典的儒家士大夫同時也有資格成爲國家現實政治的批評者，因爲他們可以指出當代政治與社會現狀背離了經典中所記錄的上古三代的王道秩序和理想模式，而「這種以經學理想衡量現實政治的現象貫穿經學史與政治史的終始」〔註73〕〔157〕。顯然，經典對於傳統社會的政治——權力系統和思想——文化系統具有同等重要的意義，「它不僅能適應當時政治的需要，也能反映社會共同體的價值理念」〔註74〕〔101〕。正如美國漢學家包弼德所論：經典「爲宇宙和諧與文明社會提供了榜樣」〔註75〕〔84〕；「經典是爲帝國的存在提供合理性，但又同時能

〔註70〕魏徵、令狐德棻，隋書（卷三十二）‧經籍志，北京：中華書局，1973，903。
〔註71〕包弼德，歷史上的理學，杭州：浙江大學出版社，2010，109。
〔註72〕姜廣輝，中國經學思想史（第一卷），北京：中國社會科學出版社，2003，13。
〔註73〕周桂鈿，中國傳統政治哲學，石家莊：河北人民出版社，2007，84～85。
〔註74〕參見姜廣輝，中國經學思想史‧第一卷「前言」，北京：中國社會科學出版社，2003。
〔註75〕包弼德，歷史上的理學，杭州：浙江大學出版社，2010，110。

被用以挑戰當權者的來源」〔註76〕〔84〕。

經典及經學對政治生活的重要意義在《春秋》學中得到了最充分的體現。《春秋》本魯史，經過孔子筆削才上升為「經」。作為經的《春秋》，「其文則史」，「其義則丘竊取之」〔註77〕。而孔子的「筆削」亦即「著眼於現實政治，對《春秋》中的義進行了深入的挖掘和闡發，試圖把史冊性質的《春秋》改造成一部政治教科書」〔註78〕〔106〕。據《韓非子》記載：

> 魯哀公問於仲尼曰：「《春秋》之記曰：『冬十二月隕霜，不殺菽。』
>
> 何為記此？」仲尼對曰：「此言可以殺而不殺也。夫宜殺而不殺，桃
>
> 李冬實，天失道，草木猶干犯之，而況於人君乎？」〔註79〕〔268〕

孔子對《春秋》的解釋有著非常強烈的政治意圖，即告誡人君不得「失道」。由孔子所刪訂的「《春秋》之義」，就成為了「聖人之道」，是歷代《春秋》學家所欲闡明發揮的對象，也是儒者批評現實政治、描繪理想秩序的基本依據。〔註80〕從孔子答魯哀公問《春秋》這個事件本身來看，也頗能體現傳統學術與政治之雙向互動的關係。魯哀公以諸侯國君之尊而問詢於孔子，似乎具有政治權威尋求思想權威的論證或支持之意；而孔子以經典掌握者的身份以備君主咨詢，約略具有思想權威為政治權威服務的意義；孔子借助為哀公解釋《春秋》之機，提出尊「道」的要求，似乎又可以視為憑藉經典約束政治權威。「治統」與「道統」之間既有一致性，又存在一定張力的關係，在此已經初露端倪。

孟子更加注重從現實政治的角度來解讀《春秋》，他借孔子的名義表達自己的思想：

> 世衰道微，邪說暴行有作，臣弒其君者有之，子弒其父者有之。
>
> 孔子懼，作《春秋》。《春秋》，天子之事。是故孔子曰：「知我者其

〔註76〕 包弼德的原文是「經典與史書是為帝國的存在提供合理性，但又同時能被用以挑戰當權者的另外兩個來源。」參見包弼德，歷史上的理學，杭州：浙江大學出版社，2010，109。關於史書是否也為政權的存在提供合理性，與本文關係不大，故不論，但應指出的是，史書與經書在中國古代政治和學術史上的地位及作用是不同的。

〔註77〕 孟子・離婁下。

〔註78〕 李建軍，宋代《春秋》學與宋型文化，北京：中國社會科學出版社，2008，81。

〔註79〕 陳奇猷，韓非子集釋（卷九）・韓非子・內儲說上，上海：上海人民出版社，1974，540。

〔註80〕 這個問題在本文「胡安國《春秋傳》的崇道之義」一章中有詳細的論述，此處不贅。

惟《春秋》乎，罪我者其惟《春秋》乎。」〔註81〕

孟了還說「王者之迹熄而《詩》亡，《詩》亡而後《春秋》作」〔註82〕，把《春秋》視爲記載「王者之迹」的「王道經典」、「政治載籍」，從理論上確立了《春秋》學與王道政治交合的軌轍。〔註83〕〔106〕孟子一方面強調「《春秋》，天子之事」，《春秋》記載了天子與諸侯的行事，展示的是這些君主們的政治權力或權威，本不容他人置喙；另一方面孟子又肯定了孔子「作《春秋》」，對「天子之事」進行褒貶與奪的評判，實際上就是肯定了思想與道德權威對政治權威的批評。

從經典爲政治權力提供合法性來源的觀點來看，孟子所說的「孔子成《春秋》而亂臣賊子懼」就是用經典來維護君主的政治權威；從經典爲挑戰政治權力合法性提供思想理論來源的觀點來看，孔子所謂「天失道，草木猶干犯之，而況於人君乎」就是將經典中的「道」置於君主權力之上，建立了一個抗衡、制約君主政治權力的思想權威。這大概就是儒家最原始的「道統」意識。孔、孟開創了儒家思想學術既爲現實政治服務，又與政治權力保持一定的距離，並以「道統」制約「治統」的傳統。這一傳統在宋代《春秋》學中得到發揚，胡安國《春秋傳》對王道思想的闡述即爲「最顯」的一例。

1.2.2 選題意義

宋代是一個社會政治與思想文化領域都發生著深刻轉型的時代。儘管傳統思想在宋代開始「轉向內在」，但宋代儒學從來沒有迴避應對這個時代「秩序重建」的主題。這在《春秋》學上有鮮明的體現。朱熹在評論北宋初期諸家《春秋》學者時說道：「如二程未出時，便有胡安定、孫泰山、石徂徠」，他們「說經雖是甚有疏略處，觀其推明治道，直是凜凜然可畏。」〔註84〕〔44〕這就指出了宋代《春秋》學的特點，一是「說經」，二是「推明治道」，而「說經」的目的就在於「推明治道」。宋代諸家《春秋》學者，大多都以「推明治道」爲目的。所謂「推明治道」也就是講求治國平天下之道，爲國家治理

〔註81〕孟子‧滕文公下。

〔註82〕孟子‧離婁下。

〔註83〕參見李建軍，宋代《春秋》學與宋型文化，北京：中國社會科學出版社，2008，82。

〔註84〕朱熹，朱子全書（第17冊）‧朱子語類（卷八十三），上海：上海古籍出版社，合肥：安徽教育出版社，2002，2845。

提供指導性的原則和方法。這恰是儒家學說注重思考和解決社會現實政治問題的「一貫」之道。宋初《春秋》學「推明治道」的一貫之道，也成為兩宋之際胡安國撰述《春秋傳》的基本精神。

胡安國《春秋傳》的最大特點就是結合時政解經，服務於宋代現實社會政治與思想文化秩序重建的時代任務，大倡《春秋》尊王大義，為宋代中央集權與皇權的強化而搖旗吶喊，用《春秋》經典維護和論證宋王朝統治的合法性，這些都是歷來學者的共識。但胡安國並不主張絕對君權，他在為政治服務的同時，也高揚起王道理想主義的旗幟；在主張「尊王」的同時，還倡導「崇道」，秉持「道高於君」的信仰，堅持「以道事君」的原則。胡安國作為一個理學家，「把自己視為與體制保持距離的學者」〔註85〕〔84〕，所以他能夠以經典掌握者的身份而成為時政的批評者，指責當代的政治與社會現狀背離了經典中所記載的上古三代時期的王道模式。胡安國在《春秋傳》中設定了一個理想的社會政治秩序和理想的政治治理模式，那就是「王道」，也就是「尊王」與「崇道」的合一。如果說「尊王」適應了宋代加強皇權與中央集權的現實政治要求，體現了思想權威為政治權威服務的一面，也反映了「道統」與「治統」的一致性，那麼「崇道」則是堅持了儒家代代相傳的理想，反映了儒者希望通過闡釋經典來表達政治主張、參與政治實踐，並在一定程度上凸顯自身價值的現實目的，這裡面更多的含有制約君權、防止暴政的用意，體現了思想權威「挑戰」、批評政治權威的一面。胡安國與董仲舒等漢儒一樣，為王權設立了一個更高的權威，不同的是，這個更高的權威不再是人格神的天，而是王道和天理。胡安國在《春秋傳》中多次闡發「有國者所以必循天理，而不可以私欲滅之也」〔註86〕〔3〕的思想，認為《春秋》「卒鄭伯，逃歸陳侯，聖人之旨微，而《公》、《穀》之義精矣，存天理、抑人欲之意遠矣」〔註87〕〔3〕。

由此看來，以胡安國《春秋傳》為研究個案，確實可以考察傳統學術與政治之間內在關聯；其「尊王」與「崇道」合而為一的「王道」思想就像一扇窗戶，透過它可以看到宋代政治文化的豐富景象。以上預設，就是本文選

〔註85〕包弼德，歷史上的理學，杭州：浙江大學出版社，2010，133。
〔註86〕胡安國，春秋傳（卷六）·桓公十一年。
〔註87〕胡安國，春秋傳（卷二十一）·襄公七年「鄭伯髡頑如會，未見諸侯。丙戌，卒於鄵」條。

題的基本依據與意義之一。

此外，探討胡安國《春秋傳》的王道思想，對於完整地把握宋代理學思想的學術品格和時代特徵也有非常重要的意義。作爲宋代儒學復興運動的產物，理學在一定意義上往往就是指「性理之學」〔註88〕〔75〕，對心性道德修養學說的高度重視與精緻思考，應該是理學家們最爲顯著的共同特徵之一。正因爲這個特徵，長期以來，人們對理學與理學家產生了嚴重的誤解。南宋陳亮（1143～1194）即批評「閉眉合眼，朦瞳精神以自附於道學者」，「低頭拱手以談性命」，而清代顏元（1635～1704）更批評理學家「平日袖手談心性，臨危一死報君王」。理學家「發現了一個獨立自足的道德天地，固是事實，但是從歷史的觀點看，儒家的最初與最後的嚮往都是在政治社會秩序的重建上面」〔註89〕〔137〕。實際上，「理學家之注重修養，並非僅僅是爲了提高自己的精神境界或做一個道德完人，相反，他們試圖在安頓自己靈魂的過程中，在自己所修的心性本體中，找到某種積極干預政治、改造社會的終極的力量源泉和價值準則。於社會政治、天下興亡有所擔當，正是儒家與釋老的根本區別之所在」〔註90〕〔155〕。從政與爲學並重，這是宋代士大夫的共同特徵。最具代表性的理學家如朱熹和陸九淵，他們對儒學的不朽貢獻雖然毫無疑問是在「內聖」方面，但是他們生前念茲在茲的仍然是追求「外王」的實現，而且他們「內聖」工夫的目的主要還是爲了「外王」的實現。所以，宋代理學既有講求心性道德修養的學術品格，同時也是注重研究和解決社會現實政治問題的經世之學。理學的這種「雙重性格」在胡安國的《春秋傳》中得到展現。

胡安國《春秋傳》不僅是一部經學著述，還是一部理學著作。作爲理學著作的《胡傳》得到了朱熹的推崇。朱熹認爲「胡文定義理正當」，其說經「雖有牽強處，然議論有開合精神」〔註91〕〔44〕。從朱熹對《胡傳》的評語中可以找到《胡傳》之所以風靡數代的原因有二，一是「義理正當」，《胡傳》的經

〔註88〕關於「理學」的定義，朱漢民教授認爲，廣義的「理學」是指注重以義理解釋、發揮儒家經典的學術思想；狹義的「理學」即通常所說的「性理之學」，具有標榜對孔孟道統的傳承，注重心性天理的形上思考，強調修養身心工夫等文化思想方面的一般特徵。本文對「理學」概念的使用，即從此狹義之說。參見朱漢民，宋明理學通論，長沙：湖南教育出版社，2000，4375。

〔註89〕余英時，士與中國文化，上海：上海人民出版社，2003，53。

〔註90〕趙峰，朱熹的終極關懷，上海：華東師範大學出版社，2004，223。

〔註91〕朱熹，朱子全書（第17冊）·朱子語類（卷八十三），上海：上海古籍出版社，合肥：安徽教育出版社，2002，2845。

義貫入了宋代理學的義理精神；二是結合時政解經，提出解決現實社會政治問題的方案，朱熹說其「議論有開合精神」，意指《胡傳》「敢於並且善於指陳時政，借古論今，有一股縱橫家的氣魄」〔註 92〕〔154〕，道出了《胡傳》結合時政解經的時代特徵。這些都可以說明，胡安國圍繞宋代社會政治與思想文化領域秩序重建的時代主題，結合時政解經，具有非常強烈的經世意識。

　　儒學本身是合內聖與外王爲一體的思想，但在不同的歷史時期、在不同的思想家與學派那裏，卻在兩個方面各有偏重。根據余英時先生的看法，北宋初期的儒學主要關注的是「外王」之事，重建秩序。王安石改革運動失敗的原因，在宋代理學家們看來，是「內聖」的工夫不夠，而儒家傳統習慣於反身內省求諸己，於是南宋理學轉向了「內聖」的工夫。這一轉向，實際上已經在北宋由二程洛學開啓。作爲二程私淑弟子的胡安國，在宋代理學由偏重外王向偏重內聖的轉向過程中，起到了很大的作用。理學這種向內聖的轉折，仍然是以外王的實現爲最終的目的，但他們深信外王首先必須建立在內聖的基礎上。這在胡安國的學術思想中有十分突出的表現。胡安國一方面強調「正心之道，先致其知而誠意」，另一方面又將其學術和思想的旨趣直接指向現實政治領域。南宋政權初立之時，內憂外患一時並具，政局混亂，國是未定，急需一套治國的理論和方案來收拾人心、穩固統治。胡安國的《春秋傳》就是一部爲南宋新政權所作的政治教科書，既有對過往「治道」的經驗總結，又有對現實政治的指導意見，更有對王道理想政治的嚮往，因此，被認爲是胡氏爲高宗皇帝所開的「爲仁之方」。通過對胡安國《春秋傳》與宋代政治內在互動關係的考察，可以一窺宋代政治文化的基本特徵。

　　總之，胡安國是經學家，也是理學家，同時還是政治思想家；其《春秋傳》用宋代理學的義理來解釋《春秋》經義，既是宋代《春秋》學的代表作，也是宋代理學的重要著作；既可看作《春秋》經學與理學相結合的典範，又可視爲理學化《春秋》學的代表。胡氏《春秋》學的經典詮釋是傳統學術的一個縮影或典型個案，可以折射出傳統經學、經典與傳統政治之間「雙向互動」的密切關聯。因此，「不僅在經學研究方面有著重要的意義，在哲學史和思想史上也同樣有著重要的不可替代的地位，這也正是我們今天研究胡安國《春秋傳》的意義所在」〔註 93〕〔205〕。

〔註92〕趙伯雄，春秋學史，濟南：山東教育出版社，2004，521。

〔註93〕浦衛忠，論胡安國《春秋傳》的思想，經學今詮續編，瀋陽：遼寧教育出版社，2001，550。

1.3 研究內容、構思與方法

本文期待在充分吸納前人研究成果的基礎上，以「王道」思想為切入點，深入探討胡安國的《春秋》學思想與宋代政治文化各個方面之間的內在關聯。文章的主要內容包括：

一、對「王道」的源流及內涵進行梳理和歸納，並指出「王道」本身就是政治權威和道德權威的合一，包含了「尊王」與「崇道」兩個方面的意蘊，也表達了儒家「聖王合一」的理想。這種理想雖然帶有濃鬱的烏托邦色彩，但在傳統士人心目中，始終佔有不可替代的重要地位。

二、為了使本文對胡安國《春秋傳》王道思想的論述獲得一個宋代政治、思想和文化領域的大背景，必須交代宋代儒學重建和秩序重建的時代主題。雖然以敘述為主，但亦力求新意。本文試圖論述，宋代秩序重建的目標是「迴向三代」，而「迴向三代」的實質就是要「復興王道」，這恰恰與儒學重建的目標是一致的。筆者的預設是：政治領域的秩序重建與思想文化領域的王道復興之間，具有內在的一致性和貫通性，它們在思想家和政治家的實踐活動中重疊在一起。

三、既然「王道」思想是政治權威和道德權威的結合體，本身包含了「尊王」和「崇道」兩個意義，那麼本文嘗試以這兩點為切入口，從這兩條途徑分別論述胡安國《春秋傳》的王道思想，應該是可行的辦法。就「尊王」一面而言，《春秋傳》有太多對「尊王大義」的闡發，這與宋代加強皇權與中央集權的政治需要是相適應的，《胡傳》的尊王思想，可以視為是為現實政治服務的。本文將對《春秋傳》「尊王大義」的思想淵源進行梳理，還試圖在宋代皇權與中央集權強化的具體歷史情境中，從中央與地方的關係、君主與大臣的關係兩個方面，解讀《春秋傳》中「尊天子抑制諸侯」、「尊君抑臣」的經義，分析其「尊王大義」為現實政治服務的背景、原因、目的以及主要表現。此外，對於宋代政治家和思想家都熱衷於談論的「祖宗之法」，本文認為，「祖宗之法」的主要目標在於保證政治格局與統治秩序的穩定，也是圍繞皇權與中央集權政治的總目標而服務的。胡安國《春秋傳》中闡釋、維護「祖宗之法」，核心任務還是為了「尊王」。

四、就「王道」政治功能中「崇道」的一面來看，胡安國《春秋傳》的「崇道」之義充分體現了宋儒「以道事君」、「以道制君」的文化主體和政治主體意識。本文並不認為胡安國的「崇道」思想是在宋代「橫空出世」，儒

家歷來就有「崇道」的思想傳統。因此，本文將總結歸納出《春秋傳》對傳統儒家「崇道」思想的繼承和發展脈絡。從學術史上來看，傳統天命論、災異論等等，都成爲其思想的源頭，特別是董仲舒的天人感應論以及中唐啖趙學派《春秋》學的「舉王綱、正君則」大義，無疑對胡安國有重要的影響，胡氏之學是對他們的「揚棄」。爲了「崇道」，宋代理學構築了一個「道統」的譜系。胡安國作爲理學家，雖然沒有明確提出「道統」理論，但仍然具有「道統」意識，因而本文將從宋代「道統」的潮流中勾畫出胡氏的「道統」意識。在「政統」與「道統」的緊張中，掌握實際權力的無疑是「政統」。在傳統政體下，王權至高無上，儒者何以能夠成爲「道」的掌握者並從而持道馭勢、以道制君呢？這畢竟是屬於一種以下犯上、以臣貶君的行爲，與儒家推崇的「君爲臣綱」以及「禮樂征伐自天子出」的政治倫理之間發生了衝突。如果不能走出這個政治倫理困境，「崇道」思想本身就會因爲缺乏合理性而成爲悖論。本文研究的重點之一，就是探討胡安國《春秋傳》對上述政治倫理難題的解決方案。這個方案，就是《春秋傳》中提出的「聖人以天自處」說。在胡安國看來，聖人「是天理之所在」，故而有資格貶黜天子和諸侯，而在「道統」意識支持下，胡氏認爲傳承了「聖人之道」的宋儒包括他本人也就有資格批評君主，因此，無論是在《春秋傳》還是在胡氏上呈給皇帝的《時政論》中，充滿了對君主和時政的譏貶之詞，而這當然也成爲本文關注的重點。

五、在論述了胡安國的「尊王」大義與「崇道」之義之後，胡氏關於理想社會政治秩序的美好圖景就逐漸顯露出來。「王」既得尊，「道」既得崇，二者各得其所，政治權威與思想——道德權威和諧統一，「神聖位置」與崇高品質完美結合，這就是「王道」，也正是傳統儒家夢寐以求的理想政治。宋代儒家集體的政治理想是「迴向三代」，以復興王道。這在胡安國《春秋傳》中得到全面反映。他的政治理想既受宋儒集體意識的影響，又匯入這種集體意識之流中，並使得宋儒的王道理想顯得更加醒目，更有厚重的歷史感。本文將詳細分析胡安國的王道政治理想的「終極依據」、「價值取向」以及「實現途徑」，並著重在宋代「與士大夫共治天下」政治文化背景之下，闡述胡安國對理想君臣關係的認識——「君臣一體」與「君臣一心」論。筆者設想，胡安國的「王道」政治理想，與宋代士大夫政治文化有著密切的內在關聯。

　　六、「王道」政治不僅是對理想社會政治圖景的描述，是一種美好目標，同時還是儒家為了實現自己理想政治的目標而設計的一整套治國方案。在治國方案中，怎樣認識和處理君民關係以及整個統治集團與被統治階層的關係，無疑極具重要性。在傳統政治思想中，對君民關係的認識，影響最大的莫過於「民本」論。宋代由於特殊的歷史原因，「民本」思潮顯得格外的活躍。「民本」思想作為傳統統治思想的組成部分，與儒家「王道」政治理想具有內在的溝通性。因而，討論胡安國《春秋傳》的王道政治，必然要涉及其「民本」思想。本文將以一種比較宏闊的視野來觀察歷史上的「民本」思想，探討其與「王道」的內在關聯，並將在這一理論基礎上解析胡安國《春秋傳》的「民本」思想。本文設想，胡安國《春秋傳》王道政治的立國理念就是「國以民為本」，其治民原則在於「使民以時」、「不竭民力」，而「王道」的為政境界則是「與民同其樂」、「與民同其憂」。

　　七、宋儒「王道」政治理想秩序歸根到底是一種「禮治」秩序。因此，討論胡安國的王道思想，也不可避免地要談其「禮治」思想。禮與天理、王道是一條可以互相詮釋的概念鏈條，彼此之間存在深刻的內在聯繫。本文將從宋代「以理釋禮」的思想傳統中分析這種內在聯繫，並以此為基礎，探尋胡安國《春秋傳》的禮學觀。筆者認為，胡氏在其具有時代特徵的禮學觀的指導下，闡釋《春秋》的「禮治」思想，並將其與「王者之道」聯繫起來。他按照《大學》的「條目」秩序，截取了從「正心」到「治國」一段，把君主身心休養和政事活動，都納入到禮的限制和規範之中，對君主提出了「以禮制心」、「以禮制欲」、「以禮守身」、「以禮治家」、「以禮為國」等一系列「禮治」主張，這個為治的次序，正好就是宋代理學家所主張的經由「內聖」工夫而實現「外王」事功途徑，也是人主成就「聖王」的「王者之道」。

　　此外，還有幾個關於胡安國《春秋》學的問題也將在全文中穿插論及。諸如：胡氏的思想淵源與學術傳承、《胡傳》與三傳及宋代其它《春秋》學家（如孫復、劉敞、程頤等人）著作的異同比較、胡氏以例說經的解經方法及「事採《左傳》，義兼《公》、《穀》」的解經特色、胡氏引「天理」論入《春秋》學並回應時代主題的學術風格；後儒對《胡傳》的是非評價、胡安國對湖湘學派的貢獻等問題。這些問題前人論之尤多，本文嘗試擇其精要而出以己意。

　　以上就是本文所要論述的主要內容。根據這些問題之間的內在邏輯，本

文篇章結構的安排也就一目了然。除了第 1 章緒論交代選題背景、意義，綜述國內外文獻等內容之外，另設 6 章篇幅。上述第一、二個內容，因爲屬於理論基礎與思想背景的鋪墊，故合爲全文的第 2 章：復興王道——宋代秩序重建與儒學復興；第三、四、五、六、七個問題，既互相聯繫，又彼此獨立，都有各自的核心問題意識，故而依次標爲全文的第 3 章：胡安國《春秋傳》的尊王大義；第 4 章：胡安國《春秋傳》的崇道之義；第 5 章：胡安國《春秋傳》的王道政治理想；第 6 章：胡安國《春秋傳》的民本思想與王道；第 7 章：胡安國《春秋傳》的禮治思想與王道。第 2 章至第 5 章之間，大體上遵循了「總——分——總」及「正——反——合」的模式。第 6 章與第 7 章屬於對全文核心問題的擴展討論。

本文立意於通過對胡安國《春秋傳》文本的分析和解讀，探尋其中的「微言大義」，從而發現其與宋代政治文化的內在關聯，並希冀管中窺豹，瞭解傳統學術的經典詮釋與社會政治之間的「雙向互動」關係。本文立足於對胡氏《春秋傳》進行文本解讀與分析，是關於宋代思想史的個案研究。因而基本上採取思想史的研究方法，注重經、史結合，把思想史、社會史和政治史緊密聯繫起來，並力圖實現彼此照應與相互發明。此外，本文還注重對文獻的梳理和解讀，注重從整體上把握胡安國思想與學術的特徵，而避免按照某種框架或理論將原本是一個圓融的整體割裂成若干條塊。同時，本文尊重中國學術史上的固有術語和習慣說法，儘量避免使用西方概念和術語，儘量在中國傳統學術的話語環境中展開論述。總體而言，本文試圖在一個動態的、立體的維度中把握胡安國《春秋傳》王道思想的思想史意義和政治文化意義，但最終能否實現這個意圖，筆者不敢預斷，祈請方家教導。

1.4　論文的創新點

眾所周知，「創新」是學術研究的靈魂。本文的創新主要表現在以下幾個方面：

一、拓寬了對胡安國《春秋傳》的研究視野。學界對胡安國《春秋傳》的研究雖然不少，但從思想學術與社會政治的雙向互動關係來考察的並不多，本文選擇「王道思想」這個特別的視角，深入發掘了胡氏《春秋》學思想與宋代政治文化之間的內在聯繫；《春秋》以禮爲本，禮學思想也是胡安國

《春秋傳》的重要內容，但目前尚未得到學界應有的重視，本文梳理了《胡傳》對禮的本末、體用、常變等問題的看法，總結了《胡傳》的禮學觀，探討了《胡傳》的禮治思想；「民本」思想同樣也是《胡傳》的重要內容，前人論之頗略，在幾本關於民本思想的專著中，幾乎找不到《胡傳》的位置，本文從王道政治的立國理念、治民原則、為政境界等三個角度深入分析了胡安國的民本精神。

　　二、進行了一些比較有深度的理論探索。例如：「王道」是中國傳統政治思想中的核心內容，但學界對它的概念界定卻莫衷一是。本文試圖總結前人成果，給「王道」下一個比較完整的定義，從「王道」中分析出「尊王」與「崇道」兩個涵義，前者反映了宋代重建秩序的時代主題，後者體現了宋代道學興起的思想潮流。「尊王」與「崇道」的結合就是「聖王合一」，即政治權威與道德權威的統一，這正是儒家王道政治追求的最高境界。再如：「君臣一體」與「共治天下」都屬傳統政治思想的內容，前者是先秦以來關於君臣關係論的一般認識，後者則主要是宋代士大夫的政治訴求，原本各有源流、各自表述。本文立足於對《胡傳》思想內容的發掘和對宋代政治制度的分析，嘗試將二者「對接」起來，用「君臣一體共治天下」來描述宋代士大夫政治文化的特徵。此外，本文還從王道的內涵、政治功能以及王道政治的實現途徑等方面探討了王道與民本、王道與禮治之間的內在關聯。這些理論探索未必豐滿成熟，但具有一定的開創性意義。

　　三、不盲從古人對《胡傳》的有關評價，結合歷史時勢，重新審視了明清儒者對《胡傳》的批判；不盲從前人成說，在佔有豐富史料的基礎上提出了自己的新見。例如：明代姜寶、高拱、陸粲及清儒徐庭垣等都不滿胡安國解經借孔子名義以批評天子、針砭時政，認為胡氏「以臣子貶君上」、「以匹夫而黜天子」是「敗倫傷化孰甚」的行為。本文則認為，胡安國具有道統意識，他提出孔子是「天理之所在」及「聖人以天自處」說，擺脫了儒家「臣子貶君上」的政治倫理困境，而明、清儒者對《胡傳》的批判，則與他們所處的時代有關。明、清皇權極盛之時，政治文化與生態較宋代大不一樣，儒者的生存境遇和政治心態也完全改觀。即使他們也繼承了「道統」觀念，堅持傳統儒學中制約、規範君權的思想，但他們無法接受胡安國批評天子的激烈態度與嚴厲措辭，而更傾向於用「和平通達」〔註94〕〔49〕的方式來表達。

〔註94〕四庫館臣對陸粲《春秋胡氏傳辨疑》的評語。四庫全書總目提要（卷二十八），

再如：胡安國《春秋傳》謂「元即仁也；仁，人心也」（卷一），以「仁」訓「元」，又以「心」訓「仁」，頗遭學者詬病，被指爲「支離」。本文認爲，胡氏的心性論固然有疏漏，但他用元＝仁、仁＝心這兩個相連的命題，將宇宙本體的「元」與倫理道德的「仁」以及個體主宰的「心」融爲一體；將王道理想的終極依據確定在與「天理」同一的「元」之上，同時也將三代之治賦予了「王道之始」亦即「元」意義，從而實現了王道理想之邏輯起點（即「元」）與歷史依據（即「三代」）的統一。《春秋》本是歷史典籍，胡氏不可能離開歷史大談哲學。因此不能苛責《胡傳》疏於心性論，而應肯定其聯繫時政解經、以宋學義理詮釋《春秋》的學術特色，體現了儒家義理與經世致用相結合的傳統。又如：金耀基先生的《中國民本思想史》認爲宋代的民本思想「幽潛不明，萬籟俱寂，鮮可陳述，可付闕如」〔註95〕〔105〕。本文則認爲，從歷史視角來看，民本思想在宋代非但不是「幽潛不明」，反而因爲特殊的歷史背景和政治環境而顯得格外活躍。

　　四、通過對比《胡傳》與《左氏》、《公羊》、《穀梁》三傳在經文解釋上的異同，凸顯了《胡傳》的解經新意，肯定了《胡傳》的思想價值和學術地位。有一種觀點認爲《胡傳》之所以能夠風行數百年，並非因爲其學術成就而是因爲其思想符合政治的需要。本文認爲，《胡傳》在《春秋》學史上的地位並非完全因爲符合政治的需要並「懸爲功令」，其爲科舉所用也並非全如四庫館臣所謂「蓋重其淵源，不必定以書也」，而更重要的原因是它在思想學術上的成就和貢獻。例如：隱公元年，「春王正月」。《公》、《穀》二傳皆從「不書即位」發展出各自的大義，但都未涉及「尊王」。《胡傳》既承二傳之解，又有重大創新，把諸侯即位與天子的權威聯繫起來，發揮其「尊王」大義。胡氏新發了兩條義理，即諸侯之立應「承於先君」、「稟命於天子」，已將二傳之義涵蓋在內，對諸侯權力合法性的論證也更加全面而有力。再如：隱公四年「冬，十有二月，衛人立晉。」胡安國吸收了《公》、《穀》二傳的解釋，把公子晉不宜立的緣由說得更加明白具體，認爲必須受命於天子才可以爲諸侯。如此解經，既符合周初封邦建國的歷史，又強化了天子的權威，適應宋代加強中央集權的需要。又如：昭公三年「北燕伯欵出奔齊」。《公羊》無傳，《穀梁》說：「從史文也」，無涉於經義。《左傳》則認爲北燕伯固

　　　　上海：上海古籍出版社，1987，573。
〔註95〕金耀基，中國民本思想史，北京：法律出版社，2008，142。

然有失，但北燕大夫威脅其君而使之出奔，是「強臣脅主」。胡安國一方面繼承《左傳》之說，另一方面也糾正了《左傳》的偏失。《左傳》未免「刻以繩君而緩於誅逆」，而胡安國則認為「君雖不君，臣不可以不臣」。但胡氏也強調，如果天子先有「君不君」，則「臣不臣」就應當歸罪於天子。這正是胡安國不同於其它解經者之處。此外，自孔穎達開始，就不斷有人反對以經書「有年」為「記異」之說。但「有年」為記異的說法，賈逵、何休先有其意，程頤因賈、何之說而明確指出之，胡安國又因程子之說而暢言之，胡氏對前人學說的吸收顯而易見，以「有年」為異的思想觀點的演變歷程也清晰可辨。胡氏之說不僅「與《公羊》『以喜書』之意正同」，不「悖於聖人書法本旨」，無「傷於上天祐民本意」，還把「天理」概念引入傳統災異論中，具有重大的理論和現實意義。由此看來，《胡傳》不僅「事採《左傳》，義兼《公》、《穀》」，更在三傳之外獨抒新義。

第2章　復興王道──宋代秩序重建與儒學復興

　　按照中國傳統政治理念，「現世」並不是理想狀態，所謂理想社會，不在今天而在上古三代，〔註1〕〔168〕也就是《尚書》、《禮記》等儒家經典所描繪的「唐虞三代之治」。這個被理想化的社會分為先後階段：先是唐、虞時代的「大同之世」，其後是「小康」之局，包括禹、湯、文、武、成王、周公時代。二者的根本區別在於：「大同」是「天下為公」，「小康」是「天下為家」，表現在權力交接和政權交替上，前者是「禪讓」，後者是「世襲」。大道既行、天下為公固然是儒家的終極理想，但歷史上的「大同之世」，畢竟一去不復返了，取而代之的是「小康」的「家天下」。這雖然比「公天下」差，但「也還能對付」（易中天語）。因為小康時代實行的是周公創立的制度，包括宗法制、封建制和禮樂制。宗法制是社會制度，封建制是政治制度，禮樂制是文化制度。社會、政治、文化三位一體。一以貫之的，則是這樣的政治思想：以人為本，以德治國，以禮維持秩序，以樂保證和諧。這種社會政治秩序深為儒家所推崇。在儒家眼裏，「大同之世」無憂無慮，「小康之世」有德有序。如果說「大同之世」實行的是「帝道」，「小康之世」實行的是「王道」，那麼秦、漢以後的帝制時代實行的就是「霸道」。但在宋儒的政治思想中，往往不再區分「帝道」與「王道」，而用「王道」來表達理想政治，並將漢、唐政治指為「霸道」，在嚴苛的「王霸之辨」中高揚「王道」理想。

　　對「王道」理想政治的追求是儒家的一貫傳統。在原始儒家的理念中，

〔註1〕高王凌，怎樣看待傳統政治理念，讀書，2009（11），167。

孔子與「王道」有著極大的關係。《論語》展現了孔子在禮崩樂壞時代對社會文化秩序的理想追求。孔子曾說：「周監於二代，郁郁乎文哉，吾從周」，「甚矣吾衰也，久矣吾不復夢見周公」〔註2〕。孔子認為周代繼承了夏、商的典章制度與文化傳統，而他一生的夢想也就是「回復」到以周公時代為代表的三代王道之治。王道理想政治從此以後就成為歷代儒家的神聖夢想。但以何種方式和途徑來實現這個夢想，不同時代則有不同的思路。先秦儒家注重的是外在之禮及「夏時」、「殷輅」等相關制度，即便是偏重心性的思孟學派，也提倡井田、封建。秦漢以後的政治體制以法家理論為基礎。漢武帝開始「罷黜百家，獨尊儒術」，但「漢家自有制度」，依然是「霸王道雜之」〔註3〕〔9〕，實際上是外儒而內法，三代之治的王道理想無從施展，在宋儒看來，漢唐都是以智力把持天下的霸道之世。宋代以降，「新儒家學說盛行之後，如政治上王霸之分與堯舜其君之理想從此成為風氣」〔註4〕〔124〕，但對於如何實現上古三代的王道理想，宋儒開始反思。一種新的看法逐漸形成：如果不經道德之純良，三代之治就不可能實現。〔註5〕他們相信，理想的社會政治文化秩序，首先必須是合乎「天理」的。宋代理學高舉「天理」之幟，主張經由「內聖」而達諸「外王」，開創一條新的路徑，以期復興三代時期的王道理想政治。而這一思想正與宋代重建社會政治和思想文化秩序的時代主題相合。儒學復興與秩序重建的目標歷史性地重合於「王道」政治理想之上。

2.1 王道思想及其政治功能

2.1.1 宋儒王道思想的淵源

所謂「王道」，是儒家對上古三代帝王為治之道的概括，它是一個內涵極為豐富的概念，包含禮樂教化、天下一統、君臣綱常等多方面的內容。〔註6〕〔152〕而所謂「王道政治」，「是指依王者之道所從事的政治」〔註7〕〔104〕，

〔註2〕論語・八佾，論語・述而。
〔註3〕班固，漢書・元帝紀，北京：中華書局，1962，277。
〔註4〕張君勱，儒家哲學之復興，北京：中國人民大學出版社，2006，9。
〔註5〕參見王勝軍，清代廟堂理學研究，〔湖南大學博士學位論文〕，2010。
〔註6〕陳桐生，中國史官文化與《史記》，臺北：文津出版社，1994，52。
〔註7〕蔣慶，政治儒學——當代儒學的轉向、特質與發展，北京：三聯書店，2003，202。

其核心內容包括以民為本的仁政和以禮為治的德治。「王道」一詞，最早出現於《尚書》中，《洪範》篇說：「無偏無黨，王道蕩蕩；無黨無偏，王道平平；無反無側，王道正直。會其有極，歸其有極。」作為一個政治術語，「王道」概念源於「先王之道」。而所謂「先王」，就是指堯、舜、禹、湯、文、武等上古三代的聖王。儒家把王道等同於先王之道的邏輯前提，就是先王之道本身是絕對符合道義的政治。這些古聖王之道之所以值得效法，就在於他們是道德意義上絕對正當、正義的政治。孟子說「三代之得天下也以仁，其失天下也以不仁，國之所以廢興存亡者亦然。」可見「王道」具有道德的規定性。由道德品質優良的君主以符合道德原則的方式治理民眾，也就是孟子所說的「以德行仁者王」〔註8〕〔181〕。在先秦儒家的思想體系中，王道、道義與先王之道，往往都是同義語。王道即先王之道，其所應遵循的道義原則都來源於三代以上聖王治國的歷史經驗。

　　不同歷史時代的思想家對於「王道」或有不同的理解，但王道始終體現著儒家對理想政治的期待和對崇高道德的追求。宋代是中國傳統政治思想哲理化的重要階段，也是儒家王道思想發展的重要時期。如果說先秦兩漢王道思想的歷史依據是上古三代的先王，那麼宋儒的王道思想的邏輯起點則是存在於現實之外的形而上的天理。理學家無論是胡安國還是朱熹，都用形而上的方式理解道義原則，把王道政治解釋為符合天理的政治。理學家不僅從經驗性的歷史過程中尋求理想的政治訴求，而且也把對理想政治的期待訴諸絕對意義的天理。〔註9〕〔191〕在宋儒看來，政治生活中的道義原則，是一種普遍的法則，它既來自於上古三代之治的歷史經驗，同時也先驗地存在於現實政治之外。王道是對普遍法則的服從，也是對「三代之治」歷史經驗的借鑒。先王之道作為一種歷史存在，本身雖然不能直接等同於道或天理，但是與道或天理相合。三代聖王的治理之所以能夠成為理想政治的典範目標，是因為他們的統治符合天理。於是，宋儒在「先王之道」之上又加上了一個超越性的天理，把王道政治所體現的道義原則的根源歸於形上的天理，從而完成了儒家王道政治思想的「理學化」，為王道理想烙上了鮮明的時代特色。

　　王道的豐富內涵表現在它既是儒家士大夫對理想政治和社會形態的描

〔註8〕孫曉春，先秦儒家王道理想述論，政治學研究，2007（4）。

〔註9〕李鋒，天理與道義的彰顯──朱熹王道思想的政治哲學解析，貴州師範大學學報（社會科學版），2008（4）。

述，同時還是對一種統治方式和治國手段的概括。

一方面，王道是儒家所信仰、追求的理想社會形態，它與亂世相對，是沒有陰謀、私欲、戰亂、刑罰的道德完備的、統一的理想社會狀態。王道社會不僅社會整體道德完美，聖王和賢臣的所作所爲也都成爲道德的楷模和象徵。對王道理想的認同和信仰，使得儒者接受並擁有了一個文明世界，形成了一個非常明晰的世界觀。儒家思想的開展都是在此信仰的前提下進行的，儒者的人生實踐也無不圍繞此信仰而踐行。〔註10〕〔183〕無論宋代儒者怎麼言之鑿鑿地宣稱他們所稱道的「王道」政治是曾經歷史的事實，但實際上，不過是一種理想化的東西，那種盡善盡美的政治在歷史上從來沒有，也不可能出現過。然而這並不能消解宋儒對「王道政治」的堅定信仰和不懈追求。「他們（宋儒）堅持上古的社會秩序是完美地結合在一起的，這是一種信仰，而不是基於歷史事實的陳述」〔註11〕〔84〕，在儒家眼裏，王道是絕對的、完美的；也是現實的、可以實現的。這種理想化的王道政治在今天看來並不符合歷史實際，但是不能否認，它對於民族精神的鍛造以及中華文化的發展方向都產生了積極而深遠的影響。

另一方面，王道是指與霸道相對的處理天下國家內外事務的思路和方式。王道施行的是「仁政」，其要點是「保民」、「行德」和「服人心」；霸道卻憑藉武力假行仁義，用「智力」把持天下、征服他人。儒家「尊王賤霸」論體現了王道政治理想的價值取向。與霸道相對的王者之「道」，是內在於王的，雖然不完全排斥工具理性，但更主要的是具有價值理性的意義。仁政禮治和文德教化既是王道政治得以實現的手段和工具，但其本身也因符合儒家的道義理念而具有價值意義。王道雖然有明確的目標指向，即「天下有道」，但對實現天下有道的過程的正義性同樣重視。霸道雖然也有一定的價值理性意義，但霸者更注重政治行爲的實際後果與結局，更注重實際事功，而較少關注實現目的建立功業的過程和手段是否合乎儒家所認定的正義性，因而主要具有工具理性的意義。換一個角度來說，霸道是一種擴張型的對內崇尚刑名法術、對外崇尚軍事武力和戰功的「硬實力」；而王道，則是一種內斂型的、對內對外都強調文教禮義、以文化成、使人心悅誠服的「軟實力」。儒家王道理想絕非反對富強，而只是反對通過霸道的手段和方式來

〔註10〕嚴正，王道理想與聖賢意識，河南社會科學，2008（9）。
〔註11〕包弼德，歷史上的理學，杭洲：浙江大學出版社，2010，177。

實現富強。用現代語言來說，王道所崇尚的富強之路就是「和平崛起」的道路。

　　王道思想是《春秋》學的一個主題，宋代《春秋》學思想的主要貢獻之一就在於「闡釋王道思想」〔註 12〕〔159〕。關於孔子編《春秋》的本旨，佔主流的意見就是爲了「明王道」。《孟子》即認爲「《春秋》，天子之事也」〔註 13〕，司馬遷則明確表示：「孔子明王道，干七十餘君莫能用，故西觀周室，論史記舊聞，興於魯而次《春秋》，……約其辭文，去其煩重，以制義法。」〔註 14〕〔8〕此後，孔子作《春秋》明王道的觀點流傳下來。中唐陸淳將其提煉概括爲「《春秋》因史制經，以明王道」〔註 15〕。宋儒又將其發揚光大。例如：歐陽修說：「《春秋》明是非而正王道。」〔註 16〕〔258〕周敦頤雖然無《春秋》學著作，但在《通書》中也說：「《春秋》正王道，明大法也。孔子爲後世王者而修也，亂臣賊子誅死於前，所以懼生者於後也。」〔註 17〕〔245〕程頤亦說：「聖人以王道作《春秋》。」〔註 18〕〔29〕胡安國更是強調：「《春秋》之於王道，是輕重之權衡、曲直之繩墨也，捨則無所取衷矣。」〔註 19〕〔3〕

　　開宋代《春秋》學先聲的啖趙學派對理想政治的尋求，似乎也預示了宋儒的政治理想將會定格在堯、舜、三代的王道之治。由陸淳纂集啖助、趙匡之說，加以己意而成的《春秋微旨》開篇即說：「《傳》曰：『唯天爲大，唯堯則之。《韶》盡美矣，又盡善也，《武》盡美矣，未盡善也。』又曰：『禹，吾無間然矣。』推此而言，宣尼之心，堯、舜之心也；宣尼之道，三王之道也。」〔註 20〕堯舜之治被推尊爲盡善盡美，而聖人之道也與「三王之道」劃上了等號。這種認識成爲宋代《春秋》學王道思想的通義。胡安國深受啖趙學派的影響，在殿試時即「以漸復三代爲對」〔註 21〕〔2〕；在《時政論》中

〔註 12〕吳國武，經術與性理——北宋儒學轉型考論，北京：學苑出版社，2009，167。
〔註 13〕孟子・滕文公下。
〔註 14〕司馬遷，史記・十二諸侯年表，北京：中華書局，1959，509。
〔註 15〕陸淳，春秋集傳纂例（卷一），文津閣四庫全書本。
〔註 16〕歐陽修，歐陽修全集・居士集（卷四八）・問進士策四首，北京：中華書局，2001，680。
〔註 17〕周敦頤，周敦頤集・通書・孔子上第三十八，長沙：嶽麓書社，2002，55。
〔註 18〕程頤，二程集・程氏遺書（卷二十二），北京：中華書局，1981，280。
〔註 19〕胡安國，春秋傳・敘綱領。
〔註 20〕陸淳，春秋微旨（卷上），文津閣四庫全書本，142 冊，380。
〔註 21〕胡寅，斐然集（卷二十五）・先公行狀，長沙：嶽麓書社，2009，486。

援引《春秋》經義，要求君主「所好當遵王道」，「所惡當遵王路」〔註22〕〔2〕；在《春秋傳》中則借孔子的名義表達了他對「大道之行與三代之英」的嚮往，並「有志於天下爲公之世」〔註23〕〔3〕。

2.1.2　聖王合一：理想的君主

宋儒尤其是理學家雖然非常注重內在的道德修養（內聖），但最終目的還是在於實現王道政治理想（外王）。理學也因爲這個緣故而成爲內聖與外王合一之學。追求王道理想是儒家的神聖使命，因此王道成爲儒家政治思想的核心，追求內聖最終必然要落實爲外王的實現。而王道所指的實際內容就是堯、舜、禹、湯、文、武、周公之所以成爲聖王的治國之道，它既是孔子所主張的「禮」，也抽象爲「王道」。〔註24〕〔183〕先王的治國之道，也就是他們之所以成爲「聖王」的「道」：既具有外在的傑出的權位和事功，又具備內在的高尚的道德與品性，亦即內聖與外王的合一。可以說，「王」代表的是政治權威，「聖」代表的是道德權威，無論是歷代帝王，還是儒家士大夫，都把「聖王合一」視爲理想的君主。

王道政治既是儒者所堅信的歷史上曾經存在過的堯舜三代之治，也是孔孟以來儒家所宣揚、所追求的理想社會政治秩序或統治方式。前者指向遠古，後者指向未來。上古三代無從考證，甚至是「層累地造成」的，但仍被歷代儒者粉飾成一片盡善盡美的絢麗圖景，成爲儒家嚮往和追求的理想世界。有如牟宗三先生所論：「堯舜三代事實上固未必如儒者之所稱，但此理想實表示對於政治、歷史作一批判的鑒別，先從理性上立一理想之規模，然後始期以更高之實現。人事實上實際演進是另一線，從頭起即並無如此之理想，儒者不過把理想放在歷史之開端，託古以言之」。〔註25〕〔115〕宋儒的「批判的鑒別」眼光之下，當下的政治並非理想的狀態。正如朱熹所說的：「古之聖賢從本根上便有『惟精惟一』工夫，所以能執其中，徹頭徹尾無不盡善。後來所謂英雄則未嘗有此工夫，但在利欲場中頭出頭沒，其資美者乃能有所暗合，而隨其分數之多少以有所立，然其或中或否，不能盡善則一而已。」

〔註22〕胡寅，斐然集（卷二十五）・先公行狀，長沙：嶽麓書社，2009，514。
〔註23〕胡安國，春秋傳（卷一）・隱公三年「冬十有二月齊侯、鄭伯盟於石門」條。
〔註24〕嚴正，王道理想與聖賢意識，河南社會科學，2008（9）。
〔註25〕牟宗三，政道與治道，桂林：廣西師範大學出版社，2006，221。

〔註 26〕〔44〕後代具有事功和權位的英雄豪傑雖然成就了外王，但沒有內聖的道德，而繼承了先聖道統的賢者卻又沒有掌握外王的政治權力和事功。〔註 27〕〔71〕朱熹所說的「後來所謂英雄」，自然包括了宋代帝王。正因為以「三代之治」為參照指標的王道理想與眼前的現實政治之間存在莫大的差距，儒者往往表現出對現實的不滿，因而常常會產生一種對現行秩序進行變革的衝動，要求建立一種如三代那樣美好的理想秩序。正如美國漢學家包弼德所說，「理學家的信仰和他們生活的世界是不同的，正是實然世界和應然世界之間的區分，使他們有了一個共同的使命」〔註 28〕〔84〕。所以宋代儒學的主題思想就是為了將實然世界改造為應然世界，而圍繞如何重建理想秩序而展開。

實現王道政治、重建理想秩序的途徑，在於內聖外王之道的實踐。儒家內聖外王的為政之道，是一個由內及外，由己及人的過程。儒家把血緣倫理層面的孝悌親親與社會道德層面的仁義忠信等融合情與禮為一體的行為規範綜合起來，建立起一整套做人、為政的制約機制。二程的「王道」世界，是「天理流行」，「各得其宜」，「各正其性命而不妄」的，就是要按照「禮」的要求來使人們具有上下尊卑之分的等級秩序。而「禮」是對「天理」的反映，合乎人類社會本來的倫理秩序。儒家以王道理想的實現為入世的追求目標，對統治者及儒者自身來說，也都必然強調道德修養的重要，必然把成聖成賢作為學習實踐的目標。追求王道理想，實現成聖成賢，這也就是通常所謂的「內聖外王之道」。作為一種政治理想，「王道」的意義在於對君主提出了一個最高的要求和規範，即完成內聖與外王的合一，成為像堯、舜、禹、湯、文、武等上古聖王一樣的統治者。

從這個意義上來講，「王道」正好表現了史華慈所說的中國傳統政治思想中的那個始終不曾出現過「替代品」的「深層結構」。史華慈指出，這個「深層結構」包括兩個方面，一是在社會的最頂點有一個「神聖的位置」即王權，二是這個神聖位置上的人物應該具有「超越性力量」和「個人品質」。〔註 29〕〔208〕實際上，所謂「神聖位置」和君主的個人品質這兩個富於張力

〔註 26〕朱熹，朱子全書（第 20 冊）·朱文公文集（卷三十六）·答陳同甫書，上海：上海古籍出版社，合肥：安徽教育出版社，2002，1590。

〔註 27〕參見朱漢民，聖王理想的幻滅——倫理觀念與中國政治，長春：吉林教育出版社，1990，204。

〔註 28〕包弼德，歷史上的理學，杭州：浙江大學出版社，2010，189。

〔註 29〕史華慈，中國政治思想的深層結構，史華慈論中國，北京：新星出版社，2006，

的方面，涵蓋了我們熟知的政——教、王——聖關係，也就是政治權威和思想——道德權威的關係。〔註30〕〔180〕二者之間，可能會形成多種關係，但一種最理想最完美的結合形式就是政治權威與道德權威合爲一體，也就是「聖王合一」，成爲本文所論的「理想的君主」。

歷代儒家士大夫都「依附盤旋」〔註31〕〔208〕於這個帶有濃厚的烏托邦色彩的「聖王合一」的王道理想中。由於君臣父子等綱常倫理的破壞將導致整個社會的混亂，傳統士人把中國傳統政治中這個「深層結構」的替代面想像成「亂」〔註32〕〔208〕，故而更加對唯一能夠改變整個社會秩序的具有超越性力量的君主寄以最大的希望，希望君主能夠成爲「聖王合一」的理想君主。這種希冀，在經歷了唐末以至五代多年動盪混戰而獲得初安的宋代，無疑會在士人的思想意識中蔓延得更深更廣。

與此同時，宋儒對君主達到「聖王合一」的美好期待在宋代帝王中，也獲得了積極的回應。且不論宋神宗在王安石的鼓舞下對理想的堅持與追求，即使作爲北宋亡國之君的宋徽宗，也常常把自己打扮成一個符合宋儒王道理想的「聖王」。崇寧二年（1103）的殿試試題中，徽宗爲自己塑造「聖王」形象：

> 昔者聖人之用天下也，任之以道，立之以政，又用之以人，故數五典則遜，修九功則敘，迪百工則釐，綏四夷則服。朕甚慕焉，而未知所以爲此之方。永惟先帝盛德大烈，施及後世博矣。追而復之，周敢墜失。蓋以恩睦族，故爲之品制祿秩而辨親疏之等；以經造士，故爲之眾建師儒而興庠序之教。平其市價，通其有無，以修理財之政；明其功賞，復其境土，以宣禦戎之威。彰善癉惡，以明君臣父子兄弟之義。凡此於朕志，謂庶乎其可矣。〔註33〕〔34〕

這段文字雖然完全可能出自御用文人的手筆，但以「朕」的口吻說出，應該是深得徽宗之心的。徽宗把自己的統治描繪成了上古王道的理想狀況，雖是不折不扣的誇飾，但「朕甚慕焉」與「凡此於朕志，謂庶乎其可矣」，至少

25。

〔註30〕 參見任鋒，如何理解「史華慈問題」，讀書，2010（6），18。

〔註31〕 史華慈，中國政治思想的深層結構，史華慈論中國，北京：新星出版社，2006，27。

〔註32〕 史華慈，中國政治思想的深層結構，史華慈論中國，北京：新星出版社，2006，27。

〔註33〕 徐松，宋會要輯稿·選舉七，北京：中華書局，2006，31。

說明了徽宗還是樂意做一個像上古聖王一樣的皇帝。徽宗欲當聖王的「志向」或「理想」長久不衰。二十多年後（1124），在他統治下的最後一次科舉殿試中，他依然宣稱「朕承天休，憲法上古，思所以和同無間，以惠元元」。儘管這些說法都只是徽宗自詡或是侍臣們對他的美化，但用上古時期的「聖王」及其治理狀況作爲標準來美化、標榜徽宗及其統治，這本身就足以證明上古之治與「聖王」理想在當時是如何的深入人心。

揭出徽宗的聖王「志向」及當時士人的王道理想，對於胡安國《春秋傳》王道思想的研究具有很重要的意義。胡安國開始治《春秋》在徽宗崇寧四年（1105），從徽宗政和四年（1114）到徽宗「歸爲北虜」，胡安國一直在著述《春秋傳》。《春秋傳》成書歷時共三十年，其前二十年正是徽宗時代的最後二十年，胡安國必定有聞於徽宗的聖王「志向」。胡氏既然是「感激時事」、「牽合時政」以解經，其《時政論》也常常論說「崇寧以來」的「故事」，那麼徽宗朝的思想動態必然會進入胡氏解經的視野。

2.1.3　尊王與崇道：王道思想的雙重意蘊

「王道」之「王」既是指處於社會政治體系金字塔頂端的最高統治者，又表示獲得和執行這種統治權力的方式和途徑（即「王天下」之道）。從概念上看，若將「王道」與「王權」對舉，「王道」就突出了「道」對王者的規範與約束；若將「王道」與「霸道」對舉，則突出了行道的主體是一統天下的王者。因此，「王道」本身就包含了王者所擁有的權威與所應遵守的規則。同時，王道政治的理想君主是「聖王合一」，那麼王者之道必然表現在兩個方面，一是要佔有「神聖位置」即王權，二是要具備最高品格，亦即儒家之「道」。前者要求王者緊緊掌握權力，後者要求王者遵守「道」的規範。合起來看，「王道」也就包含「尊王」與「崇道」兩個意蘊，故而具有既維護王權又約束王權的雙重政治功能。

將政治權威聖化，肯定並論證王權的合理性，是王道政治「內聖外王」權威模式的功能之一。表現在胡安國《春秋傳》中，就是推尊王權，爲宋代加強皇權與中央集權等政治制度建設服務。但是，王道思想還有另外一個重要的潛在政治功能，即約束和規範王權，防止王權的過度膨脹。如果說維護王權體現了王道思想中「尊王」的一面，那麼約束和規範王權則體現了王道思想中的「崇道」精神。兩大功能一內一外、一明一暗，共同「夾持」著王

權政治在正常的軌道上運行，維護了傳統社會政治秩序的相對平穩。如果說「尊王」具有現實主義的色彩，那麼「崇道」則更多地凝聚了儒家的理想主義精神，而「王道」思想合「尊王」與「崇道」爲一體，實現維護現實政治秩序與追求理想政治秩序的統一。

尊王權是爲了重建秩序，而通過「崇道」來規約王權，同樣也是爲了重建並維護這個理想的秩序。王者作爲整個社會政治秩序的中樞，是存在於秩序之內（用今天的話說，就是「體制內」）的。用胡安國的話來說，「人君擅一國之利勢」，「王者，天下之本」，王權是所有政治關係的樞紐和政治秩序的本源。而胡氏強調「端本清源」，認爲君主本身也必須遵守這套秩序的「遊戲規則」，否則就無法保證整套政治體系的正常運行，也不能維持秩序的長久穩定。所以，必須有相應的規範來約束王權，以使之與整個秩序相協調。由於王權爲了追求利益的最大化，本身具有無限擴張、不受約束的趨向，歷代帝王越是英明強幹之主，越是會盡力擺脫約束，在軍國大事上實現「乾綱獨斷」。然而，完全的無拘無束，必將導致權力的濫用，最終又必將危及整個秩序的穩定和王權的牢固，所以卓有遠見和政治智慧的帝王往往會慮及王朝的長治久安和子孫後代的長遠利益，在某些方面也會願意接受一定的約束。例如，馬永卿《元城語錄》記載：

> 太祖即位，常（嘗）令後苑作造薰籠，數日不至，太祖責怒。
> 左右對以「事下尚書省，尚書省下本部，本部下本曹，本曹下本局，
> 覆奏，又得旨，復依，方下製造，乃進御。以經歷諸處，行遣至速
> 須數日。」太祖怒曰：「誰作這般條貫來約束我？」左右曰：「可問
> 宰相。」上曰：「呼趙學究來。」趙相既至，上曰：「我在民間時，
> 用數十錢可買一薰籠，今爲天子，乃數日不得，何也？」普曰：「此
> 是自來條貫，蓋不爲陛下設，乃爲陛下子孫設。使後代子孫若非理
> 製造奢侈之物，破壞錢物，以經諸處行遣，須有臺諫理會。此條貫
> 深意也。」太祖大喜曰：「此條貫極妙。」〔註34〕〔92〕

太祖由怒到喜，從不願忍受「條貫約束」到稱讚「條貫極妙」，這一百八十度的態度轉彎，全因爲考慮到子孫後代的長治久安。這說明傳統政治思維中並非完全不能容忍制度的約束。但遺憾的是，上引所謂「條貫」，只是就帝王個

〔註34〕馬永卿，元城語錄，轉引自鄧小南，祖宗之法——北宋前期政治述略，北京：
三聯書店，2006，194。

人生活的某些方面而設，並沒有成爲整個國家政治權力結構佈局的全面性制度設計。在中國傳統的君主政制中，並沒有制約王權的制度安排。這一制度的缺失成爲歷代儒家的心病。儘管不可能從政治制度安排上來實現對王權的制約與規範，但儒家始終保留了在道德、義理、天道或者天理的層面上對王權的批判和引導，從而曲折委婉地限制王權的過度膨脹。這就是儒家王道思想制約、規範王權的潛在功能。

　　毋庸置疑，宋儒的王道理想與宋代政治改革的要求是相吻合的。或者說，宋儒的王道思想也是服務於社會政治秩序的重建工作的，它爲政治領域的制度革新和秩序重建提供了理論和思想上的支持。儒學這種面向現實社會的學術品格，在宋代理學思想中也得到了貫徹。正如朱漢民教授所論，理學思潮在北宋時期興起，也是爲了適應中央集權逐步強化的政治要求。理學家們弘揚先秦儒學，重振儒家綱常倫理，同樣是爲了服務於現實政治。這種服務於現實政治的學說，同樣具有雙重功能。一方面，具有強化中央集權政治的功能。儒家歷來重視君臣父子的綱常秩序，理學以復興儒家倫理爲核心，將這種綱常秩序上升爲「天理」，肯定現實政治秩序的合理性，要求人民自覺服從這種統治，有益於中央集權的政治秩序的穩定。另一方面，也是爲了強化儒家倫理對政治權力調節的功能。儒家倫理所以標榜「仁政」、「德治」，完全是爲了用道德制約、調節政治權力，使這種至上的權力能納入正常的政治秩序，不要在無限的膨脹中毀滅自己。理學家們對帝王們大談「格君心之非」、「存理滅欲」，企圖將這種至高無上的專制權力納入「天理」的支配之下，正是爲了用儒家倫理制約高度集中的政治權力，實現用倫理調節政治的功能。〔註35〕〔73〕

　　但也不能否認，王道思想蘊含著積極的社會批判意識。「王道主義爲現實政治提供了一個與之相抗衡的理想政治的模式，開創了後代儒家以道統與政統（治統）相抗衡的傳統。」〔註36〕〔185〕宋儒所強調的道統與治統的對立，從本質上來看，也就是理想政治與現實政治的矛盾和衝突。正是歷史與現實的政治都不盡如意，所以思想家才要在理念中構建一個完美的理想之世，以此來批判、指引現實中的政治生活。重現王道理想的根本途徑在於統治者將其政治行爲求諸「吾心義利邪正之間」，根據「道」的原則行使自己手中的權

〔註35〕參見朱漢民，湖湘學派與湖湘文化，長沙：湖南大學出版社，2010，4~5。
〔註36〕楊澤波，西方學術背景下的孟子王道主義──對有關孟子王道主義一種通行理解的批評，華東師範大學學報（哲學社會科學版），2005（4）。

力。「宋儒的王道理論是希望以道義原則約束君主權力的運行，從而使政治過程符合理性的標準。」〔註37〕〔191〕宋儒之所以全力建構一個「內聖外王合一」的上古三代之「統」，正是爲批判君權提供一個精神的憑藉。因此，「堯舜相傳之心法，湯武反之之工夫」就成了君德成就的最高標準，可以用來「就漢祖唐宗心術隱微處痛加繩削」。就「道學」而言，孔子「繼往聖開來學」也首先著眼於治天下，朱熹在《答陳同甫書》中說：「此其相傳之妙，儒者相與謹守而共學焉，以爲天下雖大，而所以治之者，不外乎此。」上古的「道統」就保存在「道學」之中，後世帝王欲治天下，捨此便無所取法。〔註38〕〔139〕

　　作爲一種政治理想，王道是由思想家所建構的一種理論模型。這種理論模型的意義在於批判和引導現實政治。王與道的結合、內聖與外王的合一，必然要求用「聖」的道德品格即「道」去要求、制約乃至改造「王」。也就是說，任何有志於統治天下的王者，必須首先成聖，由「內聖」的途徑實現「外王」的事功和目的，這才能眞正成爲主宰天下的王。〔註39〕〔71〕宋儒的王道思想，實際上也是在王權之上，設立了一個用以規約王權的理念。誠如論者所謂「聖人之道與帝王之勢乃是一種相互依存、亦相互利用的共生性關係」，〔註40〕〔107〕「王道」與「王權」相對立而存在，但又在一定程度上相互統一。與王權相對的王道之「道」，是超越於王之外的、高於王的「道」，具有形上的哲學本體意義。這個「道」既是王權合法性的依據，又是規範和制約王權的最高力量。在宋儒的思想世界裏，王權與王道之間，以道爲尊，道高於君。

　　以道馭勢、以道制君，都是對王道思想制約王權這一潛在政治功能的不同表述方式。這種功能的實現，有多種方式和途徑，概括來說，包括消極的和積極的兩個方面。消極的方面是持「道」批「勢」，在外王的政治活動中，通過進諫、清議乃至其它更加激烈的措施來直接對統治者的政治決策、政治活動等進行約束和批判；積極方面則是引「勢」入「道」，通過對在位的帝王或者儲君進行「內聖」的道德教育，培養其符合儒家王道價值觀念的道德覺悟，使其在現實政治決策與行動中能夠自覺按照儒家王道理想的要求進行

〔註37〕 李鋒，天理與道義的彰顯——朱熹王道思想的政治哲學解析，貴州師範大學學報（社會科學版），2008（4）。
〔註38〕 余英時，朱熹的歷史世界——宋代士大夫政治文化的研究，北京：三聯書店，2004，23。
〔註39〕 朱漢民，聖王理想的幻滅——倫理觀念與中國政治，長春：吉林教育出版社，1990，154
〔註40〕 林存光，歷史上的孔子形象，濟南：齊魯書社，2004，268。

自我調節和控制。如果說「制約」更多地體現了消極的色彩，那麼「規範」則主要顯示了「王道」政治功能的積極意義。從整體上來看，積極性的途徑仍然是主要的。宋代理學家的王道理想，落實到對帝王的要求之上，所追求的目標是引「勢」入「道」，即通過積極的方式使現實帝王具備「聖王」的素質，成為王道的化身。這就涉及到宋儒一個積極入世的共同夢想，即成為帝王之師。

儒者經世的途徑大致有三。第一是立於朝堂為帝王之師，「格君心之非」，以此來致君堯舜，通過教育、改造帝王的方式，來影響國家決策，從權力源頭和秩序頂端入手來改造整個秩序，從而實現自己的政治理想。第二就是執政中央得君行道，或者為政一方造福鄉里，將自己的政治主張直接付諸實踐，這種方式雖然最直接、最有實際意義，但對於絕大多數儒者來說，都沒有機會。第三就是講學民間，教化百姓，移風易俗，從最廣泛的「基層」做起，一點一滴地積纍，最終造成整個社會的風氣轉變，從而建立理想的秩序，這種方式無疑是最漫長最低效的。上述三種經世途徑，在崇尚「正本清源」的宋儒心中，最為重要、最具根本意義的無疑是第一種，即做帝王師。因為他們認為帝王就是天下政治之本。實際上，一批重要的宋代理學家包括程頤、胡安國、楊時、朱熹、真德秀等等，都曾登上專為帝王教育而設的經筵講席，還有更多的儒者都曾應詔奏對，以備帝王咨詢，因而也都具有帝王師的意識和情結。將年輕的皇帝或皇儲教育、培養成為一個合乎儒家聖王理想的君主，是儒者最重要的為學、為政目標。

宋代理學因為程頤、胡安國、楊時、朱熹等主要骨幹都曾任職經筵侍讀、侍講之官，所以具備了「帝王之學」的色彩，南宋真德秀更是以「帝王之學」標榜其理學經世著作《大學衍義》。從程頤的情況來看，理學作為「帝王之學」的一面，「也確有其光輝之處」，他在經筵給皇帝的進講中說：「如人主所以有崇高之位者，蓋得之天，與天下之人共戴，必思所以報民。古之人君視民如傷，若保赤子，皆是報民也。」〔註41〕〔29〕土田健次郎認為，這也是其「理一分殊」思想的體現。對各自恪盡職守的分工與企求內在完整性的哲學要求，完美地統於一體。即使面對皇帝，也要求通過內在的陶冶而完成其職責，從「格物致知」到「治國平天下」的進程，無論對於士大夫還是對於皇帝來說，都是一致的。程頤還以帝王之師的身份自居，對皇帝提出了「禁

〔註41〕程頤，二程集·程氏遺書（卷一九），北京：中華書局，1981，264。

欲式的日常性要求」,「比諸對於士大夫的有過之而無不及,而且這樣的日常生活與士大夫的一樣,全部必須以經書爲依據」,這樣就把皇帝的日常行爲納入到儒家經典中的倫理道德的規範之中。連皇帝也被迫禁欲,走上與士大夫同樣的行程,這樣的帝王之學,也是理學的重要側面。〔註42〕〔130〕

　　胡安國在紹興元年、二年先後任職侍講、侍讀,爲高宗「專講《春秋》」,《春秋傳》中應該就包含了許多經筵講義。胡氏後來奉旨進呈《春秋傳》,在《進表》中明確地把高宗當作第一讀者,可見《春秋傳》確是胡安國爲高宗所作的政治教科書,用林慶彰先生的話來說,就是帝王學。既然是帝王學的教科書,那麼帝王所學與胡氏所教的內容是什麼呢?當然就是教導高宗以及後代皇帝如何做一個符合儒家理想的帝王,也就是王者之道。王者之道涉及很多領域,從個人修養到平治天下等等,在胡安國看來,當一個理想的帝王,有兩樣東西最重要:一個就是「權」,他要求君主牢牢地把握「威福之柄」,「把政權緊緊握在自己手中」〔註43〕〔84〕,不要使「威福下移」,這是他「尊王」思想的主要內容;另一個就是「道」,他認爲帝王也要遵守一定的規則,王者應該遵守的最高規則就是儒家的「道」,這就是其「崇道」的主要用意。胡安國面對欽宗召見詢問之時,援引《春秋》經義,毫不留情地批評皇帝、抨擊時政,而他本人的「出處」也都以「合於道」爲原則。〔註44〕〔2〕由此看來,理學致力於約束君權、「以道制君」的目的,在直接面對皇帝的教育和規勸中,幾乎是以一種最爲直白的方式表達出來了。這就是理學家大談「王道」的現實目的之一,也體現了「王道」思想的「崇道」意蘊。

2.2　復興王道——宋代的秩序重建與儒學重建

　　在宋代「與士大夫同治天下」的政治文化背景之下,在對漢唐強國之道的反思、對當時所面臨重大社會問題的思考中,政界與思想界逐漸形成了一個重建社會政治秩序的共同理想:即取法「三代」、復興王道。雖然宋儒也承認漢、唐爲盛世,但北宋初期致力於建立漢唐功業的努力歸於失敗之後,在他們以傳統王道思想爲評判標準的視野中,漢、唐終究美中不足,不足爲法,於是不再以漢、唐盛世的功業作爲追求趕超的目標,而主張超越漢、唐,

---

〔註42〕 參見土田健次郎,道學之形成,上海:上海古籍出版社,2010,408〜409。
〔註43〕 包弼德,歷史上的理學,杭州:浙江大學出版社,2010,133。
〔註44〕 胡寅,斐然集(卷二十五)・先公行狀,長沙:嶽麓書社,2009,526。

直接效法、比擬三代。

　　儒家政治思想的一個顯著特點就是「祖述堯舜、憲章文武」，以實踐先王之道爲追求目標。孔子以後，特別是在宋代，「法先王」、「復三代」就成爲儒者的政治理想與口號。儘管這種「徹頭徹尾無不盡善」的三代之治，在現代考證史學的視域之下只是一種虛構，但在宋儒，卻是一種堅定的政治信仰。宋儒的理想，就是通過「以道事君」，「格君心之非」，最終「致君堯舜」，達到復興王道的目標。經過宋儒的描繪和渲染，三代已經不僅僅是一段「歷史」，更是凝聚了士大夫美好願景的理想政治的藍圖。宋儒對實現「三代之治」、復興王道政治的理想充滿了信心。

2.2.1　宋代秩序重建的理想目標：「三代之治」

　　誠如包弼德所論，11 世紀的知識分子都相信世界已經改變了，現在已和過去不同，所以他們認爲漢唐時期的立國理念已經不適應於他們的時代。由於漢、唐時代的歷史經驗都無法爲宋代的秩序重建提供可行的方案，這讓 11 世紀的士大夫知識分子產生迷惘，也爲他們尋找新的方案提供了契機，他們「迫切地希望能夠找到一種確切的眞理」，這種迫切的心理一方面是源自一種信念：認爲他們可以創造一種新秩序，可以建立一個比漢唐時期更加美好的社會。而由於當時的政治精英們對如何完成政治秩序的重建、如何建立一個穩定而合理的社會感到困惑，也需要尋找新的路徑。〔註45〕〔84〕帶著這種困惑與焦慮，經過宋初數十年的追尋之後，士大夫和政治精英們最終都將眼光聚焦在同一個目標，那就是恢復三代之治。

（1）「取法三代」目標的確立

　　宋代「取法三代」、復興王道政治理想的形成，有其特定的歷史背景和經過。

　　首先，宋初統治集團對漢唐強國之道的嘗試幾度遭遇挫折，最終放棄開邊拓疆的戰略，轉而追求內部統治的穩定；不再追求「武功」，轉而注重「文治」。儒家的王道政治理想也就隨之獲得了統治集團的接受。

　　「三代之後，天下莫盛漢、唐」〔註46〕〔54〕，漢、唐的盛世功業必然爲後代帝王所羨慕、嚮往。北宋太祖、太宗兩朝不僅在政治上仍然延續了以往

〔註45〕參見包弼德，歷史上的理學，杭州：浙江大學出版社，2010，6。
〔註46〕歐陽修，文忠集（卷四十八），問進士第四首，文津閣四庫全書本，1106 冊，148。

的傳統政治模式，追求漢、唐「大一統」的盛世氣象，在文化方面也「基本上可以說是以模仿唐代爲目標的」〔註47〕〔130〕。太祖、太宗都意欲以軍事手段先征服南方的割據政權，然後收復燕雲十六州，驅逐契丹於塞外，以獲得媲美漢唐的疆域和功業。但兩次志在收復燕雲的大規模伐遼軍事行動均遭慘敗，統治集團開始反思漢、唐強國之道的正確性。例如第一次北伐幽州失敗後，太宗試圖再次出兵，張齊賢（943～1014）上書反對，他說：「臣聞家六合者以天下爲心，豈止爭尺寸之事，角強弱之勢而已乎？是故聖人先本而後末，安內以養外。人民，本也；疆土，末也。五帝三王未有不先根本者也。」〔註48〕〔1〕第二次北伐失敗之後，反對的聲音更加強烈。趙普認爲：「遠人不服，自古聖王置之度外，何足介意」，「豈必窮邊極武，與契丹較勝負哉？」〔註49〕〔1〕端拱（988～989）初，宰相李昉「引漢、唐故事，深以屈己修好、弭兵息民爲言，時論稱之」。〔註50〕〔1〕淳化四年（993），宰相呂蒙正與太宗討論政事，談到隋、唐兩朝四伐遼東，人命不堪，唐太宗親自指揮作戰也以失敗告終，因而認爲「治國之要，在內修政事，則遠人來歸，自致安靜」。太宗很贊同呂氏的意見，認爲「唐太宗猶如此，何失策之甚也。且治國在乎修德爾，四夷當置之度外。」〔註51〕〔1〕這些材料說明，統治集團包括皇帝都已經對能否「複製」漢唐開疆拓邊的事功產生懷疑，並對漢唐的統治模式產生否定傾向。此後，「國是」開始轉變。對內「崇文抑武」的治國方略開始確立，宋代立國的理念越來越重視文治制度在恢復世界秩序方面的作用。對外消極防禦的思想逐漸佔據主要地位。內外政策的同時轉向，標誌著趙宋政權走上了一條與漢、唐擴張型國家完全不同的發展道路。

同時，由於宋王朝無力以建立全國範圍的大一統強大國家的方式來論證自己政權的合法性，於是轉而試圖以尊崇奉行儒家思想學說，尊重並重用儒家士大夫的方式來獲取儒者士人的承認和合作。儒家固有的王道政治理想也就必然隨之進入統治者的視域。

其次，在統治集團逐漸否定漢唐強國之道的同時，思想界也對漢唐的統治模式進行了反思與批判，這就使得儒家的王道理想逐漸超過功利主義的霸

〔註47〕土田健次郎，道學之形成，上海：上海古籍出版社，2010，32。
〔註48〕脫脫，宋史（卷二六五）・張齊賢傳，北京：中華書局，1999，7519。
〔註49〕脫脫，宋史（卷二五六）・趙普傳，北京：中華書局，1999，7371。
〔註50〕脫脫，宋史（卷二六五）・李昉傳，北京：中華書局，1999，7509。
〔註51〕脫脫，宋史（卷二六五）・呂蒙正傳，北京：中華書局，1999，7516。

道主張，成為思想界的主流。

宋代國家統治模式和發展道路的轉型似乎更加符合儒家的價值理念。思想界與政界也因此而在政治理想上有了一致的傾向性。漢唐的治國之道在宋儒看來主要還是霸道。這種觀點應該可以得到漢唐統治者的認可。漢宣帝就曾說過：「漢家自有制度，本以霸王道雜之。」〔註 52〕〔9〕漢、唐走的是霸道的強國之路，雖然強盛一時，建立了後世難以企及的功業，但最終卻因窮邊極武導致國困民窮，百姓起義、地方割據，戰禍頻仍，政權也因此而走向滅亡。宋朝否定了漢唐之道，也就是放棄了霸道，而選擇了儒家的王道。

唐末五代藩鎮割據、社會動亂、綱紀淪喪，宋初士人都曾親歷親聞，必然會對漢、唐「霸道」治國方式進行批判，對宋初意欲效法漢唐統治模式的政策和舉措進行反思。「宋初三先生」中的石介（1005～1045）在其《漢論》中說道：

> 王道其駁於漢乎？湯革夏，改正朔，易服色，以順天命而已，其餘盡循禹之道。周革商，改正朔，易服色，以順天命而已，其餘盡循湯之道。漢革秦，不能盡循周之道，王道於斯駁焉。……漢順天應人，以仁易暴，以治易亂，三王之舉也，其始何如此其盛哉！其終何如此其卑哉！三王大中之道，置而不行，區區襲秦之餘，立漢之法，可惜矣！〔註53〕〔31〕

石介言古而指近，論漢而喻宋，表面上說漢襲秦之餘，而置三王大中之道不用，導致「其終」「如此其卑」，實際上是在告誡宋代統治者吸取漢代的教訓，不能襲唐末五季之餘，以至未能有所改作，像漢代那樣，把「三王大中之道」置而不行。石介這種思想代表了當時思想界的主流觀念。思想界對漢唐之道的反思和批判恰好適應了統治集團治國方略的轉變，二者互相影響互相推動，共同把宋代國家治理的目標鎖定在「超越漢唐」、「取法三代」的王道理想。

北宋初，在政界和思想界反思漢唐強國之道的過程中，很早就注意以儒家思想學術作為政治統治的指導思想。太宗皇帝曾擴大重建昭文館、史館、集賢院以待天下賢俊，召集諸儒編纂《太平御覽》一千卷、《文苑英華》一千卷、《太平廣記》五百卷，「又引搢紳諸儒，講道興學，炳然與三代同風矣。」

〔註52〕班固，漢書（卷九）・元帝紀，北京：中華書局，1962，277。
〔註53〕石介，徂徠石先生文集（卷十）・漢論，北京：中華書局，1984，111。

〔註54〕〔5〕崇儒重文的社會風氣已經逐步養成，儒學又開始重新回到國家政治生活的指導思想的位置上來，開始在國家政治層面上發揮作用。

再次，宋代政治秩序重建與儒學自身價值體系和信仰重建的重疊與交匯，爲宋代王道政治理想的形成提供了內在動力與歷史契機。

唐末五代以來，中央集權制度逐漸遭破壞，王權旁落，政教廢弛，社會出現嚴重的倫理危機，「君君、臣臣、父父、子子之道乖，而宗廟、朝廷、人鬼皆失其序」〔註55〕〔47〕，「禮樂崩壞，三綱五常之道絕，而先王之制度文章掃地而盡於是矣」〔註56〕〔47〕。君臣之道被破壞無餘，等級制度已經鬆弛，「儒家的價值觀念也呈全面崩潰之勢，整個社會呈現出一種失範無序的狀態」〔註57〕〔79〕。這種狀態一直延續到宋初。因此，在建國之後，如何收拾人心，重建中央集權的「大一統」政治秩序，避免重蹈唐末五代覆轍，維持社會的長治久安，就成爲宋代統治者所欲解決的主要問題。

儒學所具有的獨特的政治功能正好適應了宋代統治者重建秩序的需要。事實上，儒家自漢代以後，以「三綱」爲核心的倫理綱常體系就成爲中國封建社會的最高道德準則與政治原則，起著維護、鞏固君主統治的作用。於是，宋初諸帝爲了加強和鞏固皇權與中央集權統治，也自然地將目光投向了儒學，希望重振儒家綱常。然而，此時的儒學自身也處於極大的困境之中，面臨著學術與信仰的危機。儒學自漢唐以來的章句訓詁之學日漸走到窮途末路，造成了儒學的僵化與衰頹，儒學本身在心性理論上存在欠缺，使儒學應對佛道之學的挑戰時顯得捉襟見肘，以至於「儒門淡泊，收拾不住，盡歸釋氏」。儒家士人多爲佛教精緻的思辨哲學所吸引，對佛教的心性理論產生濃厚的興趣，不少老師宿儒也都究心於佛典，正如二程所說：「今人不學則已，如學焉，未有不歸於禪也」〔註58〕〔29〕。這種社會現象對儒家傳統的君臣父子倫理綱常觀念必然造成巨大的衝擊，因爲佛、道的基本價值取向和倫理觀念與儒家截然不同，甚至在某些方面還是相衝突的。士人儒者沉迷究心於釋老之學，實際上也就是對儒家倫理綱常的游離，儒家以「三綱」爲核心的價值體系就遭遇了信仰危機，儒學對於現實政治生活的指導地位也就無法確立，維

〔註54〕 李燾，續資治通鑑長編（卷一一六），北京：中華書局，1985，2733。
〔註55〕 歐陽修，新五代史（卷十六）·唐廢帝家人傳，北京：中華書局，1974，173。
〔註56〕 歐陽修，新五代史（卷十七）·晉家人傳，北京：中華書局，1974，188。
〔註57〕 朱漢民、肖永明，宋代《四書》學與理學，北京：中華書局，2009，55。
〔註58〕 程顥、程頤，二程集，北京：中華書局，1981，196。

護和鞏固君主統治的政治功能也無法發揮，現實政治中的綱常秩序也就失去
了思想和信仰的基礎。因此，儒學要重返現實政治生活指導思想的地位，就
必須戰勝佛、道挑戰，重建自己的信仰和價值體系。

因之，宋王朝社會政治秩序的重建目標與儒家自身價值系統和信仰的重
建出現了歷史性的「重疊」與「交匯」。政治秩序的重建本身就是要恢復「禮
樂征伐自天子出」的「王道」秩序，而儒學的重建也需要從三代王道中尋找
資源，正如歐陽修所論：「今堯、舜、三代之政，其說尚傳，其具皆在，誠能
講而修之，行之以勤而浸之以漸，使民皆樂而趨焉，則充行乎天下，而佛無
所施矣。」〔註59〕〔54〕恢復三代之治，使王政修明，禮義「充行」，既可以重
建社會政治秩序，又能使佛、道之學無由而入，從而完成儒學自身的重建任
務。因而，宋代政治秩序與儒學信仰的「雙重」重建就為宋代「王道」政治
理想的形成提供了內在動力和歷史契機。

最後，宋代久歷戰亂的廣大士人和百姓對天下太平的迫切期待，又為宋
儒「取法三代」的王道政治理想奠定了普遍的社會心理基礎。

晁補之（1053～1110）《張穆之廚麟集序》說：「太祖皇帝起平禍亂，慨然
思得諸生儒士，與議太平。而魯之學者始稍稍自奮甕畝，大裾長紳，雜出於
戎馬介士之間。父老見而指以喜曰：『此曹出，天下太平矣。』方時厭亂，人
思復常，故士貴。」〔註60〕正是在這樣的社會思想、心理和現實需要的基礎
之上，儒家王道政治的理想在宋代獲得了充分的實踐機會。在這種政治理想
的追求中，作為王道政治的典型，「三代之治」就成為了宋代重建秩序思想與
實踐的追求目標與參照標準。此外，古代的禮樂制度與倫理綱紀，也為宋儒
「王道政治」理想的產生奠定了思想基礎。恢復由禮樂制度與倫理綱常所規
範的社會秩序則是宋儒「王道政治」思想的現實需要。

雖然宋初尚未提出明確的改革方向和建設目標，但「取法三代」、復興王
道的思潮卻已呼之欲出。孫復和石介在北宋新儒學運動中，最早提出了復興
王道的思想主題。孫復認為六經內含「堯舜三代之王道」，經學應該闡發之以
用於當世〔註61〕〔12〕。石介認為《春秋》「明王道」，《易》窮理盡性，《周禮》

〔註59〕歐陽修，文忠集（卷十七）・居士集（卷十七）・本論下，文津閣四庫全書本，
　　　　1105 冊，721。
〔註60〕晁補之，雞肋集（卷三四），文津閣四庫全書本，1123 冊，77。
〔註61〕孫復，春秋尊王發微・寄范天章書二・上孔給事書，文津閣四庫全書本。

明王制,互相配合構成王道體系〔註62〕〔31〕。經過政界與思想界在宋初七八十年的醞釀,大致在北宋仁宗皇帝的時代,「迴向三代」的意識空前高漲,逐漸彙聚成一股席捲思想界的潮流,成為統治者與士大夫階層廣泛認同的政治理想,而且很快就開始在國家政治生活的實踐中激起波瀾。

范仲淹對「三代」的推崇代表了宋初的思想潮流:「格美俗於詩書,被頌聲於金石,致我宋之文炳焉,復三代之英,抑公之盛德乎」〔註63〕〔65〕,「君子當抗心於三代」〔註64〕〔65〕。天聖三年(1025),范仲淹《奏上時務書》說:「惟聖帝明王文質相救,在乎己不在乎人,《易》曰『窮則變,變則通,通則久』,亦此之謂也。伏望聖慈與大臣議文章之道,師虞夏之風,況我聖朝千載而會,惜乎不追三代之高,而尚六朝之細。」表面上論文章之道,實則以文章喻治道。范仲淹雖然對於宋初政治「不追三代之高」感到失望,但仍認為宋代畢竟超過了漢、唐,仍然對復興三代之治滿懷希望,他說:

> 論者曰:在大禹時,皋陶矢厥謨;在湯武時,伊尹、周公為之訓誥,故教化紀綱,莫盛於三代,而子孫有天下皆數百年。秦滅詩書,其風丕紹,至西漢得賈誼、董仲舒,其言可以追先王之烈,而弗克施,使後世王者無復起三代之心,由漢始也。聖宋定天下,太宗銳意太平,真宗之初,復親擢俊乂(按:當為「義」諱)。〔註65〕〔65〕

范仲淹的「從個人內在生活到外在的國家政策,全部用公道來貫通的態度」〔註66〕〔130〕,得到宋代以及後世士大夫的激賞,而他本人的儒者風範和道德文章以及政治事功,都堪稱宋儒最傑出的榜樣,因而也被後人以「三代以上人物」視之。例如,淳安徐貫曾說:「文正公宋名臣也,道德功業,烺烺炳炳,當以三代以上人物論之」〔註67〕〔65〕。由此可見,「三代」和王道在宋儒眼中是評價政治和人物的最高標準。

〔註62〕石介,徂徠集(卷七)‧二大典、(卷十九)‧泰山書院記,文津閣四庫全書本,1094冊,166、254。

〔註63〕范仲淹,范文正集(卷六)‧南京府學生朱從道名述,文津閣四庫全書本,1093冊,490。

〔註64〕范仲淹,范文正集(卷六)‧唐異詩序,文津閣四庫全書本,1093冊,491。

〔註65〕范仲淹,范文正集(卷十二)‧贈兵部尚書田公墓誌銘,文津閣四庫全書本,1093冊,563。

〔註66〕土田健次郎,道學之形成,上海:上海古籍出版社,2010,35。

〔註67〕范仲淹,范文正集(補編卷三),文津閣四庫全書本,1093冊,695。

（2）「取法三代」的實質：復興王道

「三代之治」究竟何以具有如此迷人的魅力，讓宋代政界和思想界都爲之傾倒呢？要解答這個問題，須瞭解「三代之治」的內在特徵。在宋儒看來，「三代之治」也就是王道政治，體現了先王之道。因此，「取法三代」的實質就是復興王道。

早在宋眞宗即位時，王禹偁（954～1001）就上疏：「願陛下遠取帝堯，近鑒唐室，既得宰相，用而不疑，使宰相擇諸司長官，長官自取僚屬，則垂拱而治矣。……然後艱選舉以塞其源，禁僧尼以去其耗，自然國用足而王道行矣」〔註68〕〔1〕無論是借鑒歷史經驗還是創新統治方法，王禹偁的最終目的都在於「行王道」。這不是王禹偁一個人的意見，而是代表了宋代儒者的共同願望。與王禹偁同時代的羅處約（960～992）也有類似的意見，他說：「陛下處恭勞神，屬精求理，力行王道，坐致太平，心先天而不違，德生民而未有，所以散玄黃之協氣，爲動植之休祥，而猶不伐功成，屢求獻替，此眞唐堯、虞舜之用心也。」〔註69〕〔1〕歐陽修（1007～1072）也說：「天下之事有本末，其爲治有先後，堯舜之書略矣，後世之治天下，未嘗不取法於三代者，以其推本末而知所先後也」〔註70〕〔54〕。在歐陽修看來，取法三代已經超越了歷史的階段性而上升爲治天下的根本法則。歐陽修還認爲，「堯、舜、三代之際，王政修明，禮義之教充於天下。於此之時，雖有佛，無由而入」，此說雖然是爲排斥佛教而發，但他對堯、舜、三代之際政治狀況的描述，即所謂「王政修明，禮義之教充於天下」，正是宋儒心目中「三代之治」的重要特徵。歐陽修在《問進士策第三首》中還說：「夫禮以治民而樂以和之，德義仁恩長養涵澤，此三代之所以深於民者也。政以一民，刑以防之，此其淺者爾。今自宰相至於州縣，有司莫不行文書，治吏事，其急在督賦斂、斷訟獄而已。此特淺者爾。禮樂仁義，吏不知所以爲，而欲民之被其教，其可得乎？」〔註71〕〔54〕這顯然是對前述《本論》中觀點的深化與延長。而「三代之治」之所以深入人心的原因，也更加明白顯現。李覯（1009～1059）也曾經說過：「昔三代之人，自非大頑頓，近可以爲君子。何者？仁義禮樂之教，浸淫於下，自鄉徂國則皆有學；師必賢，友必善，所以養耳目鼻口百體

〔註68〕脫脫，宋史（卷二九三）·王禹偁傳，北京：中華書局，1999，7955。
〔註69〕脫脫，宋史（卷四四〇）·文苑二·羅處約傳，北京：中華書局，1999，10151。
〔註70〕歐陽修，文忠集（卷一七）·本論上，文津閣四庫全書本。
〔註71〕歐陽修，文忠集（卷四八），文津閣四庫全書本。

之具，莫非至正也。」〔註72〕李覯這段話很顯然與歐陽修的意見是完全一致的，他們都明確地標明了「三代之治」的本質特徵，就在於王政修明，仁義禮樂充盈天下。這正是儒家所期盼的王道政治的內容，也是宋代重建秩序的目標。因此，復興王道政治，就是宋儒「取法三代」的內在要求。

張載深受范仲淹的影響，當神宗「召問治道」時，「首以復三代為對」，認為「為政不法三代，終苟道也」〔註73〕〔259〕。張載的《西銘》不僅為每個士人的安身立命之道構築了一個共有的精神家園與高邁的思想境界，也為整個社會理想秩序的構建描繪了一幅宏闊的藍圖。有論者認為，宋儒通過理一分殊的方式，構思了一個理想的人間秩序，然後又把這個構思提升到宇宙論與形而上學的高度。這是從思維方法與理論構建模式的角度對《西銘》的解讀。但筆者更關注的是，張載所描繪的理想人間秩序，是否具有「歷史原型」。顯然，張載對理想秩序的構思，並不是完全沒有歷史依據的玄想，而是把歷史融入了對理想的構思中。雖然銘文中的「知化窮神」、「存心養性」等語彙超強地體現了心性之學的時代思潮特色，但從「惡旨酒，崇伯子之顧養；育英才，潁封人之錫類。不弛勞而底豫，舜其功也；無所逃而待烹，申生其恭也。體其受而歸全者，參乎！勇於從而順令者，伯奇也」〔註74〕〔63〕這幾句話來看，張載以舜、伯奇等古代聖賢為理想社會中模範君臣，表達了對現實君臣「聖，其合德；賢，其秀也」的期待與希求。「尊高年，所以長其長；慈孤弱，所以幼其幼」〔註75〕〔63〕的理想，顯然留有從《孟子》的王道思想推衍而來的痕跡。這幅理想社會的藍圖，幾乎就是「大同之世」王道夢想的宋代版。因此可以說：張載《西銘》所描繪的理想社會秩序，是儒家王道政治理想在宋代理學具體語境中的重現與昇華。為了實踐三代之治的王道理想，張載還主張恢復西周的分封制，採用古代的井田制度，實行「均平」的土地政策。在隱居橫渠期間，張載還曾買田一方，劃成數井，分給鄉里，進行井田制的試驗。

程頤在北宋皇祐二年（1050）年僅十八歲就「上書闕下，欲天子黜世俗之論，以王道為心」〔註76〕〔1〕。程頤向仁宗提出了「勿徇眾言，以王道為

〔註72〕李覯，旴江集（卷二七）·典章秘校書，文津閣四庫全書本，1098 冊，608。
〔註73〕呂大臨，橫渠先生行狀，張載集，北京：中華書局，1978，381。
〔註74〕張載，張載集·西銘，北京：中華書局，1978，62。
〔註75〕張載，張載集·西銘，北京：中華書局，1978，62。
〔註76〕脫脫，宋史（卷四二七）·道學一，北京：中華書局，1999，9943。

心，以生民爲念，黜世俗之論，期非常之功」〔註77〕〔29〕的思想和「應時而作」的變革主張。程頤還非常自信地向仁宗推薦自己，他說：「然而先王之道，非可一二而言，願得一面天顏，罄陳所學。如或有取，陛下其置之左右，使盡其誠；苟實可用，陛下其大用之；若行而不效，當服罔上之誅，亦不虛受陛下爵祿也。」〔註78〕〔29〕雖然有點「少年意氣強不羈」，但其用世之情躍然紙上，其所恃者，就在於程頤自認爲掌握了「王道」。程顥《論王霸箚子》說：「陛下躬堯、舜之資，處堯、舜之位，必以堯、舜之心自任，然後爲能充其道。漢、唐之君，有可稱者，論其人則非先王之學，考其時則皆駁雜之政，乃以一曲之見，幸致小康，其創法垂統，非可繼於後世者，皆不足爲也」。〔註79〕〔29〕二程在宋代理學家中首先從對漢唐之道的理論總結上提出了超過漢唐而復興王道的目標。正如朱熹所說：「國初人便已崇禮義，尊經術，欲復二帝三代，已自勝如唐人，但說未透在。直至二程出，此理始說得透。」〔註80〕〔44〕

　　由此可見，輕視漢唐、直追三代是宋儒的普遍觀念，而「取法三代」的實質就是要復興王道，這是宋代士大夫的共同政治理想。正如蘇軾所說：「仕者莫不談王道、述禮樂，皆欲復三代、追堯舜。」〔註81〕〔40〕

2.2.2　復興王道的實踐

　　宋代重建秩序的「參照系」是宋儒堅信曾經在歷史上出現過的「三代之治」。整個宋代政治與思想文化的緊密聯繫和互動，就在以「取法三代」爲目標的重建理想秩序的政治實踐中合乎邏輯地展開。從仁宗朝開始，宋儒在「取法三代」的王道政治理想的旗幟下，提出了對社會政治進行改革的要求。思想界和政治領域迴向「三代」運動的最後歸宿，就是慶曆新政與熙寧變法兩

〔註77〕程頤，二程集・河南程氏文集（卷五）・上仁宗皇帝書，北京：中華書局，1981，513。

〔註78〕程頤，二程集・河南程氏文集（卷五）・上仁宗皇帝書，北京：中華書局，1981，513。

〔註79〕程顥，二程集・二程遺書（卷三十九）・論王霸箚子，北京：中華書局，1981，451。

〔註80〕朱熹，朱子全書（第18冊）・朱子語類（卷一二九），上海：上海古籍出版社，合肥：安徽教育出版社，2002，4020。

〔註81〕蘇軾，蘇軾文集（卷四十八）・應制舉上兩制書，北京：中華書局，1996，1393。

次大改革〔註82〕〔139〕。

　　宋儒第一次「取法三代」、復興王道的實踐就是慶曆新政。新政的理論依據即「是言必稱三代的儒家仁政思想」〔註83〕〔98〕。新政的許多措施都是在「三代」的榜樣之下提出，「取法三代」的目標即在於復興王道。范仲淹說：「一旦王道復行，使天下為富為壽數百年，則福在國家，功在相府，得與天下生靈長見太平，幸甚幸甚。竊以為五代以來，諸侯暴酷，視民如芥，生殺由之。……今王刑既清，王道可行，此天下士人為相府惜其時也。」〔註84〕〔65〕范仲淹總結了三代之治的實現途徑和方法，他說：「臣聞三代盛（聖）王致治天下，必先崇學校，立師資，聚群材，陳正道，使其服禮樂之風，樂名教之地，精治人之術，蘊致君之方，然後命之以爵，授之以政，濟濟多士，咸有一德。列於朝，則有制禮作樂之盛；布於外，則有移風易俗之善。故聲詩之作，美上之長育人材，正在此矣。」〔註85〕〔65〕而崇學校、立師資、育人材也正是慶曆新政的主要措施。這些都被冠以「三代聖王治天下之道」即「王道」的名義而在新政中推行。

　　慶曆新政猶如曇花一現，不到一年就偃旗息鼓。然而，「新儒」們復興「王道」、重建「三代之治」的政治理想並沒有泯滅，而是長久地引起了時人的共鳴和反響。慶曆六年（1046），尹洙（1001～1047）稱讚滕子京在岳州貫徹新政措施說：

> 三代何從而治哉？其教人一於學而已。……滕公凡為郡，必興學見諸生，以為為政先。慶曆四年守巴陵，……會京師倡學，詔諸郡置學官，廣生員。公承詔忻曰：「天子有意三代之治，守臣述上德，廣風教，宜無大於此，庸敢不虔。」於是大其制度而營之。〔註86〕

所謂「京師倡學，詔諸郡置學官，廣生員」的政策，本身就出於范仲淹基於「王天下者，身先教化，使民從善」的認識而提出的「復古勸學，興學校」的倡議，正是慶曆新政的一項重要舉措，而「天子有意三代之治」也明確地

〔註82〕余英時，朱熹的歷史世界——宋代士大夫政治文化的研究，北京：三聯書店，2004，291。

〔註83〕何忠禮，宋代政治史，杭州：浙江大學出版社，2007，153。

〔註84〕范仲淹，范文正集（卷八）·上執政書，文津閣四庫全書本，1093 冊，508。

〔註85〕范仲淹，范文正集（卷八）·代人奏乞王洙充南京講書狀，文津閣四庫全書本，1093 冊，618。

〔註86〕尹洙，河南先生文集（卷四）·岳州學記，文津閣四庫全書本，1093 冊，762。

表露了此次變革的目的和動力來源。從這段話中不僅能看到作者對「三代之治」的嚮往之情，還可以發現朝廷與士人都對新政抱有一種迴向「三代」的熱切期待。尹洙還向仁宗進言：「伏望陛下留神覽觀，詳而思之，勤而行之，則貞觀之治不難企及，出貞觀以復三代，由三代以致唐虞，豈遠乎哉？在勉於初、克於終而已。」〔註87〕期待仁宗不僅要超越貞觀之治，復興三代之治，還要經由三代而上達於堯、舜時代的王道境界。這也許是宋儒王道政治理想最完整的表達。

　　第一次實踐王道理想的改革雖然很快就失敗了，「但失去權力的范仲淹集團，仍然成功地促使年輕一代的士人以他們的政治理想從事學術和寫作」〔註88〕〔84〕。年輕的士人們繼續將「取法三代」的王道理想堅持下來，漸漸地積蓄起來的「能量」，等到了神宗時代，終於獲得了一次更大規模的「釋放」，那就是熙寧變法。

　　熙寧變法是王安石在宋神宗的信任和支持下，君臣一體通力合作而全面鋪開的。王安石鼓勵神宗「當法堯舜」，而「法堯舜」本身就是向「二帝三代」看齊。早在嘉祐三年（1058），王安石就曾上書仁宗，說「以今之世，去先王之世遠，然臣以謂今之失，患在不法先王之政者。」到了熙寧初，王安石力勸宋神宗不必傚仿漢唐盛世，而應直追三代，「法先王之政」。據《宋史·王安石傳》記載：

> 熙寧元年（1068）四月，始造朝，入對。帝問爲治所先，對曰：「擇術爲先。」帝曰：「唐太宗何如？」曰：「陛下當法堯舜，何以太宗爲哉？堯舜之道，至簡而不煩，至要而不迂，至易而不難。但末世學者不能通知，以爲高不可及爾。」帝曰：「卿可謂責難於君，朕自視眇躬，恐無以副卿此意。可悉意輔朕，庶同濟此道。」一日講席，群臣退，帝留安石坐，曰：「有欲與卿從容議論者。」因曰：「唐太宗必得魏徵，劉備必得諸葛亮，然後可以有爲，二子誠不世出之人也。」安石曰：「陛下誠能爲堯、舜，則必有皋、夔、稷、契；誠能爲高宗，則必有傅說。彼二子皆有道者所羞，何足道哉？」

〔註89〕〔1〕

〔註87〕尹洙，河南先生文集（卷十八）·進貞觀十二事表，文津閣四庫全書本，1093冊，55。
〔註88〕包弼德，歷史上的理學，杭州：浙江大學出版社，2010，41。
〔註89〕脫脫，宋史（卷三二七），北京：中華書局，1999，8463。

王安石明顯輕視漢唐君臣，而以堯、舜、高宗（指殷王武丁）等上古聖王勉勵仁宗，以皋、夔、稷、契、傅說等上古三代賢臣自期。「這兩次對話一方面顯示出上古道統對皇帝（神宗）的約束和軌範力量，另一方面則標誌著以有道者自居的士大夫（王安石）開始登上政治舞臺」〔註90〕〔139〕，而這兩個方面都是以王安石為代表的士大夫王道思想在政治上的表現。王安石集團後來推行的一系列改革措施也多以三代王道為標榜，即使在最受反對派譏刺的理財問題上，王安石也用三代之治來為自己辯護，他說：「政事所以理財，理財乃所謂義。一部《周禮》，理財居其半，周公豈為利哉！」〔註91〕〔1〕而他力排眾議，以莫大的勇氣和「執拗」堅定地推行他的新法，根本的目的無外乎為宋王朝建立一個合乎儒家王道理想的社會秩序。

由於「取法三代」是宋代士大夫的共同理想，所以每當皇帝表現出對漢唐功業的嚮往之情的時候，就有士大夫站出來，勸導皇帝樹立更高更遠的目標，要超越漢唐而直追三代。上述神宗與王安石討論漢唐與三代優劣的場景，在一百多年後的寧宗時代得到了歷史性的「回放」。《宋史・游似傳》記載：

> 帝（寧宗）問唐太宗貞觀治效何速如是。（游）似對曰：「人主一念之烈，足以旋乾轉坤。或謂霸國速，而王道遲，不知一日歸仁，期月而可，王道曷嘗不速？一念有時間斷，則無以挽回。天下之大勢，至於憂勤既切宸念而佐理非人，亦何以布宣九重之實。」乃摭太宗事以陳，且謂：「太宗矜心易啟，漸弗克終，僅止貞觀之治。陛下嗣服十有五年，艱危之勢滋甚，回視太宗治效敏速相越乃爾，意者親儒而從諫，敬畏以檢身，未若貞觀之超卓乎？節用以致愛，選廉以共理，未若貞觀之切至乎？願陛下益加聖心。」

〔註92〕〔1〕

寧宗時的宋王朝已經步入了遲暮之年，但君臣之間猶以三代王道之治為理想追求。太宗時期的政治狀況相較於寧宗時期，必定要優越得多，可在儒臣眼中，仍然「僅止貞觀之治」，而與「三代之治」尚有很大的距離，故而頗被微詞，可見「三代之治」在宋人心中地位之重要。

〔註90〕余英時，朱熹的歷史世界——宋代士大夫政治文化的研究，北京：三聯書店，2004，38。
〔註91〕脫脫，宋史（卷三二七），北京：中華書局，1999，8467。
〔註92〕脫脫，宋史（卷四一七）・游似傳，北京：中華書局，1999，9794。

　　追慕「三代之治」實際上是儒家託古改制、以復古爲革新的老傳統。由於「三代之治」是宋代最具影響力號召力的政治口號，超越了黨派與學派之間的分歧，所以後來即使蔡京當政，以「新法」爲旗幟，一舉一動都堅持以「三代」爲藉口。大觀元年（1107）方軫奏劾蔡京說：「京凡妄作，必持說劫持上下曰：『此先帝之法也』、『此三代之法也』，或曰：『熙、豐遺意，未及施行。』……京不學無術，妄以三代之說欺陛下，豈不爲有識者之所笑也？」〔註93〕〔59〕這也從反面說明了「三代之治」是宋代政界與思想學術界共同的政治理想。

　　宋室南渡之後，社會政治更加遠離了儒家的理想狀態，儒者「取法三代」的願望也就更加深切。就理學家而言，「理學的直接目的雖在於成就個人的『內聖』，但『內聖』的最重要的集體功用仍然是爲了實現『外王』的事業，即重建合理的政治社會秩序。否則縱使人人都成就了道德，也不過是孟子所謂『獨善其身』而已。所以南宋理學家仍舊念念不忘要『迴向三代』」〔註94〕〔139〕。理學陣營以外，史浩（1106～1194）也曾對孝宗說：「列聖傳心，至仁宗而德化隆洽，至於朝廷之上，恥言人遇，謂本朝之治，獨與三代同風。此祖宗之家法也。」〔註95〕〔32〕事功學派的陳亮也承認「本朝以儒立國，而儒道之振，獨優於前代」〔註96〕〔70〕，雖然沒有直接提到「三代」之治，卻認識到了本朝以儒立國，而儒道本身則包含了「取法三代」的政治理想。胡安國亦不例外，在《春秋傳》中以復興三代之治爲其政治理想。

2.2.3　復興王道之途的分歧與爭論

　　儘管宋儒都以「取法三代」、復興王道爲終極的理想，但對於如何達至這種理想社會，卻存在很大的分歧與爭論，甚至由此而產生種種政治上的紛爭。宋代兩次以「迴向三代」爲目標的政治改革運動中，慶曆新政從一開始就遭到了士大夫集團內部以及官僚集團的反對，最終草草收場，對宋代歷史的發展並無太大的影響。而王安石的熙寧變法也是以復興王道爲目標的，而

〔註93〕王明清，揮麈錄（後卷之三），上海：上海書店，2009，86。

〔註94〕余英時，朱熹的歷史世界──宋代士大夫政治文化的研究，北京：三聯書店，2004，414。

〔註95〕李心傳，建炎以來朝野雜記（乙集卷三）・孝宗論用人擇相，北京：中華書局，2000，545。

〔註96〕陳亮，陳亮集（卷一）・上孝宗皇帝第三書，北京：中華書局，1974，13。

且比慶曆新政獲得了更爲廣泛的支持、更爲深入的展開，也對宋代社會政治
與思想學術產生了更爲長久而深刻的影響，以至於南宋都可以被稱爲「後王
安石時代」〔註97〕〔138〕。但是，變法同樣在士大夫階層內部遭到了激烈的反
對，許多新政的措施遭到了嚴重的抵觸和攻擊。主張變法的新黨與反變法的
舊黨之間發生了激烈的爭論，「爭論的核心問題，是如何達成先王之治的途
徑」〔註98〕〔260〕，而不是要不要「取法三代」、要不要復興王道。

　　也就是說，士大夫階層在「取法三代」、復興王道的共同理想之下，對
於復興王道的具體途徑和措施存在分歧與爭論，變法的反對派們也是以王道
思想爲反對變法的理據，批判新法偏離了王道方向。例如，陳舜俞上疏說：
「今乃官自出舉，誘以便利，督以威刑，非王道之舉也。」〔註99〕〔1〕原本
支持並參與變法的曾布最後之所以站到了新法的對立面，也是因爲他認爲新
法不合王道，他說：「臣自立朝以來，每聞德音，未嘗不欲以王道治天下。
今市易之爲虐，凜凜乎間架除陌之事矣。嘉問奏近遣官往湖南販茶，陝西販
鹽，兩浙販紗，皆未敢計息。臣以爲，如此政事，書之簡牘，不獨唐虞三代
所無，歷觀秦漢以來，衰亂之世，恐未之有也。」〔註100〕〔1〕變法與反變法
派之間的鬥爭十分複雜，但兩派之間有一點卻是驚人地相似：他們都把王道
政治作爲自己追求的理想政治秩序，都堅信自己的主張才是王道。之所以會
產生嚴重對立的兩派，很大程度上是因爲對復興王道、重建秩序的具體手段
的途徑有不同的政見。王安石與神宗的一段對話可以證明兩派對王道的理解
分歧：

　　　　王安石獨奏事，上問曰：「程顥言不可賣祠部度牒作常平本錢，
　　如何？」安石曰：「顥所言自以爲王道之正，臣以爲顥所言未達王道
　　之權。今度牒所得，可置粟凡四十五萬石，若凶年人貸三石，則可
　　全十五萬人性命，賣祠部所剃者三千人頭，而所可救活者十五萬人
　　性命，若以爲不可，是不知權也。」〔註101〕

程顥原本是贊成變法的，熙寧二年（1069），程顥任監察御史時曾上《論十
事箚子》說：「聖人創法，皆本諸人情，極乎物理，雖二帝三王不無隨時因

〔註97〕余英時，宋明理學與政治文化，桂林：廣西師範大學出版社，2006，331。
〔註98〕劉復生，北宋黨爭與儒學復興運動的演化，社會科學研究，1999（6），117。
〔註99〕脫脫，宋史（卷一七六）·食貨上四，北京：中華書局，1999，2857。
〔註100〕脫脫，宋史（卷一八六）·食貨下八，北京：中華書局，1999，3043。
〔註101〕宋史全文（卷十一）·宋神宗一，文津閣四庫全書本。

革，踵事增損之制。然至乎爲治之大原，牧民之要道，則前聖後聖，豈不同條而共貫哉？」〔註 102〕〔29〕清晰地表明了他的變法主張。熙寧變法初期，程顥還是王安石新法的一個積極參與者，後來認爲新法有失「王道之正」，於是轉而反對王安石，而王安石卻認爲程顥不知「王道之權」。這種對王道理解的分歧正好反映了那個時代士大夫都在思考如何重建王道政治的問題。多年以後，朱熹還曾論及熙寧變法過程中程顥以及理學集團與王安石的意見分歧和合作關係的破裂，他說：「新法之行，諸公實共謀之，雖明道先生不以爲不是，蓋那時也是合變時節。但後來人情洶洶，明道始勸之以不可做逆人情底事。及王氏排眾議行之甚力，而諸公始退散。」〔註 103〕〔44〕可見不僅是王安石新學還是二程理學都認爲改革「是合變時節」的，而「諸公實共謀之」也說明了通過變法復興王道的初衷是得到士大夫廣泛認同的，新學與理學在改革問題上的分歧，主要也是在於如何「取法三代」、復興王道的具體途徑和措施。

南宋初，理學家包括楊時、胡安國等都對北宋遽然敗亡的歷史教訓進行了反思，從反對王安石之法進而否定王安石之學。對王安石之學的否定和批判，在程頤就已有這種傾向，南渡後楊時就更加明確地表達出來。胡安國是「私淑洛學而大成者」〔註 104〕〔6〕，其思想學術淵源實出於程頤，且與楊時交往甚厚，二人常有書信往來討論學術問題，因此不難猜測胡氏對待王安石之學的態度。胡安國之所以全力撰著一部《春秋傳》，其出發點之一，就是不滿王安石的學術和文化政策，從根本上講，也就是認爲王安石之學不能夠達到復興王道的理想。王安石對《春秋》的評價並不高，他所重視的是《周禮》，致力於現實政治層面上的制度建設；而胡安國則更加強調從「人心」深處出發來樹立、堅定三代王道理想，更加注重從凝聚了聖人之道的《春秋》經義中尋求達至王道理想的途徑。《春秋》在胡安國看來，「是輕重之權衡、曲直之繩墨也，捨則無所取衷矣」〔註 105〕〔3〕，而且「百王之法度、萬世之準繩皆在此書」〔註 106〕〔3〕，所以要想達至三代王道之治，就必須從治《春秋》學以

〔註 102〕程顥，二程集・河南程氏文集（卷一）・論十事箚子，北京：中華書局，1981，452。

〔註 103〕朱熹，朱子全書（第 18 冊）・朱子語類（卷一三○），上海：上海古籍出版社，合肥：安徽教育出版社，2002，4035。

〔註 104〕全祖望，宋元學案・武夷學案序錄，北京：中華書局，1986，1170。

〔註 105〕胡安國，春秋傳序。

〔註 106〕胡安國，春秋傳序。

「推明治道」開始。正是出於這樣的原因，胡安國乃對《春秋》推崇備至，他說：

> 學是經者，信窮理之要矣：不學是經而處大事決大疑，能不惑者鮮矣。自先聖門人以文學名科如游夏，尚不能贊一辭。蓋立義之精如此，去聖既遠，欲因遺經窺測聖人之用，豈易能乎？然世有先後，人心之所同，然一爾苟得其所同然者，雖越宇宙，若見聖人親炙之也，而《春秋》之權度在我矣。〔註107〕〔3〕

這樣一部在胡安國看來如此重要的經典，在王安石眼中卻如同「斷爛朝報」。《宋元學案》記載：「王介甫以字學訓經義，自謂千聖一致之妙，而於《春秋》不可偏旁點畫通也，則詆以為斷爛朝報，直廢棄之，不列學官。下逮崇寧，防禁益甚。」〔註108〕〔6〕胡安國對此十分不滿，他說：「近世推隆王氏新說，按為國是，獨於《春秋》貢舉不以取士，庠序不以設官，經筵不以進讀，斷國論者無所折衷，天下不知所適，人欲日長，天理日消，其效使夷狄亂華，莫之過也。噫，至此極矣。〔註109〕〔3〕」由此推知胡安國認為，現實政治中人欲漸長、天理日消、夷狄亂華，越來越背離了理想的王道政治，其原因在於不講《春秋》之學、不明先王之道。胡安國也因此而痛責「（王安石）不講於聖人之經，以欺當年而誤天下與來世也」〔註110〕〔3〕。

胡安國否認王安石之學可以明王道，而認為他自己所傳承的「道學」能夠達至王道之境。但「道學」在北宋至南宋初都並未得到朝廷的肯定，甚至還被「曲加排抑」，就如胡氏所說：「本朝自嘉祐以來，西都有邵雍、程顥及其弟頤，關中有張載，皆以道學德行名於當世。公卿大夫之所欽慕，而師尊之者也。會王安石當路，重以蔡京得政，曲加排抑，其道不行，深可惜也。」〔註111〕〔2〕胡安國懷著這種「深可惜也」之情，潛心撰著《春秋傳》，目的之一，就是為了批判王安石之學，推崇二程道學。他堅信從《春秋》中「窺測聖人之用」，「推明王道之治」，可以找出一條通往三代王道政治的途徑。

綜合前述，王道理想是歷代儒者通過對上古三代社會狀態的抽象化、理想化而形成的理念。到了宋代，由於理學思潮的興起，政治思想也實現了高

〔註107〕胡安國，春秋傳序。
〔註108〕黃宗羲，宋元學案・武夷學案，北京：中華書局，1986，1177。
〔註109〕胡安國，春秋傳序。
〔註110〕胡安國，春秋傳・隱公五年「螟」條。
〔註111〕胡寅，斐然集（卷二十五）・先公行狀，長沙：嶽麓書社，2009，507。

度的哲理化，王道理想獲得了最高本體「天理」的觀照。在宋代「與士大夫同治天下」的特殊政治文化背景下，儒者的王道政治理想獲得了在實踐層面上展開、試行的機會。復興「三代之治」是宋代政界和思想界重建理想秩序的基本途徑。因爲「三代之治」是儒家王道政治的典型範式，所以這一模式所承載的是宋儒希圖實現王道政治的理想。「三代之治」、「王道理想」、「秩序重建」三者之間是緊密相連的，它們的關係可以如此表述：宋儒力圖通過各項「取法三代」的改革來使現實政治回到「三代之治」的軌道，從而重建「天理流行」的王道政治這一理想的社會秩序。政治領域的秩序重建與思想文化領域的王道復興二者之間就建立起了內在的一致性和貫通性，它們在思想家和政治家的實踐活動中重疊在一起。宋代政治與思想文化兩大領域內的關聯與互動，在這裡得到了充分的展示。胡安國《春秋傳》的王道思想就是在宋代重建秩序與復興王道兩大時代潮流的碰撞與激蕩中形成的一朵絢麗的浪花。

第3章　胡安國《春秋傳》的尊王大義

「尊王」是儒家王道思想的起點〔註1〕〔159〕，因為儒家的王道理想社會強調君主的權威，是一種「君君、臣臣」的禮治秩序，是一種「禮樂征伐自天子出」的「大一統」政體。中國自古就崇尚國家統一，胡安國說：「天下國家定於一，土無二王也，國無二君也」〔註2〕〔3〕，其意也在於此。而統一國家的建立和維繫，有賴於一個強有力的中央政府和一個享有無上政治權威的統治者，在古代中國，也就是需要朝廷和天子對地方和臣民具備有效的控制力。在一個有著上千年傳統的倫理——政治型國度，中國人大多漠視宗教而崇信王權，王權觀念深入人心。所以古代中國需要強有力的君權和中央集權。君主制度與中央集權是保證這個龐大國家正常運轉的必要條件。因而，維護君權與中央集權制度成為了中國傳統政治理念中的重要內容，也成為儒家王道政治理想所追求的目標。

作為與政治關係最為密切的儒家經典，《春秋》就飽含了許多維護王權與中央集權的思想資源。司馬遷說：「《春秋》文成數萬，其指數千。」〔註3〕〔8〕這個「指」也就是所謂的「《春秋》大義」。「數千」大義之中，最為重要的，莫過於「尊王」與「大一統」。「尊王」是一個含義複雜的政治術語，宋鼎宗認為：「尊王者，即強化中央政府之權力。」〔註4〕〔128〕宋氏之說雖然未必概括了尊王大義的全部內涵，但卻指出了它的核心意義。「大一統」則與「尊

〔註1〕 參見吳國武，經術與性理——北宋儒學轉型考論，北京：學苑出版社，2009，168。
〔註2〕 胡安國，春秋傳（卷二十四）・昭公元年「秋，莒去疾自齊入於莒」條。
〔註3〕 司馬遷，史記（卷一三〇）・太史公自序，北京：中華書局，1959，3297。
〔註4〕 宋鼎宗，春秋宋學發微，臺北：文史哲出版社，1986，127。

王」緊密相聯、并行不悖，可以看做是從「尊王」之義衍生而來的。所謂「尊王」，有實行王權專制之意，即「天下事無大小皆決於上」；而所謂大一統，是指天下諸侯皆統系於天子，正如《公羊傳》所說的「何言乎王正月？大一統也」〔註5〕。大一統體現了中央與地方的關係，「如身之使臂，臂之使指，莫不從制」，也就是中央集權，用胡安國的話來說，就是「凡士民之必聽於縣，令佐之必聽於州，守將之必聽於按察，監司之必聽於朝廷，猶指之順臂，葉之從根，不可逆施之也」〔註6〕〔2〕。在中國古代，大一統與尊王是不可分割的〔註7〕，沒有強大的王權，則中央集權制就流於形式；而沒有中央集權，則尊王就成一句空口號。因而，狹義地理解尊王與大一統，就是指尊重君主和朝廷在政治上的主導地位，維護君主專制和中央集權，維護國家的統一。

宋代的皇權與中央集權制度得到前所未有的強化，這是宋代政治文化中的一個顯著特徵。宋代的集權，正如朱熹所說：「本朝鑒五代藩鎮之弊，遂盡奪藩鎮之權，兵也收了，財也收了，賞罰刑政一切收了。」〔註8〕〔44〕葉適也說：「國家因唐、五季之極弊，收斂藩鎮，權歸於上，一兵之籍，一財之源，一地之守，皆人主自為之也。」〔註9〕〔61〕這些都反映了宋代政治制度變革和發展的動態，也反映了宋代重建政治秩序的趨勢與要求。「在這種情況下，如何適應鞏固中央集權統治秩序的需要，對儒家的綱常倫理道德體系做出有效的論證，收拾人心，重振世風，就自然成為思想學術界所面臨的重要的時代課題。」〔註10〕〔79〕趙宋朝廷對儒學的大力扶持，也是出於這樣的現實目的。宋儒圍繞這一時代課題，做出了積極的回應。作為與政治有著天然聯繫的《春秋》學，對這個時代課題的反響顯得格外響亮。而胡安國的《春秋傳》作為宋代《春秋》學的典型代表，更是對此時代課題的響應，其思想內容深刻地體現了兩宋之際的政治文化。

〔註5〕《公羊傳‧隱公元年》：「何言乎王正月？大一統也。」徐彥疏：「王者受命，制正月以統天下，令萬物無不一一皆奉之以為始，故言大一統也。」《漢書‧王吉傳》：「《春秋》所以大一統者，六合同風，九州共貫也。」

〔註6〕引自胡寅，斐然集（卷二十五）‧先公行狀，長沙：嶽麓書社，2009，498。

〔註7〕也有學者認為「大一統」的本義，就是指的尊王，王權專制是政治一統的象徵。參見萬志毅，《公羊傳》大一統釋義發微，管子學刊，1998（4）。

〔註8〕朱熹，朱子全書（第18冊）‧朱子語類（卷一百二十八），上海：上海古籍出版社，合肥：安徽教育出版社，2002，4001。

〔註9〕葉適，葉適集（三）‧水心別集（卷十）‧始議二，北京：中華書局，1961，759。

〔註10〕朱漢民、肖永明，宋代《四書》學與理學，北京：中華書局，2009，58。

　　傳統學術主要就是通過對經典文本的不斷闡釋而獲得新的時代意義的，而經典本身在不同的歷史時期，也展現了豐富的解讀空間。胡安國的《春秋傳》面對當時的現實和理論困境，試圖通過對傳統典籍的重新解讀，使經典釋放出適應新時代所需要的意義。

3.1　《春秋》尊王大義的思想淵源

　　「尊王」與「大一統」本是《春秋》學的傳統思想，宋代《春秋》學既是沿著傳統的路徑前進，又爲這個傳統之流注入新的水源。

3.1.1　《春秋》尊王的歷史背景

　　周平王東遷之後，王室日漸衰微。天子直接管轄的王畿地帶也被周邊的諸侯國與戎狄部落鯨吞蠶食，最後只剩下成周周圍方圓一二百里的一隅之地。天子權威日漸喪失，雖然名義上仍爲天下「共主」，但實際上已經不能對諸侯國特別是鄭、齊、晉、楚等大國形成有效的約束。諸侯冒犯天子的事情時有發生，例如：魯桓公五年，鄭莊公「射王中肩」；僖公二十四年，鄭文公「執王使臣」；宣公三年，楚莊王「觀兵問鼎於周」；昭公九年，晉平公與周王室爭奪閻田。正如《穀梁傳》所言：「天子微，諸侯不享覲，天子之在位者，爲祭與名號耳。」〔註11〕天子在諸侯面前已經喪失了權威，而各封國內部，諸侯本身的權威也逐漸被大夫所架空，如魯國三桓、晉國六卿、齊國的國高陳鮑、宋國的華向等等。再往後，大夫的權力又漸漸被自己的家臣所架空，例如：魯國大夫季氏家臣陽虎，囚季桓子，執政魯國，開了魯國「陪臣執國政」的先河。於是整個封建宗法制度幾乎崩潰，原有的社會政治秩序完全被打亂。《論語》說：「天下有道，則禮樂征伐自天子出；天下無道，則禮樂征伐自諸侯出。」〔註12〕又說：「天下有道，則政不在大夫。」以這種道之有無的標準來看，春秋時代的天下，則是無道之極了。

　　孔子正是在這種「天下無道」的社會歷史背景下，依據魯史的記載來編《春秋》〔註13〕。對於歷史上所發生的許多重大事情，如臣子弒君父、權臣

〔註11〕穀梁傳・昭公三十二年。

〔註12〕論語・季氏。

〔註13〕關於《春秋》是否爲孔子所編，學界有多種不同看法，本文采取傳統的意見，認爲《春秋》的原始文本是孔子在魯國史料的基礎上編纂而成。

擅國命等等，都有一套書寫原則。雖然王室已經衰微，但《春秋》仍然給予其最高的尊榮，如僖公二十八年，晉文公召見周襄王，但《春秋》寫作：「天王狩於河陽」。儘管諸侯已經自稱王公，但《春秋》仍然只書寫周天子所授予他們的本爵，如齊桓公稱「公」，但在《春秋》經文中，仍然被稱作「齊侯」；楚國雖然已經自稱爲王，但經文只稱其爲「楚子」。正是在這種對天子和諸侯的稱呼中，《春秋》表達出明顯的「尊王」傾向，把天子在現實中已經喪失的禮樂征伐之權在經文中還給了天子。也正因爲這樣，莊子認爲「《春秋》所以道名分」，孟子則認爲「孔子成《春秋》，而亂臣賊子懼」。

3.1.2 《春秋》學的尊王傳統

《春秋》三傳對尊王之義多有闡發。

《左傳》雖然以敘事爲主，但並非毫無義理，往往是把義理融貫於敘事的字裏行間。如僖公九年的葵丘之盟，齊桓公因爲尊王的舉動而獲得了《春秋》的好評。《左傳》對這件事情的記載是：「王使宰孔賜齊侯胙，……齊侯將下、拜。孔曰：『……無下拜！』對曰：『天威不違顏咫尺，小白，余敢貪天子之命，無下拜？——恐隕越於下，以遺天子羞。敢不下拜？』下，拜；登，受。」〔註14〕〔135〕又如僖公二十八年的溫之會，左氏曰：「是會也，晉侯召王，以諸侯見，且使王狩。仲尼曰：『以臣召君，不可以訓』」。可見，《左傳》亦有尊王之義。

尊王大義可以說是貫穿於《公羊傳》全書的一條最重要的經義。〔註15〕〔154〕在解說經文的時候，《公羊》常常把天子與諸侯嚴格地區分開來，明確天子與諸侯之間的君臣名分，處處突出天子的至尊地位。例如，隱公元年，《公羊傳》曰：「曷爲先言王而後言正月？王正月也。何言乎王正月？大一統也」、「王者無外」；「祭伯來」，《公羊》曰：「祭伯者何？天子之大夫也。何以不稱使？奔也。奔則曷爲不言奔？王者無外，言奔則有外之辭也。」普天之下，莫非王土，王臣無論到哪裏，都不能算是「外」出，故祭伯雖奔，卻不書「奔」。桓公元年，鄭伯以璧假許田。《公羊傳》說：「其言以璧假之何？易之也。易之則其言假之何？爲恭也。曷爲爲恭？有天子存，則諸侯不得專地也。」公羊認爲鄭伯實際上是以璧交換許田，但是未經周天子的許可，

〔註14〕楊伯峻，春秋左傳注，北京：中華書局，1990，326。

〔註15〕趙伯雄，春秋學史，濟南：山東教育出版社，2004，41。

為了表示對天子的恭敬，《春秋》就書做「以璧假」。桓公五年「秋，蔡人、衛人、陳人從王伐鄭。」《公羊》曰：「其言從王伐鄭何？從王，正也。」僖公八年「春王正月，公會王人、齊侯、宋公、衛侯、許男、曹伯、陳世子款、鄭世子華盟於洮」。《公羊》云：「王人者何？微者也。曷為序乎諸侯之上？先王命也。」王人以微者地位，排名在各個諸侯之上，公羊認為此中就有尊王之義。成公元年，「王師敗績於貿戎」。公羊曰：「孰敗之？蓋晉敗之，或曰貿戎敗之。然則曷為不言晉敗之？王者無敵，莫敢當也。」天子之師被打敗，《春秋》未記載戰勝一方是誰。《公羊》認為這是《春秋》有意維護天子的臉面和尊嚴。昭公十三年，經文「蔡侯廬歸於蔡，陳侯吳歸於陳」，《公羊傳》曰：「此皆滅國也，其言歸何？不與諸侯專封也。」諸如此類，都是《公羊傳》對尊王之義的闡發。

《穀梁傳》在尊王、尊君思想方面比《公羊傳》更加強烈，甚至有主張絕對君權的傾向。〔註16〕〔154〕隱公三年，「天王崩」，《穀梁》曰：「高曰崩，厚曰崩，尊曰崩。天子之崩以尊也。其崩之何也？以其在民上，故崩之。其不名何也？大上故不名也。」僖公八年，僖公與王人、齊侯、宋公、衛侯、許男、曹伯、陳世子款、鄭世子華等人盟於洮，《公羊傳》有尊王之義，而《穀梁傳》則更加突出了王人因王命而尊的地位：「王人之先諸侯，何也？貴王命也。朝服雖敝，必加於上；弁冕雖舊，必加於首；周室雖衰，必先諸侯。」僖公二年城楚丘，《穀梁》曰：「國而曰城，此邑也，其曰城，何也？不與齊侯專封也。其言城之者，專詞也。故非天子不得專封諸侯。」又，哀公十三年的黃池之會，《穀梁傳》曰：「其藉於成周，以尊天王，吳進矣。」「非天子不得專封諸侯」，正是「尊天王」之意。由此可見，《春秋》經及三傳，都已經有了明確的尊王大義。

尊王思想雖然是《春秋》學的傳統，在三傳中都有所體現，但在漢、唐諸儒的《春秋》詮釋中，並沒有得到充分的展開和拓展。甚至，何休在《公羊解詁》中還提出了「王魯」的思想，說「《春秋》王魯，託隱公為受命王」，這種觀點實際上是為地方割據提供了思想依據和理論基礎，站在了宋代加強中央集權政治需要的對立面。而杜預在解釋《左傳》所載周桓王討伐鄭莊公之事時，則說「鄭志在苟免王討之非」，表面上看，只是為鄭莊公以武力抵制周桓王開脫，而實際寓意卻是暗批高貴鄉公曹髦討權臣司馬昭為非，而有

〔註16〕趙伯雄，春秋學史，濟南：山東教育出版社，2004，59。

意爲司馬昭辯護。何休與杜預的這類觀點，是特殊歷史時代和政治環境的產物，與尊王之義並不相合，與宋代的政治導向背道而馳，因而在宋代注定要被拋棄。

到了宋代，尊王思想就逐漸成爲時代的潮流，正如章太炎所說的「貴王賤霸之說……至宋儒乃極言之耳。」〔註17〕〔153〕宋代《春秋》學尊王思潮的滾滾洪流中的第一個浪頭，是由孫復掀起的。孫復「嘗以爲盡孔子之心者《大易》，盡孔子之用者《春秋》，……故作《春秋尊王發微》十七卷」〔註18〕〔31〕。在《春秋尊王發微》中，孫復開宗明義地提出，孔子是因爲當時「天下無王」而作《春秋》的，他說：

> 孔子之作《春秋》也，以天下無王而作也，非爲隱公而作也。然則，《春秋》之始於隱公者非他，以平王之所終也。何者？昔者幽王遇禍，平王東遷，平既不王，周道絕矣。觀夫東遷之後，周室微弱，諸侯強大，朝覲之禮不修，貢賦之職不奉，號令之無所束，賞罰之無所加，壞法易紀者有之，變禮亂樂者有之，弑君戕父者有之，攘國竊號者有之，征伐四出，蕩然莫禁，天下之政，中國之事，皆諸侯分裂之。平王庸暗，歷孝逾惠，莫能中興，播蕩陵遲，逮隱而死。夫生猶有可待也，死則何所爲哉。……《春秋》自隱公而始者，天下無復有王也。〔註19〕〔12〕

在孫復看來，孔子作《春秋》的目的就是要突出「尊王」大義，而這正是他詮釋《春秋》的宗旨。孫氏「基於對歷史經驗以及時政的理解，首揭『尊王』大旗，把一部《春秋》改造成了處處維護天子權威、嚴厲譴責犯上行爲的經典。」〔註20〕〔154〕這種解經思想對胡安國的《春秋傳》產生了很大的影響。

與孫復同時代的胡瑗也強調「尊王」，他說：「不書王師敗績於鄭，王者無敵於天下。書戰則王者可敵，書敗則諸侯得禦，故言伐而不言敗。」〔註21〕〔6〕明顯是因維護天子至尊形象而解釋《春秋》書法。孫復之後，尊王思想漸漸成爲宋代《春秋》學的主要潮流，學者莫不「以尊王爲先」〔註22〕〔29〕。

〔註17〕章太炎，國學講演錄・經學略說，上海：華東師範大學出版社，1995，113。

〔註18〕石介，徂徠集・泰山書院記，文津閣四庫全書本，1090 冊，319。

〔註19〕孫復，春秋尊王發微，揚州：江蘇廣陵古籍刻印社，1993，287。

〔註20〕趙伯雄，春秋學史，濟南：山東教育出版社，2004，434。

〔註21〕引自黃宗羲，宋元學案（卷一）・安定學案，北京：中華書局，1986，27。

〔註22〕二程集・河南程氏經說卷第四・春秋傳，北京：中華書局，1981，1129。

王晳、劉敞、孫覺、程頤、胡安國、高閌、戴溪、趙鵬飛等儒者都對尊王大義有所發明與闡揚。例如：王晳著《春秋皇綱論》，專設《尊王》一篇，認爲「三傳及諸子不能具曉聖人之意，不知尊王之實，……不曉聖人尊王之意」〔註23〕〔24〕。程頤則以「尊王」爲「王道」之義，他說：「王師於諸侯不書敗，諸侯不可敵王也；於夷狄不書戰，夷狄不能抗王也。此理也。其敵其抗，王道之失也。」〔註24〕〔29〕

　　在諸多闡發《春秋》尊王大義的《春秋》學著作當中，胡安國的《春秋傳》無疑占踞了至關重要的地位，是整個宋代尊王思潮中最有代表性的成果。這不僅是因爲胡氏是宋代《春秋》學之集大成者，更因爲胡安國的尊王思想有著鮮明的時代特徵和明確的現實指向。胡安國《春秋傳》的尊王思想，既承接了傳統《春秋》學的思想路徑，特別是吸取了《公羊》學的大義精髓，同時也是對孫復、程頤等前輩學者思想的繼承和發展。

　　胡安國的《春秋傳》延續了北宋以孫復《春秋尊王發微》爲代表的尊王思想，高舉王權旗幟，既是宋代政治上層建築發生的變革（即皇權與中央集權的強化）在社會意識形態領域的反映，又是從思想上和理論上對宋代加強君權與中央集權的支持與論證。由於這種政治變革符合宋儒重建「大一統」秩序的願望，因此，胡安國並非爲了尊王而尊王，其尊王之義的背後，有一個最終的現實目的，即復興儒家理想的王道政治。

3.2　宋代中央集權的強化與《春秋傳》的尊王室抑諸侯思想

　　胡安國等宋代《春秋》學家標舉「尊王」大義，其現實政治的原因在於，唐末以來，天子的地位已經大大地削弱了，中央朝廷已經失去了對地方的有效控制。「王」之所以不「尊」，原因在於藩鎮太過強勢。因此在涉及天子與諸侯關係的問題上，胡氏《春秋傳》強調聖人有「尊王室抑諸侯」〔註25〕〔2〕的大義。這種思想與宋代中央集權制度的加強互相呼應。

〔註23〕王晳，春秋皇綱論（卷一），上海：上海書店，1984。
〔註24〕二程集・河南程氏經說卷第四・春秋傳，北京：中華書局，1981，1104。
〔註25〕胡寅，斐然集（卷二十五）・先公行狀，長沙：嶽麓書社，2009，498。

3.2.1 宋代中央集權的強化

　　五代十國既延續了唐末藩鎮割據的狀態，又出現了周邊少數民族政權與中央王朝同時並存相互競爭的局面。朝廷政令根本無法通行於地方藩鎮，中央的權威盡失，天子的顏面掃地。而國家的分裂，社會的動蕩，最終的苦難後果都由百姓來承擔。正如史家所謂：「自唐季以來，數十年間，八姓十二君，僭竊相踵，兵革不息，生民塗炭。」〔註26〕宋太祖正是在這樣的歷史背景下，奪取了後周的政權，建立起相對統一的宋王朝，國家才逐步走向穩定。趙匡胤曾問謀臣趙普：「天下自唐季以來，數十年間，帝王凡易八姓，戰鬥不息，生民塗地，其故何也？吾欲息天下之兵，爲國家長久計，其道何如？」趙普回答說：「此非他故，方鎮太重，君弱臣強而已。今所以治之，亦無他奇巧，惟稍奪其權，制其錢穀，收其精兵，則天下自安矣。」這番對話足見統治集團對唐末五季歷史教訓有深刻的認識。基於這種歷史認知，太祖兄弟爲了防止宋王朝步後周後塵而成爲又一個短命朝代，吸取唐末五代的歷史教訓，採取了「事爲之防，曲爲之制，紀律已定，物有其常」〔註27〕〔5〕的治國方略，逐步推行了一系列加強和鞏固中央集權的措施。太宗以後，繼立之君代代相沿，「事爲之防，曲爲之制」的方略就成爲「祖宗家法」。南宋紹興二年（1132），高宗對宰相呂頤浩等人說：「唐末五季藩鎮之亂，趙普能消於談笑間，如國初十節度使，非普謀，亦孰能制？」〔註28〕〔33〕高宗這番話自有其現實的目的。南渡之初，各地實權將領都有觀望、坐大的傾向，朝廷對地方的控制明顯力不從心，爲了鞏固政權，高宗正欲收奪兵權。宋儒對於「杯酒釋兵權」的傳說和記載，耳濡目染，深以爲然。在以經世爲目的的《春秋》之學中，表達出這種傾向，也是自然而然的事情了。胡安國正當兩宋之際，既熟悉「祖宗故事」相當，又贊同高宗收奪兵權，故而在《春秋傳》中凡遇諸侯跋扈、輕慢天子王室之事，皆以尊王室、抑諸侯爲解經的主旨。這既是對唐末五代歷史教訓的吸取，也是對宋初加強中央集權政策的經驗總結，同時還是對高宗強化自己權威行動的肯定與支持。

　　藩鎮割據、地方分裂的歷史教訓，在宋儒心裏留下了陰影。對照春秋時

〔註26〕宋史紀事本末（卷二）。

〔註27〕李燾，續資治通鑑長編（卷十七）·開寶九年十月乙卯條，北京：中華書局，1979，382。

〔註28〕李心傳，建炎以來繫年要錄（卷六一）·紹興二年十二月癸巳條，北京：中華書局，1956。

期的歷史，唐末五代的狀況與春秋戰國時期的混亂，在王權不尊、國家分裂等方面，有著驚人的相似之處。這種歷久彌新的歷史記憶促使宋儒不斷地從經典中發掘可資利用的思想資源，作出符合現實需要的詮釋，來爲當下的政權建設服務。《春秋》經傳中的「尊王大義」，正是針對唐末五代以來王室不尊、王權不張、藩鎮割據、地方分裂頑症的一劑良藥。於是儒者借助《春秋》之學，高揚尊王之義，表達了對國家統一、社會安定的強烈要求與願望。

3.2.2　《春秋傳》的尊王室抑諸侯之義

　　胡安國《春秋傳》的尊王思想，具有鮮明的時代特點和現實指向。一方面鑒於安史之亂以後，藩鎮割據對社會帶來的嚴重破壞，認識到王權集中和天下統一的可貴；另一方面又對南宋政權初立時所遇到的地方跋扈威脅到中央集權制度的隱憂產生了嚴重的焦慮，因而注重爲加強中央集權的政治制度建設服務。胡安國在紹興元年（1131）給初任宰相的秦檜寫信，對當時地方勢力不服從中央政府的現狀表示了深刻的擔憂，他說：「比者雖命江表三省復歸行闕，百司庶務決自天台，而宣撫重臣久居外服，諸方守將並假便宜，夫以便宜從事，本爲出師臨機奏報不及，明有建炎敕文矣。諸路後來並不遵稟，或以察訪爲名，而擅按他路，截留公賦，編營師臣，執殺郡守，或以節制爲名，而擅兵外境，專斬命官，直轉資秩，移易守將，或未被受指揮先次便宜行事，或擅罷堂除監郡自關別路正官，凌蔑朝廷，於斯爲甚。」〔註 29〕〔2〕胡安國援引《春秋》大義，向秦檜建議：「《春秋》大一統，遵王命，惡臣下分權，諱賤人犯上，歷紀王正而不私朔，使舉上客而不稱介副，微者名姓不登於史冊，所以嚴分正名也」，「宜及時建白，收斂權柄，以弭分裂之形，嚴分正名，以遏侵凌之勢，而後大經可正，民志可定矣」〔註 30〕〔2〕。所以，胡安國詮釋《春秋》「尊王」與「大一統」大義的時候，雖然是在討論春秋時代的歷史事件，實際上卻既是對唐末五代以來的歷史教訓的總結，也是針對南宋初期的現實政治危機而發的。在胡氏《春秋傳》卷三之末，胡安國闡述了他對中央集權制的論證：

　　　　謂正月爲王正，則知天下之定於一也。……王正月之定於一，
　　何也？天無二日，上無二王，家無二主，尊無二上，道無二致，政

────────────

〔註 29〕胡寅，斐然集（卷二十五）・先公行狀，長沙：嶽麓書社，2009，501。
〔註 30〕胡寅，斐然集（卷二十五）・先公行狀，長沙：嶽麓書社，2009，502。

無二門，故議常經者，黜百家，尊孔氏，諸不在六藝之科者，勿使並進。此道術之歸於一也。言致理者，欲令政事皆出中書，而變禮樂、革制度，則流故竄殛之刑隨其後。此國政之歸於一也。若乃關私門，廢公道，各以便宜行事，是人自爲政，謬於《春秋》大一統之義矣。〔註31〕〔3〕

卷三之末的大段文字，獨立於隱公末年的經解之外，實際上是胡安國《春秋》學的綱領性意見。在這段文字中，胡氏明白簡易地對許多《春秋》學的核心問題發表了提綱挈領的意見。胡氏根據經文「王正月」三個字推闡出「《春秋》大一統之義」，明確提出了「天下定於一」、「道術歸於一」、「國政歸於一」的中央集權制的政治思想。導致國家分裂的原因，往往是因爲中央王朝的權力失落，地方勢力的割據稱雄。正因爲如此，胡安國才賦予《春秋》尊王大義以強化皇權與中央集權的意義。

胡安國分析了王權失落、地方割據形成的原因。他認爲春秋時期造成禮樂征伐不自天子出的混亂政局的責任，不僅在坐大的諸侯，也在於天子本身沒有握緊自己的權柄，天下大亂的根源就是天王失去了威福之柄。隱公九年，「春，天王使南季來聘」，《胡傳》曰：

按《周禮·行人》，王者待諸侯，有時聘以結好，間問以諭志。而穀梁子何以獨言「聘諸侯，非正也」？古者諸侯於天子，比年一小聘，三年一大聘，五年一朝。天子於諸侯，不可以若是恝，故亦有聘問之禮焉。隱公即位九年於此，而史策不書遣使如周，則是未嘗聘也；亦不書公如京師，則是未嘗朝也。一不朝則貶其爵，再不朝則削其地。如隱公者，貶爵削地可也。刑則不舉，遣使聘焉，其斯以爲不正乎？經書公如京師者一，朝於王所者二，卿大夫如京師者五。舉魯一國，則天下諸侯怠慢不臣可知矣。書天王來聘者七，錫命者三，歸賻者一，賵葬者四，則問於他邦及齊晉秦楚之大國又可知矣。王之不王如此，征伐安得不自諸侯出乎？諸侯之不臣如此，政事安得不自大夫出乎？君臣上下之分易矣，陪臣執國命，夷狄制諸夏矣，其原皆自天王失威福之柄也。《春秋》於此，蓋有不得已焉爾矣。〔註32〕〔3〕

〔註31〕胡安國，春秋傳（卷三）。
〔註32〕胡安國，春秋傳（卷三）。

天子與諸侯之間的君臣名分與貴賤等級之分，可以通過一系列的禮節儀式來表現。諸侯尊天子，則有朝覲之禮；天子懷諸侯，則有聘問之禮。這種朝覲與聘問的禮節都是古時定制。胡安國重提古禮，認爲「諸侯於天子，比年一小聘，三年一大聘，五年一朝」，而天子在諸侯行朝覲之禮的前提下，也有對應的表示答謝的禮節。如果諸侯對天子不行朝覲之禮，那麼天子的地位與尊嚴將無法得到體現，就應當採取相應的懲罰措施，即「一不朝則貶其爵，再不朝則削其地」。然而，魯隱公即位九年，從來沒有行過朝覲天子之禮，天子也不曾貶其爵、削其地。考《春秋》二百四十二年中，「經書公如京師者一，朝於王所者二，卿大夫如京師者五」，即：僖二十八年公兩朝王所，成十三年公如京師，僖三十年公子遂、文元年叔孫得臣、八年公孫敖、宣九年仲孫蔑、襄二十四年叔孫豹如京師。從這一組數據中，可以看到當時天子與王室的式微。魯國作爲周公的封國尚且如此，其它諸侯對天子的怠慢不臣可想而知。正如胡氏所謂「諸侯每歲侵伐四出，未有能修朝覲之禮者」〔註33〕〔3〕。對於諸侯的不臣，天子不僅沒有貶其爵、削其地，反而屢次來聘、錫命、歸賑、賵葬。胡安國認爲，這就是天子自失其權，是「王之不王」。正因爲天子自失其威福之柄，造成了社會政治秩序的混亂，以至於「君臣上下之分易矣，陪臣執國命，夷狄制諸夏矣」。作爲理學家，胡安國毫不猶豫地把諸侯朝覲天子、臣子服從君父視爲天理所當然的社會秩序規範。成公十三年，「夏五月，公自京師，遂會晉侯、齊侯、宋公、衛侯、鄭伯、曹伯、邾人、滕人伐秦」，胡安國說：

> 今公欲會伐秦，道自王都，不可越天子而往也，故皆朝王，而不能成朝禮。書曰「如京師」，見諸侯之慢也。因會伐而行矣。又書「公自京師」，以伐秦爲遂事者，此仲尼親筆，明朝王爲重，存人臣之禮也。古者諸侯即位，喪服畢則朝，小聘、大聘終則朝，巡狩於方岳則朝。觀《春秋》所載天王遣使者屢矣，十二公之述職蓋闕如也。獨此年書「公如京師」，又不能成朝禮，不敬莫大焉。君臣，人道之大倫也，而竟至於此。故仲尼嘗有言曰：「如有用我者，吾其爲東周乎。」爲此懼，作《春秋》，其或抑或揚，或予或奪，所以明君臣之義者，至矣。其義得行，則臣必敬於君，子必敬於父，天理必存，人欲必消，大倫必正，豈曰小補之哉。〔註34〕〔3〕

〔註33〕胡安國，春秋傳（卷二十）。
〔註34〕胡安國，春秋傳（卷二十）。

胡安國借孔子之口，表達對諸侯不敬天子，不行朝覲之禮，不顧君臣之義的批判。同時，從胡安國所引孔子「如有用我者，吾其爲東周乎」的話來看，可以推斷胡氏撰著《春秋傳》進呈給高宗的用意，也正是期待自己的學術和主張能夠被時君所用。而胡氏對於理想社會政治秩序的預設，第一條就是要「明君臣之義」，惟其如此，才可以存天理，消人欲，正大倫。

既然胡氏認爲政治失序的根本原因在於天子權柄的喪失，那麼加強天子的權力、維護君王的權威，就成了重建政治秩序的首要任務。胡安國這種觀點其來有自，並非孤立之言。胡氏之說本自程頤。對於經文「天王使南季來聘」，《左傳》和《公羊》均無傳，《穀梁》說：「聘諸侯，非正也。」〔註35〕〔28〕雖然指責天子的行事「不正」，但語焉不詳。程頤《春秋傳》說：「《周禮·大行人》時聘以結諸侯之好。王法之行，時加聘問以懷撫諸侯，乃常禮也。春秋之時，諸侯不修臣職，朝覲之禮廢絕，王法所當治也，不能正典刑而反聘之，又不見答，失道甚矣。」〔註36〕〔28〕兩相對比，胡安國的解說更加詳盡而具體，既可見胡氏的思想學術與程頤的源流關係，又可見借「尊王」之說來強化王權、王法，是宋代《春秋》學中比較的流行觀念。

王室、天子的尊嚴與權威，還體現在祭祀的禮儀之中。《春秋》也有很多關於祭祀方面的記載。如：經文記載「僖公三十一年夏四月，四卜郊，不從，乃免牲，猶三望。」《公羊傳》曰：「天子祭天，諸侯祭土，天子有方望之事，無所不通。」〔註37〕〔28〕《公羊》在祭祀的對象上，明確天子與諸侯之間各有所主，且分別了高下尊卑。胡安國繼承了公羊學這種君尊臣卑的思想，但在具體解釋上又略有不同。胡氏《春秋傳》把這條經文分成三段，用很大的篇幅闡述了在祭祀禮儀上的君臣尊卑之分。他說：

> 記禮者曰：祭帝於郊，所以定天位也。禮行於郊，而百神受職焉。……揚子曰：天子之制，諸侯庸節，節莫差於僭，僭莫重於祭，祭莫重於地，地莫重於天。諸侯而祀天，其僭極矣。聖人於《春秋》欲削而不存，則無以志其失，爲後世戒。……是故天子祭天地，諸侯祭社稷，祝嘏莫敢易其常古，易則亂名犯分，人道之大經拂矣。〔註38〕〔3〕

〔註35〕春秋三傳，上海：上海古籍出版社，1987，56。
〔註36〕引自春秋三傳，上海：上海古籍出版社，1987，56。
〔註37〕春秋三傳，上海：上海古籍出版社，1987，205。
〔註38〕胡安國，春秋傳（卷十三）。

胡安國引用揚雄《法言》中關於祭祀制度的觀點，突出祭天是天子獨享的最高祭祀權力。他認為天子祭天地，諸侯祭社稷，這是君臣名分的「人道之大經」，不能有所「差」。諸侯祭天是嚴重的僭越行為。魯國作為諸侯，用天子之郊禮來祭天，雖然有天子之賜，但在胡安國看來仍然是僭越，他認為成王當初根本就不應該「過賜」周公以天子之禮。他說：

> 魯，諸侯，何以有郊？成王以周公有大勳勞於天下，命魯公世世祀周公以天子之禮樂，是故「魯君孟春乘大輅，載弧韣，旂十有二旒，日月之章，祀帝於郊，配以后稷，天子之禮也」。以人臣而用天子之禮，可乎？是成王過賜，而魯公伯禽受之，非也。〔註39〕〔3〕

祭祀之禮之所以受到胡安國如此高度的重視，是因為在這種有嚴格的等級限制的祭祀禮儀之中，包含了「治國之道」，只有諸侯大夫臣子們各自「安於分守」，嚴格遵守這個等級制度，天下國家才會秩序井然。正如《胡傳》所說：「明乎郊社之禮，禘嘗之義，治國其如視諸掌乎。夫庶人之不得祭五祀，大夫之不得祭社稷，諸侯之不得祭天地，非欲故為等衰，蓋不易之定理也。知其理之不可易，則安於分守，無欲僭之心矣，為天下國家乎何有。」〔註40〕〔3〕祭祀是溝通天人之際、神人之際的橋梁。胡安國所推重的這個祭祀秩序中，天子是處於最高位置的，獨享著對天的祭祀之權。這樣，天子就獲得了具有最高審判能力的「天」的護祐。天子在國家政權體系中的最高權威和尊嚴就得到了體現和保證。

中央集權的另一個表現是全國的軍事大權集中掌握在天子手中，即所謂「征伐，天子之大權」〔註41〕〔3〕、「禮樂征伐自天子出」。隱公二年，「無駭帥師入極」。據林堯叟的音注，「無駭帥師，大夫專兵之端見矣」〔註42〕。胡安國對魯隱公在沒有獲得天子同意的情況下，使無駭以大夫的身份率魯國之師入附庸之國的行為表示了譴責，他說：「無駭不氏，未賜族也。其書帥師，用大眾也。非王命而入人國邑，逞其私意，見諸侯之不臣也。」〔註43〕〔3〕又如：僖公四年，齊侯與魯、宋、陳、衛等國聯軍伐楚。《胡傳》曰：

〔註39〕胡安國，春秋傳（卷十三）。
〔註40〕胡安國，春秋傳（卷十三）。
〔註41〕胡安國，春秋傳（卷一）・隱公二年「鄭人伐衛」條。
〔註42〕巴蜀書社1987年出版的《五經・春秋胡傳》為怡府藏板、明善堂重梓的本子，附有林堯叟所做的音注。
〔註43〕胡安國，春秋傳（卷一）・隱公二年「無駭帥師入極」條。

國可伐歟？曰：可。孰可以伐之？曰：為天吏則可以伐之矣。
楚雖暴橫，馮陵上國，齊不請命，擅合諸侯，豈所謂為天吏以伐之
乎？《春秋》以義正名，而樂與人為善，以義正名，則君臣之分嚴
矣。書遂伐楚，譏其專也。〔註44〕〔3〕

此次伐楚，是因為楚國橫暴，「馮陵上國」，可見是攘夷之戰。但是只有天子
才有征伐諸侯的權力，而齊侯沒有請命於天子，而「擅合諸侯」，擅行天子
之事，有悖於君臣之分，有損於尊王之義，即使攘夷有功，也不能掩蓋其無
王之罪，因而遭到胡氏的譴責。兩年之內，齊桓公兩次以諸侯的身份擅自行
使天子的權力，因而連續被胡安國貶責。由此可見胡氏要求諸侯臣子尊重王
權、謹守諸侯服從天子，封國服從王室，地方服從朝廷的中央集權政治制度。
胡安國還在《春秋傳》中表達了對春秋時期王室衰頹、禮制崩壞的惋惜之情。
他說：「禮之始失也，諸侯非王事而自相會也，無以正之，不自天子出矣。
然後諸侯與大夫會，又無以正之，然後大夫與大夫會，禮亦不自諸侯出矣。
田氏篡齊，六卿分晉，三家專魯，理固然也，不能辨於早，雖欲正之，其將
能乎？」〔註45〕〔3〕又說：「夫禮，別嫌明微，致治於未亂，自天子出者也。
列國之君，非王事而自相會聚，是禮自諸侯出矣。以國君而降班失列，下與
外臣會；以外臣而抗尊出位，上與諸侯會，是禮自大夫出矣。君若贅旒，陪
臣執命，豈一朝一夕之故，其所由來漸矣。」〔註46〕〔3〕由於王室衰弱，禮
制開始疏失，日積月累，終至於不可收拾的地步，胡氏也只能發出一聲「雖
欲正之，其將能乎」的感歎。又例如：宣公三年，「葬匡王」。《胡傳》曰：「四
月而葬，王室不君，其禮略也。微者往會，魯侯不臣，其情慢也。或曰：宣
公親之者也，而常事不書，非矣。崩葬始終之大變，豈以是為常事而不書也。」
〔註47〕〔3〕按照當時禮制，天子崩後應當七月而葬，但周匡王死後才四月就
葬了，喪葬之禮如此簡略，可見王室力量的衰頹；而魯宣公也沒有遵照禮制
前往弔喪，只派「微者往會」，可見諸侯對天子和王室的輕侮和怠慢。胡氏
對此深感不滿。

　　不僅是祭祀之禮和喪葬之禮，所有的「禮樂征伐」制度都同樣體現了天
子與諸侯之間尊卑高下的政治秩序，而這種秩序凝練為政治體制，就是天子

〔註44〕胡安國，春秋傳（卷十一）。
〔註45〕胡安國，春秋傳（卷十八）‧宣公十五年「仲孫蔑會齊高固於無婁」條。
〔註46〕胡安國，春秋傳（卷十八）‧宣公十四年「冬，公孫歸父會齊侯於榖」條。
〔註47〕胡安國，春秋傳（卷十六）。

一統天下的中央集權。這種「禮樂征伐自天子出」的政治形態，正是宋儒所欲重建的秩序的表現形式。胡安國的尊王思想突出天子的權威，就是爲了從權力源頭上著手來整頓秩序。一個方面，天子是整個社會秩序的核心與樞紐，王不尊，則禮不行；另一個方面，秩序的重建本身也必須依循一定的秩序或規範，宋儒所主張的是一種自上而下的自我改良式的重建方式，他們認爲，天下有道的合理秩序的恢復和重建，必須從恢復天子的尊嚴開始，而天子的尊嚴首先就體現在「禮樂征伐自天子出」。這句話應從兩個方面來看待：一、禮樂征伐是天子獨享的權力，只有天子才可以制禮作樂、舉兵征伐，所體現的是天子的權力與尊嚴；二、禮樂征伐是天子必須履行的職責，天子應當制禮作樂，爲天下提供行爲規範和榜樣，如果有人違犯，危及整個秩序的穩定，天子又有責任進行懲罰，甚至出兵討伐，這體現的是天子的責任和義務。

3.2.3　稟命於天子：諸侯權力合法性的來源

不少現代學者認爲，政治權力合法性的理論問題是由近代西方學者提出的，比如盧梭的人民主權論等等；世界古代史上許多相關的思想和觀念還只是停留在對歷史經驗的總結認識層面上，尚未進行自覺的理論探討。張分田教授認爲，這種觀點很可能低估了世界各民族先民的政治思維能力，「政治權力合法性基礎問題是任何一種比較成熟的政治體系所必須面對的問題，世界各地的古代先民不能不有所思考、有所論證、有所主張，至少在中國古代，思想家們很早就對相關問題做了深入系統的理論思考」〔註48〕〔143〕。筆者深以爲然。

在儒家政治思想中，天子的合法性來源歸根結底是「天命」，而在大一統的中央集權政治體制之下，諸侯的君權來自天子的授予，「天子建國」並非是簡單的命官制度，而是將一個確定領域和範圍的土地、人民封賜給受封的諸侯，正如胡氏所謂：「（諸侯）爵位、土田受之天子」。〔註49〕〔3〕胡氏認爲，天子之命乃諸侯權力地位的根本或本源，只有獲得天子的認可，諸侯才具有合法性，他說：「即位而謹始，本不可以不正，爲子受之父，爲諸侯受之王，此大本也。咸無焉，則不書『即位』，隱、莊、閔、僖四公是也。聖人恐此義未明，又於衛侯晉發之，書曰『衛人立晉』，以見內無所承，上

〔註48〕張分田，民本思想與中國古代統治思想，天津：南開大學出版社，2009，421。
〔註49〕胡安國，春秋傳（卷一）·隱公元年「春，王正月」條。

不請命者，雖國人欲立之，其立之非也。在春秋時，諸侯皆不請王命矣。然承國於先君者，則得書『即位』，以別於內復無所承者，文、成、襄、昭、哀五公是也。聖人恐此義未明，又於齊孺子荼發之。荼幼，固不當立，然既有先君景公之命矣，陳乞雖流涕欲立長君，其如景公之命何？以乞君荼，不死先君之命也。命雖不敢死，以別於內復無所承者可也，然亂倫失正，則天王所當治。聖人恐此義未明，又於衛侯朔發之。朔殺伋、壽，受其父宣公之命，嘗有國矣，然四國納之則貶，王人拒之則褒，於以見雖有父命，而亂倫失正者，王法所宜絕也。由此推之，王命重矣。」〔註 50〕〔3〕「王命」對於「亂倫失正」的諸侯而言，有不可承受之重。因而，胡氏對春秋歷史上未獲得天子冊命認可的諸侯或世子進行了貶黜，甚至也不承認其諸侯的名分和地位。例如：隱公四年，「冬，十有二月，衛人立晉」，《胡傳》曰：

> 人，眾詞。立者，不宜立也。晉雖諸侯之子，內不承國於先君，上不稟命於天子，眾謂宜立而遂自立，焉可乎？故《春秋》於衛人特書曰「立」，所以著擅置其君之罪，於晉絕其公子，所以明專有其國之非，以此垂法，而父子君臣之義明矣。未有為子而不受之父也，未有為諸侯而不受之王也。〔註 51〕〔3〕

諸侯繼立，雖是繼承乃父的爵位，但從權力的根源上來說，仍然出於天子所授。《公羊傳》以為公子晉不宜立，但並沒有說明其不宜立的緣由。《穀梁傳》則進一步說明了公子晉不宜立的原因是不正，「衛人者，眾辭也，立者，不宜立者也。晉之名惡也，其稱人以立之，何也？得眾也，得眾則是賢也。賢則其曰不宜立何也？《春秋》之義，諸侯與正不與賢也。」〔註 52〕〔28〕胡安國吸收了二傳的解釋，把公子晉不宜立的緣由說得更加具體而明白，認為必須受命於天子才可以為諸侯。如此解經，既符合周初封邦建國的歷史事實，又強化了天子的權威，適應宋代加強中央集權制度的現實政治需要。

　　諸侯之立必請命於天子的觀點，在《胡傳》中屢見不鮮。春秋魯國十二公，不書即位者共有四人，分別是隱公、莊公、閔公、僖公。胡安國幾乎每次都會強調「不書即位，內無所承，上不請命」的觀點。隱公即位之事，在《春秋》學史上自始便是聚訟之點。《春秋》開篇寫下「元年春王正月」之

〔註50〕 胡安國，春秋傳・謹始例。
〔註51〕 胡安國，春秋傳（卷一）。
〔註52〕 春秋三傳，上海：上海古籍出版社，1987，48。

後，不著一詞，不記一事，便跳到了三月的事件上去。這看起來很不符合邏輯。楊伯峻以爲：「《春秋》紀月，必於每季之初標出春、夏、秋、冬四時，如『夏四月』、『秋七月』、『冬十月』。雖此季度無事可載，亦書之。」〔註53〕
〔135〕然而，隱公元年正月是否眞的沒有發生任何値得記載的事情呢？當然不是。該月其實有一件重大的政治事件：隱公即位。按照《春秋》體例，應該在「元年春正月」之後加一句「公即位」，然而經文闕焉。因此歷代《春秋》學家在此刨根究底，闡發出許多「大義」。《左傳》的意見是：「不書即位，攝也。」認爲隱公只是「攝」政，而不是即諸侯之位。《公羊傳》的說法是：

> 公何以不言即位？成公意也。何成乎公之意？公將平國而反之桓。曷爲反之桓？桓幼而貴，隱長而卑，其爲尊卑也微，國人莫知。隱長又賢，諸大夫扳隱而立之。隱於是焉而辭立，則未知桓之將必得立也。且如桓立，則恐諸大夫之不能相幼君也，故凡隱之立，爲桓立也。隱長又賢，何以不宜立？立嫡以長不以賢，立子以貴不以長。〔註54〕

《穀梁》的看法與《公羊》相似而又有不同：

> 公何以不言即位？成公志也。焉成之？言君之不取爲公也。君之不取爲公何也？將以讓桓也。讓桓正乎？曰：不正。《春秋》成人之美，不成人之惡。隱不正而成之何也？將以惡桓也。其惡桓何也？隱將讓而桓弑之，則桓惡矣。桓弑而隱讓，則隱善矣。善則其不正焉何也？《春秋》貴義而不貴惠，信道而不信邪。〔註55〕

二傳的觀點既有相同之處，亦有不同的地方，相同之處在於認爲不書即位是表明隱公有意要把諸侯之位交給桓公，而不同的是關於傳位的方式，《公羊》以爲是「反」，而《穀梁》以爲是「讓」。《公羊》以爲諸侯之位本來是桓公的，隱公雖然「長而賢」，但非嫡長子，故其立是爲桓公而立，終有一天要「反」還給桓公。這樣解釋的背後，是爲了闡明「立嫡以長不以賢，立子以貴不以長」這一封建宗法社會最基本的政治原則。而《穀梁》認爲隱公欲讓位給桓公，而桓公卻參與弑君，則桓惡而隱善，但隱公讓桓並不「正」，因

〔註53〕楊伯峻，春秋左傳注，北京：中華書局，1990，5。
〔註54〕公羊傳・隱公元年。
〔註55〕穀梁傳・隱公元年。

爲「《春秋》貴義而不貴惠，信道而不信邪」。要之，二傳皆從不書即位發展出各自的大義，但都沒有涉及「尊王」之義。胡安國則承二傳之解，又有重大創新，把諸侯即位與天子的權威聯繫起來，發揮其「尊王」大義，爲加強中央集權制度作辯護。胡氏認爲隱公即位之事，魯史原文本有記載，而爲孔子修經時所刪削。他說：「國史主記時政，必書即位之事，而隱公闕焉，是仲尼削之也。古者諸侯繼世襲封，則內必有所承，爵位、土田受之天子，則上必有所稟。內不承國於先君，上不稟命於天子，諸大夫扳己以立而遂立焉，是與爭亂造端，而篡弑所由起也。《春秋》首絀隱公，以明大法，父子、君臣之倫正矣。」〔註56〕〔3〕相較於二傳之義，胡氏新發的諸侯之立應「承於先君」、「稟命於天子」兩條義理，將二傳之義涵蓋在內，而對諸侯權力合法性的論證，明顯要更加全面而有力。

閔公之立，《春秋》也不書即位。閔公元年「春，王正月」，《胡傳》謂：

> 不書即位，內無所承，上不請命也。莊公薨，子般卒，慶父、
> 夫人利閔公之幼而得立焉，是內不承國於先君也。按周制，王哭諸
> 侯，則大宗伯爲上相，未有諸侯之薨而不告於王者也。職喪掌諸侯
> 之喪，以國之喪禮涖其禁令，序其事，凡國有司以王命。有事焉，
> 則詔贊主人，未有諸侯之子主喪，而王不遣使者也。今魯有大故，
> 不告於周，閔既主喪，而王不遣使，是上不請命於天子也，內無所
> 承，上不請命，故不書即位。正人道之大倫也。〔註57〕〔3〕

胡安國依然在二傳的基礎上，強化其「尊王」的用意。在胡氏看來，不書即位，就是不認可其諸侯的地位。當時魯國之政在慶父與莊公夫人手中，閔公因年幼易於控制，故爲慶父等人所立，是「內無所承」。但這只是一方面。閔公諸侯地位得不到胡氏認可的原因，還在於沒有告喪於周王室，也沒有請命於周天子，天子也不曾派遣使者前來「錫命」。因此，諸侯之立是否合法，最終的評判者是天子。同樣的義理胡氏多重複，足見他的重視。僖公元年，「春，王正月」，《胡傳》說：

> 不書即位，內無所承，上不請命也。閔公薨，夫人孫於邾，慶父
> 出奔莒，公於是焉以成風所屬，而季子立之，內無所承也，嗣子定位
> 於初喪，而魯使不告於周，明年正位改元，而周使亦不至於魯，又明

〔註56〕胡安國，春秋傳（卷一）‧隱公元年「春，王正月」條。
〔註57〕胡安國，春秋傳（卷十）。

> 年服喪已畢，而不見於京師，上不請命也。承國於先君者，父子之倫，
> 請命於天王者，君臣之義。今僖公內無所承，上不請命，不書即位，
> 正王法也。是故有四海而即天王之位者，受之於天者也。有一國而即
> 諸侯之位者，受之於王者也。受之於天者，必奉若天道，而後能保天
> 下。受之於王者，必謹守王度，而後能保其國。〔註58〕〔3〕

此段傳文大意，與閔公元年的經解十分相似，尤其是「不書即位，內無所承，上不請命也」，已成為固定的句式。與它處「不書即位」的解釋不同的是，胡氏把諸侯繼位「內承於先君」、「上請於王命」的兩個合法性要素，統攝於「王法」之下，更加突出了天子的權力。諸侯不僅爵位受之於王者，而且必須「謹守王度」，才能保有其國家。當然，胡氏也沒有把天子（天王）的權力絕對化，諸侯必須受命於天子，但天子也必須受命於「天」，必須「奉若天道」，自身才具有合法性。關於這一點，將在後面的章節專門論述。

　　不僅諸侯繼位需要獲得天子的授命才能取得合法性，諸侯立世子、建儲君也必須要得到天子的認可才具有權威性和有效性。例如：莊公元年，「春，王正月」，《胡傳》曰：

> 不書即位，內無所承，上不請命也。或曰：莊公嫡長，其為儲
> 副明矣，雖內無所承，上不請命，獨不可以享國而書即位乎？曰：
> 諸侯之嫡子，必誓於王。莊雖嫡長，而未誓，安得為國儲君副，稱
> 世子也？夫為世子，必誓於王，為諸侯，可以內無所承，上不請命，
> 擅有其國，即諸侯之位耶？《春秋》絀而不書，父子君臣之大倫正
> 矣。〔註59〕〔3〕

《公羊》認為「《春秋》君弒，子不言即位，……隱之也。」《穀梁》認為：「繼弒君不言即位，正也。」〔註60〕〔28〕論解經，二傳自有道理；論尊王的義理，卻以《胡傳》為勝。胡氏認為，諸侯國的儲君，只有誓於天子之後，才可以稱為「世子」，才具有國君儲副的資格，待國君去世之後，才可以名正言順地即位。

　　從以上所討論的胡安國關於《春秋》「不書即位」之例的解釋，可以得出一個結論，即胡氏認為，不書即位，表明了該諸侯的爵位並沒有取得周天子的認可，也就缺乏合法性，故而孔子在修經的時候，刪削了魯史舊文中的相

〔註58〕胡安國，春秋傳（卷十一）。
〔註59〕胡安國，春秋傳（卷七）。
〔註60〕春秋三傳，上海：上海古籍出版社，1987，95。

關記載。由此可見，胡氏解經之義，在於強調周天子對於諸侯的至上權威。

3.2.4　尊王室抑諸侯的時代意義

　　胡安國借《春秋》尊王之說，為宋代加強中央集權張目，其用意非常明確。胡安國這種意圖，一般又通過對春秋人物行事的褒貶評價來表達。例如：僖公二年，「春，王正月，城楚丘」，胡安國《春秋傳》曰：

> 楚丘，衛邑。桓公帥諸侯城之而封衛也，不書桓公，不與諸侯專封也。《木瓜》美桓公而夫子錄之，意豈異乎？不與專封，正王法也。《木瓜》有取焉，善衛人之情也。曷為善之？報者天下之利，以德報德，則民有所勸矣。城楚丘略而不書，城邢詞繁而不殺，何也？按周制，凡封國，大宗伯儐司几筵設黼扆，內史作策命，是天子大權，非諸侯所得擅而行之者也。衛人渡河，野處曹邑，許穆夫人閔其亡而《載馳》賦，文公徙居楚丘而後百姓悅，則其國固嘗亡滅而不存矣。城楚丘，是擅天子之大權而封國也。〔註61〕〔3〕

胡氏這段話中，「不與諸侯專封」是來自公羊家的，他接著公羊學的傳統，進一步強調「天子大權，非諸侯所得擅而行之者也」。在「封建」時代，天子是天下諸侯共同的宗主，封侯賜爵是最重要的「天子大權」。齊桓公在衛國亡國之後，幫助衛國重建家園，重組政權，本來應該是一件「興滅國、繼絕嗣」的美事，卻不被胡安國贊許，原因在於「興滅國、繼絕嗣」的主體應該是天子，而不能是諸侯。齊桓公以諸侯的身份，擅行天子的大權，這是對中央集權制度的嚴重破壞。如果用《春秋傳》對齊桓公侵奪王權的行事所作的評析，來分析胡安國的尊王思想與宋代王權擴張的關聯，可以發現，胡氏解經具有很強的現實針對性。「不與諸侯專封」的權力運作原則，到了宋代，體現在朝廷把選拔、任命地方官員的權力牢牢控制在手中，特別是宋太祖開寶六年（973）在科舉考試中，殿試成為一項固定的制度，具有重要的政治意義，使取士之權直接掌握在天子手中。

　　齊桓公是春秋時期的第一位霸主，他的霸業在某種程度上，因為免民於「被髮左衽」而得到了孔子的部分肯定。胡安國對他的評價也基本上是採取了兩分的態度，既有肯定，也有否定。但胡氏對齊桓公評價態度的「兩分法」和「兩點論」是有偏重的，即雖然肯定齊桓公的霸業對於尊王攘夷有一定的

〔註61〕胡安國，春秋傳（卷十一）。

功勞，但這是次要的；更主要的卻是對桓公「無君」，僭越、冒犯天子的貶責。莊公十有三年，「春，齊侯、宋人、陳人、蔡人、邾人會於北杏」，《胡傳》曰：

> 桓何以及四國之微者會？是宋公、邾子也。然則何以稱人？春秋之世，以諸侯而主天下會盟之政，自北杏始。其後宋襄、晉文、楚莊、秦穆交主夏盟，迹此而爲之者也。桓非受命之伯，諸侯自相推戴以爲盟主，是無君矣。故四國稱人，以誅始亂，正王法也。〔註62〕〔3〕

《穀梁傳》經文書「齊侯」爲「齊人」，胡氏不取。本次北杏之會是齊桓公獲得霸主地位的開端，「序齊於諸侯之上，而獨書爵，始伯之辭也」。齊桓公的地位得到了宋、陳、蔡、邾的承認，桓公也正是由這些諸侯「自相推戴以爲盟主」，無論是齊桓公還是四國諸侯，都沒有得到天子的許可，因而有「無君」之罪，故而四國諸侯不書爵位而貶稱爲「人」。這就是聖人代天子以「正王法」。四國諸侯被貶稱爲人，而齊桓公作爲「非受命之伯」，「是無君矣」，爲何未受貶責而仍然被稱爲「齊侯」呢？胡安國解釋說：「齊侯稱爵，其與之乎？上無天子，下無方伯，有能會諸侯、安中國而救民於水火，則雖與之可也。誅諸侯者，正也。與桓公者，權也。或曰：桓公始平宋亂，遂得諸侯，故四國稱人，言眾與之也。」〔註63〕〔3〕胡氏並非認爲齊桓公沒有過錯，只不過是因爲桓公有「安中國而救民於水火」的功勞，而權且表示了一種無可奈何的默認。對桓公的默許是不得已而爲之，是「權宜之計」，而對「無君」之諸侯的誅討，則是不可動搖的根本性原則。這也充分體現了胡氏「尊王室抑諸侯」思想的務實性。

　　胡安國把《春秋傳》中所表達的反對諸侯跋扈、維護中央集權的思想還運用到了他自己的政治實踐活動中。建炎元年（1127），胡安國致書右丞許景衡，說道：「按《春秋》王人不書姓氏者，蓋下士耳，而序於方伯連帥之上。唐制御史才八品衣碧，亦下士也，而將命出行，則節度使必具軍禮，送迎於道。此得聖人尊王室抑諸侯之意者也。故方鎮雖跋扈，而國祚延長，自今宜精堂選而重其禮。凡在京職事官出使諸路，略如唐制，苟有罪犯，內付憲臺，不使外方得行陵藉，則朝廷之體不至於弱，而禮行於外吏矣。」〔註64〕〔2〕

〔註62〕胡安國，春秋傳（卷八）。
〔註63〕胡安國，春秋傳（卷八）‧莊公十有三年。
〔註64〕胡寅，斐然集（卷二十五）‧先公行狀，長沙：嶽麓書社，2009，498。

這是胡氏直接以「尊王室抑諸侯」的大義和唐代故事議論當代政治，主張維護朝廷（中央）之「體」，而加強對方鎮或「外方」的控制。靖康元年（1126），胡安國應召至京，「除中書舍人，賜三品服」。當時朝廷爲了應對金人的進攻，正在醞釀並施行一系列軍事政治管理體制上的改革，胡安國雖然未能參與其中，但也給予了積極的關注。據《宋史》本傳記載：

> 中書侍郎何㮚建議分天下爲四道，置四都總管，各付一面，以衛王室、捍強敵。安國言：「內外之勢，適平則安，偏重則危。今州郡太輕，理宜通變。一旦以二十三路之廣，分爲四道，事得專決，財得專用，官得辟置，兵得誅賞，權恐太重。萬一抗衡跋扈，何以待之？乞據見今二十三路帥府，選擇重臣，付以都總管之權，專治軍旅。或有警急，即各率所屬守將應援，則一舉兩得矣。」尋以趙野總北道，安國言魏都地重，野必誤委寄。是冬，金人大入，野遁，爲群盜所殺，西道王襄擁眾不復北顧，如安國言。〔註65〕〔1〕

胡安國雖然認識到「今州郡太輕，理宜變通」，爲了拱衛王室、抵禦強敵，必須要適當加強地方的力量，但是他對何氏「分天下爲四道，置四都總管，各付一面」的意見卻表示了擔憂和反對，原因是那樣做的結果可能會導致地方權勢太重，萬一抗衡跋扈，朝廷將無法控制。出於防範地方勢力坐大的考慮，胡氏提出了一個可以「一舉兩得」的折衷辦法，可惜並未得到採用。後來事態的發展，卻是「如安國言」，可惜可歎。

　　胡安國在《制國論》中還對紹興初年朝廷以大將分鎮湖北等地的軍事佈局表示了憂慮，而主張通過各地各軍之間的牽制來加強朝廷對這些地方的控制。胡氏認爲「荊州在江漢沮漳之間，水陸沃衍，乃足食、足兵要地」，如果「棄爲分鎮，使法得自立，兵得自用，財得自理，官得自命，即與戰國諸侯無異」。他說「萬一有桀點得之，守峽江之險，則蜀貨不得東；塞武關之阻，則秦甲不得存」，因此建議朝廷對安陸、襄陽（兩地均爲湖北軍事重鎮）等地的駐軍提高警惕，「若襄陽雖已分鎮，然時方用兵，乘便分割，亦豈無機會？然後上流之勢全矣。」〔註66〕〔2〕胡安國還祭出「祖宗家法」來論證其所主張的建都制國之策，他說「昔祖宗宅都於汴，其勢當自內而制外，是故置京西路，而襄州在漢水之南，則以制湖北也，置湖北路而岳鄂在荊水之南，則以

〔註65〕脫脫，宋史（卷四三五）·儒林五·胡安國傳，北京：中華書局，1999，10073。
〔註66〕胡寅，斐然集（卷二十五）·先公行狀，長沙：嶽麓書社，2009，507。

制湖南與江西也」〔註67〕〔2〕。北宋建都開封，本是太祖趙匡胤的權宜之策，他自始即認爲開封無險可守，一旦有警將四面受敵，因而有遷都洛陽的計劃。但因種種原因，計劃沒有實行。爲了彌補開封在地理位置上的缺陷，北宋在軍事佈局上採取了「自內而制外」的防禦戰略。這一戰略的最大特點在於一個「制」字，講究彼此照應而又互相牽制，已如胡安國所論。胡安國吃透了「祖宗家法」中利用地方軍政單位之間的互相牽制來鞏固朝廷對地方武將的控制的思想精髓，故而在南宋立國之初，向朝廷及高宗提出了如何「制國」的建議，他說：「今建都江左，未能恢復中原，則當自南而制北。置於江西者，治南昌而分兵屯鄂；置於湖南者，治長沙而分兵屯岳；置於湖北者，治荊南而分兵屯襄，則東南之勢全，恢復之基立矣」〔註68〕〔2〕。胡氏「自南而制北」的方略可謂深得北宋「祖宗」之深意。胡氏還根據已經發生了重大變化的局勢，在具體操作的層面上作出了更加詳細的「部署」。所有的「部署」，都只是圍繞一個目標，即加強朝廷對地方的控制，維護「大一統」的中央集權制度。胡氏這些思想在當時並非完全沒有實際意義，雖然沒有證據表明胡氏所提出的「制國」建議是否得到了高層的採納，但南宋高宗朝以後的軍事部署，大體上卻與胡氏所論約略相合。這至少可以說明，《胡傳》的經義與宋代政治文化是互相切合的。

胡安國《春秋傳》中「尊王室抑諸侯」的思想，既反映了北宋以來加強中央集權的政治文化，又服務於南宋朝廷穩固政權的現實需要。宋室南渡之後，高宗帝位的合法性亦遭部分士人的質疑；新組建的政權能否在江南站得住腳跟，不少士人與官僚特別是掌握地方和軍隊權力的將領和官員，多心存觀望猶豫的態度，這對南宋朝廷的統治能力以及高宗皇帝的權威，都是非常嚴峻的考驗。胡安國作爲高宗的經筵侍講官，其《春秋傳》本來就是爲高宗而著。因此，胡氏在《春秋傳》中特別突出尊王之義，其有意爲高宗及南宋朝廷的統治正名分的目的也就完全可以理解。

3.3　宋代皇權的強化與《春秋傳》的尊君抑臣思想

胡寅的《先公行狀》說：「公（胡安國）益自信，研窮玩索者二十餘年，

〔註67〕胡寅，斐然集（卷二十五）·先公行狀，長沙：嶽麓書社，2009，507。
〔註68〕胡寅，斐然集（卷二十五）·先公行狀，長沙：嶽麓書社，2009，507。

以爲天下事物，無不備於《春秋》，喟然歎曰：『此傳心要典也，推明克己修德之方，所以尊君父、討亂賊、存天理、正人心者，必再書屢書，懇懇致詳。於是聖人宏規大用，較然明著，讀而味之，犁然當於人心。」〔註69〕〔2〕此話點明了胡安國的《春秋》觀中最爲重要的價值取向，即認爲聖人刪削《春秋》的目的在於「尊君父、討亂賊、存天理、正人心」。「尊君父」在胡安國政治思想的價值系統中有極其重要的地位。胡安國謂：「《春秋》之義，尊君抑臣」〔註70〕〔3〕，即挑明了他的基本立場和傾向。前文已論，胡安國在涉及諸侯僭越天子之制的問題上，所持的基本態度是「尊王室抑諸侯」，這是對宋代加強中央集權政治制度的反映並爲之服務的。而胡氏對春秋時代君權旁落、權臣柄國等事件的分析與評價，所採取的基本立場則是尊君王而抑權臣，這又與宋代皇權強化的政治相適應。「尊天子抑諸侯」，所針對的是中央與地方的關係，而「尊君抑臣」，所要解決的，則是君王與權臣、強臣的關係。

3.3.1 宋代皇權的強化與胡安國對權臣的批判

宋代建國以來，太祖、太宗尚稱雄主，足以制御群臣，真宗以後，特別是徽宗以下，君王昏弱，屢見權奸秉政。因此，宋代皇權的強化，需要克服的一個難題，就是限制大臣特別是宰相的權力，防止「權臣」的出現。儒者感激時事，不能不有所建言，於是倡導《春秋》尊王之義，警示君主戒威福下移。

君主和臣僚之間彼此結合又富有張力的關係，集中體現在君相關係上。宋代雖然是一個君權張揚的朝代，但宰相的權力同樣也得到了加強。宰相位高權重，一旦失控，皇位就會受到威脅，因此皇權經常需要壓制相權，以免宰相坐大。但是宰相權力如果被過分削減，政府又將難有作爲，影響整個政權的統治能力。爲了解決這個矛盾，宋代採取了分散宰相事權的措施，宰相個人的權力雖有削減，但是整個宰執集團的權力卻並未受損。宋代皇權與相權之間的合作與博弈，是一個頗有興味的課題，但不在本文探討的範圍之內。此處所關注的重點是在宋代權臣當國時，針對相權威脅與侵奪皇權的社會現實，以胡安國爲代表的宋代《春秋》學者發揮尊王大義的基本取向，是尊君而抑臣。

〔註69〕 胡寅，斐然集（卷二十五）·先公行狀，長沙：嶽麓書社，2009，519。
〔註70〕 胡安國，春秋傳（卷八）·莊公十一年「冬，王姬歸於齊」條。

有宋一代，儘管名相輩出，如寇準、王安石、韓琦、富弼等等，但奸臣當國的時候也不少。北宋哲宗朝的章惇、徽宗朝的蔡京都是逢君之惡、弄權誤國之流。他們雖然擅權爲禍，但尚未對皇權構成威脅，沒有使天子大權旁落，君君臣臣的綱維並未受到什麼損害。到了南宋，情況直轉急下。高宗朝的秦檜，光宗朝的韓侂冑，寧宗朝的史彌遠，理宗朝的史嵩之、董宋臣、丁大全，度宗時的賈似道等等，幾乎都是大奸巨惡，把持國政權柄，威福震動天下，皇帝幾乎成爲傀儡。南宋諸帝之中，即使是謀略與能力都很強的高宗趙構，也不免受制於秦檜。朱熹曾對秦檜的攬權有所議論，說：「高宗初見秦能擔當得和議，遂悉以國柄付之。被他入手了，高宗更收不上。高宗所惡之人，秦引而用之，高宗亦無如之何。」〔註 71〕〔44〕秦檜死後，高宗對楊存中說：「朕今日始免靴中置刀矣。」〔註 72〕虞允文也說過：「秦檜盜權十有八年，檜死，權歸陛下。」〔註 73〕〔1〕寧宗朝宰相史彌遠則更加過分，爲相十七年，根深羽厚，竟然在寧宗死後擅行廢立之事，廢掉寧宗生前所立的皇子趙竑，而另立趙昀爲帝。賈似道專權之時，度宗皇帝稱他爲「師臣」而不呼其名，其它大臣則稱他爲「周公」。可見皇帝大權已經旁落，王者之尊已經受到權臣威脅，以至於「天下定於一尊」的秩序發生混亂。「感激時事」的儒者不能不有所批評與針對，在對《春秋》的詮釋之中，倡導尊王大義，告誡君王要收攬權柄，勿使威福下移。

胡安國雖然在秦檜擅權之前就已經去世，對南宋諸奸臣的亂政禍國之事無從知曉，但是，翻看其《春秋傳》，常常可見他對歷朝歷代權奸柄國的痛責與深貶。雖然他無法預知南宋會出現那麼多柄權的奸臣，但這卻是他所深切擔憂的，他極力想通過對《春秋》的注解和對歷史教訓的總結，來告誡高宗及後代帝王握緊權柄，勿使大權旁落、威福下移。只是歷史給胡安國開了一個很大的玩笑，他希望避免發生的事情，在他身後卻屢屢發生。

針對歷史上的權臣秉政，胡安國從維護君主權威的角度出發進行批判，並藉以隱喻時政，引起時君的重視。如文公九年，「春，毛伯來求金」，《胡傳》曰：

> 毛伯，天子大夫，何以不稱使？當喪未君也。逾年即位矣，何

〔註 71〕朱熹，朱子全書（第 18 冊）・朱子語類（卷一三一），上海：上海古籍出版社，合肥：安徽教育出版社，2002，4117。

〔註 72〕宋史記事本末（卷七十二）。

〔註 73〕脫脫，宋史（卷三百八十三）・虞允文傳，北京：中華書局，1999，9315。

以言未君？古者諒陰三年，百官總己以聽於冢宰。夫百官總己以聽，則是冢宰獨專國政之時，託於王命以號令天下，夫豈不可？而不稱使，《春秋》之旨微矣，非特謹天下之通喪，所以示後世大臣當國秉政不可擅權之法戒也。跋扈之臣，假仗主威，脅制中外，凡有所行，動以詔書從事，蓋未有以《春秋》此義折之耳。〔註74〕〔3〕

《公羊》說「王者無求」，《穀梁》謂「求車猶可，求金甚矣」，二傳都沒說到節制權臣的用意，即使孫復亦沒有這樣的解釋，而胡氏特地標出，實際上是有現實針對性的。他所指責的「跋扈之臣，假仗主威，脅制中外，凡有所行，動以詔書從事」，實際上是在批評蔡京假借徽宗御筆以號令天卜的行為。〔註75〕〔128〕

又如昭公二十二年，「秋，劉子、單子以王猛入於王城」，《胡氏傳》曰：

猛未踰年，何以稱王？示當立也。既當立矣，何以稱名？明嗣君也。曰「王猛」者，見居尊得正，又以別乎諸王子也。君前臣名，劉、單不名而王名，不嫌於倒置乎？曰：「君前臣名，常禮也。」禮當其變，臣有不名，名其君而不嫌者矣。王不當稱，未踰年而稱王，名不當稱，立為君而稱猛，皆禮之變也。惟可與權者，能知其變而不越乎道之中。再書劉子、單子之「以王」何也？《春秋》詞繁而不殺者，必有美惡焉。劉子、單子蓋挾天子以令諸侯而專國柄者也。書而未足，故再書於策，以著上下舛逆，為後世之深戒也。〔註76〕〔3〕

《公羊》說：「其言入何？篡詞也。」《穀梁》說：「以者，不以者也。入者，內弗受也。」〔註77〕〔28〕北宋劉敞《春秋權衡》明確指二傳為非。〔註78〕胡氏此傳，不取《公羊》而兼採《穀梁》與劉敞之說。其時，周景王崩，子猛繼立，為悼王。猛的庶弟子朝欲篡猛而立，兄弟爭奪天子之位，以至於國政混亂。劉子、單子即劉蚠、單旗，本是景王重臣，是猛的支持者。胡氏解經，仍然用的是「義例」之法。劉、單二人是臣，而王猛是君，按照常例，《春

〔註74〕胡安國，春秋傳（卷十五）。
〔註75〕宋鼎宗，春秋宋學發微，臺北：文史哲出版社，1986，152。
〔註76〕胡安國，春秋傳（卷二十六）。
〔註77〕春秋三傳，上海：上海古籍出版社，1987，465。
〔註78〕劉敞《春秋權衡》曰：「公羊曰：王城者何？西周也。何休云得京師城半，自稱西周。非也。此休不知之耳。又曰：其言入何？篡詞也。亦非也。向王猛居於皇，亦何不言入乎？必若以入為篡者，下有天王入於成周，亦可謂篡乎？穀梁曰：入者，內不受也。非也。必以入為內弗受，則王入於成周，以弗受乎？」

秋》經文應該先書王猛，再寫二人之名。但經文完全相反，以「例」已經無法解釋，於是「例窮而變」，胡氏認爲這是「變例」。因爲二人以臣子身份，「以王猛居於皇」、「以王猛入於王城」，是「挾天子以令諸侯而專國柄者」。然而何以見得劉蚠、單旗二人是「專國柄者」呢？胡氏的結論是從經文兩次連書「以王」而得出的。入於王城之前，經文還書有「劉了、單子以王猛居於皇」一條。此處「以王」的「以」字，是歷代春秋家解經的關鍵。穀梁以爲「以者，不以者也。」劉敞說：「劉、單以之者，猛不能自立，其出入皆劉、單之功。」胡安國說：「凡稱以者，不以者也。師而曰以，能左右之也。地而曰以，能取與之也。人而曰以，能死生之也。尊不以乎卑，貴不以乎賤，大不以乎小。劉蚠、單旗，臣也，曷爲能以王猛乎？猛無寵於景王，不能自定其位，制在劉、單，其曰以者，能廢立之也。」〔註79〕〔3〕劉、單兩次「以王猛」，可見猛的王權已經式微，實權在二大臣的掌握之中。胡氏之意，在告誡人主勿受權臣挾制，否則進退、廢立將不由自主。

3.3.2 《春秋》之義，尊君抑臣

「《春秋》之義，尊君抑臣」是胡安國《春秋》觀的一個基本論點，在《春秋傳》中多有呈現。

胡安國對《春秋》有關天子、王人與諸侯等人排名次序的理解就有明確的尊君抑臣之意。如：僖公八年，「春，王正月，公會王人、齊侯、宋公、衛侯、許男、曹伯、陳世子款盟於洮，鄭伯乞盟」，《胡氏傳》說：

> 王人，下士也。內臣之微者，莫微於下士。外臣之貴者，莫貴於方伯公侯。今以下士之微，序乎方伯公侯之上，外輕內重，不亦偏乎？《春秋》之法，內臣以私事出朝者，直書曰「來」，以私好出聘者，不稱其使，以私情出討者，止錄其名，不以其貴，故尊之也。以王命行者，雖下士之微，序乎方伯公侯之上，不以其賤，故輕之也。然則班列之高下，不在乎內外，特繫乎王命爾。聖人之情見矣，尊君之義明矣。〔註80〕〔3〕

排名的先後表現的是地位的尊卑，中國自古至今都非常講究排名次序。胡安國的解釋，繼承了《公羊傳》「曷爲序乎諸侯之上？先王命也」的說法。「王

〔註79〕 胡安國，春秋傳（卷二十六）。
〔註80〕 胡安國，春秋傳（卷十一）。

人」本是下士，在天子面前的地位十分卑微，但若以天子使者名義出現在諸侯面前，卻因爲代表天子而頓顯尊貴。所以《春秋》經文把「王人」排在諸侯之上，正是胡氏所謂「班列之高下，不在乎內外，特繫乎王命爾」的意思。但是，《春秋》經文中關於諸侯與王人之間的排名次序，也有完全相反的情況。如：僖公五年，「公及齊侯、宋公、陳侯、衛侯、鄭伯、許男、曹伯會王世子於首止」。王世子作爲天子的法定繼承人，地位何其崇高，竟然被「班位」在最末尾，這似乎與《公羊》及胡氏所解的經義不符。且看胡氏是怎麼解釋這個矛盾的，《春秋傳》說：

> 及以會，尊之也。以王世子而下會諸侯則陵，以諸侯而上與王世子會則抗。《春秋》抑強臣，扶弱主，撥亂世，反之正，特書「及以會」者，若曰：王世子在是，諸侯咸往會焉，示不可得而抗也。後世論其班位，有次於三公宰臣之下，亦有序乎其上者，則將奚正？自天王而言，欲屈遠其子，使次乎其下，示謙德也。自臣下而言，欲尊敬王世子，則序乎其上，正分義也。天尊地卑，而其分定：典敘禮秩，而其義明。使群臣得伸其敬，則貴有常尊，上下辨矣。經書宰周公祇與王人同序於諸侯之上，而不得與殊會同書。此聖人尊君抑臣之旨也，而班位定矣。〔註81〕〔3〕

在胡氏看來，王世子排名在諸侯之後，這是天子的「謙德」，無傷於「天尊地卑」的君臣名分。這也可看出胡氏解經的基本方法，乃是「先立乎其大者」，首先確定了一條「聖人尊君抑臣之旨」的主旨，圍繞這個主題再對經文進行解釋。無論「王人」、世子是排名在諸侯之前還是諸侯之後，都可以解釋出「尊君抑臣」的「聖人之旨」。

《胡傳》立「尊君抑臣」之旨，不僅僅從天子與大臣的關係上入手，還從諸侯與卿大夫的關係上進行闡述。諸侯在天子面前是臣，在卿大夫面前卻是君。君臣之義，也適用於諸侯與卿大夫之間。例如，定公六年，「秋，晉人執宋行人樂祁犂」，《胡氏傳》曰：

> 稱人以執，非伯討也。祁犂聘於晉，主趙簡子，飲酒焉，獻楊楯六十。范、趙方惡，其宰曰：「昔吾主范氏，今子主趙氏，是賈禍也。」范獻子果怒，言於晉侯曰：「以君命越疆，未致使而私飲酒，不敬二君，不可不討也。」乃執樂祁。執非無名，何以非伯討也？

〔註81〕胡安國，春秋傳（卷十一）。

使范、趙方睦，皆有獻焉，則弗執之矣。執異國行人，出於列卿私
意，威福之柄移矣。三家分晉，而靖公廢爲家人，豈一朝一夕之故
哉。〔註82〕〔3〕

《胡傳》於此事的過程記錄，全部採自《左傳》。但責備范獻子以私意逮捕
異國使者的專權行爲，卻是胡氏所創發的。《左傳》記載，樂祁奉命出使晉
國，尙未完成覲見晉侯的使命，卻先私下裏會見晉國大夫趙簡子，並「獻楊
楯六十」。趙簡子的政敵范獻子因此一怒之下，將樂祁逮捕。趙簡子私見樂
祁與范獻子拘捕樂祁，在胡氏看來，都是無視晉侯的存在。可見此時晉國的
大權不在晉侯，而在權臣趙簡子、范獻子等人的手中。胡氏認爲，後來三家
分晉、靖公被廢的悲劇結果，在此就已埋下了種子。安國之意，在告誡人主
慎防「威福之柄移矣」。

　　大臣專權，往往從「事」與「人」兩個方面架空君主。一是所有實際政
務、國家大事的決策，甚至國君儲副的廢立都由權臣操縱，君主形同虛設。
二是其他臣子都不知有君王，只知有權臣。胡安國對這一點有非常清楚的認
識。如：成公六年，「取鄟」，胡氏《春秋傳》曰：

鄟，微國也。書取者，滅之也。滅而書取，爲君隱也。項亦國
也，其書滅者，以僖公在會，季孫所爲，故直書其事而不隱。此《春
秋》尊君抑臣，以辨上下，謹於微之意也。人倫之際，差之毫釐，
繆以千里。故仲尼特立此義，以示後世臣子，使以道事君，而無朋
附權臣之惡，於傳有之。犯上干主，其罪可救；乖忤貴臣，禍在不
測。故臣子多不憚人主，而畏權臣，如漢谷永之徒，直攻成帝，不
以爲嫌。至於王氏，則週旋相比，結爲死黨，而人主不之覺。此世
世之公患也。歸父家遣，緣季氏也。朝吳出奔，因無極也。王章殺
身，忤王鳳也。鄏侯寄館，避元載也。惟殺生在下，而人主失其柄
也。是以黨與眾多，知有權臣而不知有君父矣。使《春秋》之義得
行，尊君抑臣以辨上下，每謹於微，豈有此患乎。〔註83〕〔3〕

經文只有「取鄟」兩個字，《左傳》只說：「取鄟，言易也。」《公羊》說：「鄟
者何？邾婁之邑也。曷爲不繫於邾婁？諱亟也。」《穀梁》說：「鄟，國也。」
〔註84〕〔28〕可見三傳都極簡略而均不及抑權臣的義理。魯國吞併鄟的具體經

〔註82〕　胡安國，春秋傳（卷二十七）。
〔註83〕　胡安國，春秋傳（卷十九）。
〔註84〕　春秋三傳，上海：上海古籍出版社，1987，301。

過因三傳俱無記載而不可考，胡氏認為是季孫所為，不知所據，但這是次要的。重要的是，胡氏從這件事情中闡發了「《春秋》尊君抑臣，以辨上下」的思想。胡氏還例舉了自漢至唐歷史上不懼人主而畏權臣的許多實例來證明了這個觀點。在胡氏看來，一般臣子都寧可得罪君王，也不敢忤逆權臣，因為「犯上干主，其罪可救。乖忤貴臣，禍在不測」。群臣百僚為了避禍，紛紛與權臣結成「黨與」，這樣不僅政事不由君王作主，而且官員也不聽君主號令，君臣大義就成了虛文。

「尊君抑臣」包含了「君貴臣卑」的意義，但絕非僅指天子與諸侯之間、君王與臣子之間的名分等級上的尊卑貴賤之別，更重要的是需要有具體的措施來落實。胡氏「尊君抑臣」的主張，可以分別從「尊君」與「抑臣」兩方面來看。「尊君」的主體是臣，對臣子而言，有尊君的絕對義務。「抑臣」的主體則是天子或君主，君王必須對臣子有足夠的控制力，其獨尊的地位才能得到保證。所以，君臣大義，並非絕對強調臣子單方面對君王的義務，天子本身也應該做好作為天子的職分。對臣子而言，即使「君雖不君」，臣也「不可以不臣」。如昭公三年，「北燕伯欵出奔齊」，《公羊》無傳，《穀梁》說：「其曰北燕，從史文也。」無涉於經義。而《左傳》說：「燕簡公多嬖寵，欲去諸大夫，而立其寵人。冬，燕大夫比以殺公之外嬖，公懼，奔齊。書北燕伯出奔齊，罪之也。」〔註85〕〔28〕北燕伯固然有失，但是北燕大夫威脅其君而使之出奔，更是強臣脅主。胡安國一方面繼承了《左傳》之說，他說：「書曰『北燕伯欵出奔齊』，罪之也。」另一方面也糾正了左氏的偏失，《左傳》未免「刻以繩君而緩於誅逆」，而胡安國則強調「君雖不君，臣不可以不臣。燕伯欲去諸大夫，固不君矣，而大夫相與比以殺其外嬖，是威脅其主而出之也。」〔註86〕〔3〕但對天子而言，如果其先有「君不君」，則「臣不臣」就應當歸罪於天子（胡安國對天子的貶責將在第 4 章詳論）。這正是胡安國不同於其它解經者之處。如：桓公三年，「春正月」，經不書王，胡安國的解釋是：「故自是而後，不書王者，見桓公無王，與天王之失政而不王也。桓公無王而復歸罪於天子，可乎？齊景公問政，子曰：君君臣臣父父子子，君不君，則臣不臣，父不父，則子不子。」〔註87〕〔3〕諸侯不臣，固然有罪，天

〔註85〕春秋三傳，上海：上海古籍出版社，1987，420。

〔註86〕胡安國，春秋傳（卷二十四）。

〔註87〕胡安國，春秋傳（卷四）。

子本身也有責任，即應當主動行使天子的權力，對不臣的行爲進行懲罰，而不能姑息縱容，養成大禍。

3.3.3　對孟子「民貴君輕」論的偏離及其解釋

爲了突出尊君抑臣的思想，胡安國還提出了一個「君爲重，師次之，大夫敵」的認識，而這與孟子所說的「民爲貴，社稷次之，君爲輕」的思想頗有出入。胡安國也認識到自己的說法與孟子思想之間存在偏離，而《孟子》卻是他詮釋《春秋》大義的經典依據之一，《春秋傳》中多次引用《孟子》原文以爲立論之據，如果不能圓滿地解釋自己觀點與孟子思想的差異，必然動搖自己的思想觀點的理論基礎。爲了解釋自己的觀點與孟子思想的偏離，胡安國對孟子「民貴君輕」的思想進行了一番「技術性」的處理。他說：

> 君獲不言師敗績，君重於師也。大夫戰而見獲，必書師敗績，師與大夫敵也。君爲重，師次之，大夫敵，《春秋》之法也。與孟子之言何以異？孟子爲時君牛羊用人，莫之恤也，故以民爲貴，君爲輕。《春秋》正名定分，爲萬世法，故以君爲重，師次之。堯以天下命舜，舜亦以命禹，必稱元後爲先，此經世大常，而仲尼蓋祖述之也。惟此義不行，然後叛逆之黨，有託以爲民，輕棄君親而不顧者矣。〔註88〕〔3〕

僖公十五年，秦晉戰於韓，晉師戰敗，惠公被俘。晉惠公作爲諸侯，戰敗被俘。《春秋》經書爲「晉侯惠及秦伯穆戰於韓，獲晉侯」，而不言「師敗績」。透過《左傳》對這次戰爭的詳細記載，可以看出晉實理屈。《穀梁傳》說：「晉侯失民矣，以其民未敗而君獲也。」《公羊傳》的解釋是：「何以不言師敗績？君獲不言師敗績也。」〔註89〕〔28〕胡安國明顯是採用了《公羊》的解經義，而加以擴充發揮。《公羊》並沒有解釋爲什麼「君獲」就可以「不言師敗績」的問題。胡安國則依據「君爲重，師次之，大夫敵」這種輕重次序，對這個問題進行了深入挖掘，他認爲之所以不書「師敗績」，是因爲君比師重，而君見獲（即被俘）已經被經文記載了，《春秋》書重，就沒有必要再記載「師敗績」。然而，胡氏這個君、師、大夫的排列次序，與孟子「民爲貴」、「君爲輕」的思想顯然不合。胡安國爲了強調君權和秩序，不惜把「民貴君輕」的說法

〔註88〕胡安國，春秋傳（卷十二）。
〔註89〕春秋三傳，上海：上海古籍出版社，1987，157。

理解爲孟子的權宜之說，而把君爲重、師次之、大夫與師相當的「《春秋》之義」認定爲萬世之法。胡安國認爲，孟子之所以提出「民爲貴，社稷次之，君爲輕」的說法，是在特定的歷史條件的不得已之爲，即因爲孟子所處之時代，「時君牛羊用人，莫之恤也」。這樣解釋的目的，在於防止亂臣賊子以孟子「民貴君輕」的思想爲藉口，「託以爲民，輕棄君親而不顧者」，甚至做出篡逆之事。

胡安國如此強調抑臣而尊君是有現實目的的。抑臣與尊君之間不是並列的關係，抑臣是手段，而尊君才是目的。胡氏《春秋傳》中對權臣的貶抑，都是爲了突出對君主權力和地位的獨尊。胡安國《春秋傳》的尊君抑臣思想，說到底，就是爲了確立君君臣臣的名分大節和等級秩序，而這正是宋儒所欲重建的王道理想政治秩序的重要內容。宋儒的努力在當時雖然並無多少直接效果，但從長遠的政治倫理來看，應該說取得了相當理想的效果。誠如梁啓超所說，儒家主張「上天下澤君臣大防」，而「宋儒大揚其波。基礎益定，凡縉紳上流，束身自好者，莫不兢兢焉，義理既入於人心，自能消其梟雄跋扈之氣，束縛於名教以就範圍。」〔註90〕〔261〕以儒家的名教來範圍士人的行爲，消除大臣的「梟雄跋扈之氣」，正是宋代統治者與儒家士大夫重建王道理想秩序的一個重要目標，也是胡安國《春秋傳》詮釋「尊王」大義的一個基本用意。

南宋初立之時，朝廷尚在風雨飄搖之中，新君趙構的統治地位並不鞏固。爲了保障高宗的安全，胡氏不顧現實的困難，建議朝廷恢復上古時代天子親兵之法，他說：「謀國者不思復古，親兵寡弱，宿衛單少，豈尊君強本消患預防之計也？」〔註91〕〔2〕紹興二年（1132）九月，胡氏又提出了爲高宗「請益衛兵」的主張。這個建議最終因爲高宗也意識到「一衛士所給，可贍三四兵，卿等可修鞍馬，備器械，乃爲先務」而始終被擱置，但胡氏尊君、護君的拳拳之心無疑卻博得了高宗內心深處的讚賞，高宗曾下旨說：「胡某《春秋》義，著一王之大法」〔註92〕〔2〕。由此，我們就不難理解胡安國何以在去世之後能獲得「非常之格」的特別賜諡。胡氏在官「凡四十年，其實歷不及六載」，無論是在北宋還是在南宋初期，並沒有建立顯赫的功勳，獻

〔註90〕 梁啓超，飲冰室合集（第一冊）·論中國學術思想變遷之大勢，北京：中華書局，1989，54。
〔註91〕 胡寅，斐然集（卷二十五）·先公行狀，長沙：嶽麓書社，2009，512。
〔註92〕 胡寅，斐然集（卷二十五）·先公行狀，長沙：嶽麓書社，2009，521。

給高宗的《春秋傳》和《時政論》雖然獲得高宗稱讚，但並未頒行天下，更未付諸實踐。《春秋傳》也直到元代以後才定為科舉教本而成為「正統」。然而，胡安國去世時，朝廷特賜諡「文定」，「蓋非常之格也」〔註 93〕〔1〕。這應該與他的「尊王室」、「尊天子」思想主張深得高宗所欣賞、深為現實所需要是有關係的。〔註 94〕

3.4　胡氏《春秋傳》對「祖宗之法」的闡述和維護

　　兩宋的政治家和思想家都很熱衷於談論「祖宗之法」。「祖宗之法」是宋代政治文化中一個非常重要的內容。「作為政治體系觀念形態的政治文化，反映著長期歷史過程中形成的比較穩定的政治傾向和心理」〔註 95〕〔92〕。而所謂「祖宗家法」，恰好存在於政治與文化交匯的界面上，體現著趙宋一代精英世界中流行的政治態度和政治心理，並且由此構成了當時的政治生態環境。宋人心目中的「祖宗之法」是一個「動態積纍而成、核心精神明確穩定而涉及面寬泛的綜合體」。鄧小南教授指出，「祖宗之法」的明確提出，其核心精神的具體化，其涵蓋內容的不斷豐富，都是在宋代歷史上長期彙聚而成，也是經由士大夫群體相繼闡發而被認定的。〔註 96〕〔92〕胡安國《春秋傳》的尊王思想與宋代政治文化之間存在深刻的內在關係。胡安國作為兩宋之際士大夫群體的代表和領袖，在社會動蕩、法度破壞之際，為了穩定秩序，也祭起「祖宗之法」的大旗，加入到闡發、論證、運用「祖宗之法」的行列之中。因此，胡氏的解經也就不可避免地打上了這個時代政治文化的烙印，同時也為宋代的政治文化之河注入了一股源自經典的「活水」。

　　靖康二年，胡氏在給宋欽宗的上書中，鼓勵欽宗「追復祖宗善政良法」〔註 97〕〔2〕；建炎元年，胡氏又上書高宗，提出「法祖宗」的主張：「為國必師上古，必法祖宗，必戒末世危亡之漸。按《春秋》書稅畝、丘甲、田賦，曰『初』、曰『作』、曰『用』者，譏變古也。願自今遠稽上古，近法祖宗，

〔註 93〕脫脫，宋史（卷四三五）·儒林五·胡安國傳，北京：中華書局，1999，10075。
〔註 94〕胡氏之主張既為現實所需要又為高宗所欣賞，卻終於「未及施行」，則有多方面的複雜原因，此又是另外一事，將在其它章節論到。
〔註 95〕鄧小南，祖宗之法——北宋前期政治述略，北京：三聯書店，2006，14。
〔註 96〕鄧小南，祖宗之法——北宋前期政治述略，北京：三聯書店，2006，10
〔註 97〕胡寅，斐然集（卷二十五）·先公行狀，長沙：嶽麓書社，2009，490。

以去輕易改作之七失。」〔註98〕〔2〕他對「祖宗之法」再三稱美，例如：

> 京東西路歲入凡一千萬，其餘山澤之利，在祖宗時捐以與民，
> 不盡取也，百姓歸戴，無有二心。〔註99〕〔2〕

> 荊湖南北歲入凡五百萬，其外豈無遺利，在祖宗時捐以與民，
> 不盡取也，百姓歸戴，無有二心。〔註100〕〔2〕

> 祖宗時以義爲利，四海無困窮之苦，天祿永安，所利大矣。

〔註101〕〔2〕

「祖宗」之時的法度和措施在胡安國看來，幾乎達到了與「上古」聖王之道等量齊觀的高度，「祖宗之法」簡直就等於「先王之道」了，這儘管帶有胡安國太多的王道理想主義的成分，但又是出於爲現實政治服務的目的。

實際上，宋代的「祖宗之法」更多地是圍繞現實政治的目的而形成。宋太祖即位後，「以防弊之政，爲立國之法」。太宗繼承乃兄微意，所有制度措施都「事爲之防，曲爲之制」。這是他們鞏固政權的法寶〔註102〕〔190〕，也是宋代「祖宗之法」的源頭。一般而言，宋人所謂「祖宗之法」，包括某些固定的內容，其範圍甚廣，本文結合胡安國《春秋傳》所涉及的內容，至少可以列舉出三個方面：其一，限制和防範武人，實行以文馭武的方針；其二，限制宗室、外戚、宦官以及後宮的權力，防範其干政或亂政；其三，提倡「忠義」氣節，鼓勵人臣爲朝廷和人主盡忠死節等等。顯而易見，這些「法度」的出發點在於「防弊」，主要目標定位於保證政治格局與統治秩序的穩定，也就是圍繞宋代加強皇權與中央集權政治的總目標而服務的。胡安國不僅在其政論疏章中讚美並提倡「祖宗之法」，還在《春秋傳》中闡釋、維護著上述三個方面的「祖宗之法」的具體內容，其核心任務還是爲了「尊王」。

3.4.1　兵權不可假人：防制武人

兵權之重要不言而喻，近代即有「槍桿子裏出政權」的論斷，而胡安國

〔註98〕 胡寅，斐然集（卷二十五）·先公行狀，長沙：嶽麓書社，2009，495。
〔註99〕 胡寅，斐然集（卷二十五）·先公行狀，長沙：嶽麓書社，2009，508。
〔註100〕 胡寅，斐然集（卷二十五）·先公行狀，長沙：嶽麓書社，2009，508。
〔註101〕 胡寅，斐然集（卷二十五）·先公行狀，長沙：嶽麓書社，2009，509。
〔註102〕 參見鄧廣銘，宋朝的家法和北宋的政治改革運動，中華文史論叢，1986（3），
　　　　85～100。

則認爲：「兵權，有國之司命」〔註103〕〔3〕。宋代爲強化皇權與中央集權，採取了一系列措施，其中至關重要的一項，就是收奪兵權，以防止武人勢力的崛起和坐大。而胡安國《春秋傳》尊王思想中最受後代學者批評的內容，也當屬其所謂「兵權不可假人」之說。胡氏之說也確實與宋朝收奪大將兵權的行動互爲表裏、桴鼓相應。王船山在《宋論》中對胡安國的「戒兵權」之說有一段評論，可以導出本文所要討論的話題。船山說：

> 胡氏之說經也，於公子翬之伐鄭，公子慶父之伐於餘邱，兩發「兵權不可假人」之說。不幸而翬與慶父終於弒逆，其說伸焉。而考古驗今，人君馭將之道，夫豈然哉？前之胤侯之於夏，方叔、召虎、南仲之於周，後之周亞夫、趙充國之於漢，郭子儀、李光弼之於唐；抑豈履霜弗戒，而必於「今將」也乎？……然此非胡氏專家之說也。宋之君臣上下奉此以爲藏身之固也，久矣。石守信、高懷德之解兵也，曹翰之不使取幽州也，王德用、狄青之屢蒙按劾也，皆畜葅醢之心，而不惜長城之壞。天子含爲隱慮，文臣守爲朝章。胡氏沿染餘風，沁入心腎，得一秦檜而喜其有同情焉。嗚呼！夫豈知疑在岳、韓，而信在滔天之秦檜，其子弟欲爲之蓋慝，徒觸怒以竄死，而終莫能挽哉？〔註104〕〔42〕

船山此論，正當明末清初之際，有感於崇禎皇帝猜忌武將，殺熊廷弼、袁崇煥，自毀長城，最終導致亡國的悲劇後果，故而言語激憤，並對胡安國戒兵權之說流露出不滿之意。但從船山這段話中，我們至少可以獲取以下兩個認識。一是胡安國對「兵權不可假人」的重視，二是戒兵權並非胡氏一家之言，而是整個宋代立政守國的基本原則與國策。防制武人與重文輕武一樣，在宋代「天子含爲隱慮，文臣受爲朝章」，逐漸爲廣大士人所認同與接受，潛移默化爲士人的政治心理傾向，已經嵌入了整個宋代的政治文化之中。因而，胡安國的戒兵權之說，不過是宋代政治文化的大海中一滴水珠。宋鼎宗先生批評胡安國「因宋祖忌武將之教終無可用之人」，「以宋代之家法入傳，適啓高宗猜忌因循之心」〔註105〕〔129〕；稱讚王船山「能探得趙氏君臣之至隱」，認爲宋代「諸儒不能因時損益，而蹈趙氏之失（按：指趙宋猜防武將的家法），

〔註103〕胡安國，春秋傳（卷二十四）。
〔註104〕王夫之，宋論（卷十），北京：中華書局，1964，184。
〔註105〕宋鼎宗，春秋胡氏學，臺北：萬卷樓圖書有限公司，2000，195。

以之緣飾經義，遂使大漢江山，授之鳥獸之族」〔註106〕〔128〕。雖然宋氏把宋朝的滅亡，歸咎於儒者解經之失，未免過當，但他確實也看到了胡安國等人戒兵權之說的現實政治文化的背景。本文的研究，就是試圖把胡氏「兵權不可假人」的戒兵權思想置於整個宋代防制武人的政治文化背景中進行考量。

趙宋立國，以收奪兵權、防制武人爲一條「家法」，自有其歷史的原因，可以說是一種不可避免的選擇。唐末五代以來的政權更替，無一不是武將通過軍事政變而實現。正如范濬《五代論》所謂「大抵五代之所以取天下者，皆以兵權。兵權所在，則隨以興；兵權所去，則隨以亡」〔註107〕〔64〕。而趙宋王朝的建立，與五代時期各個政權建立的手段並無本質的區別，也是以統兵大將由部下擁立。「宋祖之前，有周太祖郭威；郭威之前，有唐廢帝潞王從珂；從珂之前，有唐明帝李嗣源；如出一轍也」〔註108〕〔262〕。趙匡胤在登上皇位之前，原是後周禁軍的最高將領——御前都點檢、歸德軍節度使。恭帝即位後，主幼國疑，趙匡胤因陳橋兵變而黃袍加身，輕而易舉地奪取了政權。但趙匡胤內心深處並不安寧，時刻擔心部下仿傚自己的行事，取自己而代之，故而對掌握重兵的武將深懷猜忌之心。於是，政局稍安之後就發生「杯酒釋兵權」的故事。儘管有學者考證，「杯酒釋兵權」之說並不可靠〔註109〕〔98〕，但這個故事從北宋開始就廣爲流傳，《涑水記聞》、《續資治通鑑長編》、《宋史紀事本末》都有記載。士人學者大多信以爲眞並傳爲美談。儒者鑒於唐末五季藩鎮割據、君臣相殺、父子相殘的混亂局面，對此也頗爲津津樂道，認爲在太祖君臣杯酒談笑中，化解了武將擁兵自重割據稱雄的政治危機。而北宋也確實不曾發生過武將跋扈與軍事政變的事情，儒者遂把太祖家法捧爲圭臬。

北宋初的「杯酒釋兵權」還只是「收兵權」，而南宋高宗所上演的卻是「收奪兵權」的大戲，比太祖「收兵權」要艱難得多了。「收」是「回收」之意，是將本來歸屬於皇帝卻暫爲大將所據的兵權收回到皇帝手中，而一個「奪」字，則多少表達了大將們已經將兵權據爲己有的意思，皇帝收之不易，需要採用謀略和強力才能收回。南渡之初，金軍進逼，南宋政權岌岌可危。爲了獲取武將及地方武裝力量的支持，參知政事范宗尹向高宗上疏說：「太

〔註106〕宋鼎宗，春秋宋學發微，臺北：文史哲出版社，1986，215。

〔註107〕范濬，香溪集（卷八五）・代論，文津閣四庫全書本。

〔註108〕趙翼，廿二史箚記（卷二十一）・「五代諸帝多由軍士擁立」條，南京：鳳凰出版社，2008，309。

〔註109〕何忠禮，宋代政治史，杭州：浙江大學出版社，2007，32。

祖收藩鎮之權，天下無事百五十年，可謂良法。然國家多難，四方帥守單寡，束手環視，此法之弊。今當稍復藩鎮之法，裂河南、江北數十州之地，付以兵權，俾蕃王室。較之棄地夷狄，豈不相遠？」〔註110〕〔1〕於是朝廷不得已以京畿東西、淮南、湖北等地為鎮，授諸將為鎮撫使，兼有本地的政權、軍權和財權，幾乎與唐末五代的節度使相當。鎮撫使後來雖被廢止，但分路防守的防禦體系從此確立，各領兵大將的權力也得到很大的加強。軍隊實權都掌握在領兵將領手中，武人跋扈的現象又開始抬頭，不能不引起士人儒者的不安和警惕。

　　建炎四年（1130）正月，給事中汪藻上疏：「劉世光、韓世忠、張俊、王燮之徒，身為大將，論其官則兼兩鎮之重，視執政之班，有韓琦、文彥博所不敢當者；論其家則金帛充盈，錦衣玉食，輿臺廝養，皆得以功賞補官，至一軍之中，使臣反多，卒伍反少。平時飛揚跋扈，不循朝廷法度，所至驅擄，甚於外患。」〔註111〕〔33〕這是對當時武將跋扈的直接描述。胡安國時在臨安，必有所聞。而建炎三年（1129），發生了苗、劉兵變（明受之變），御營司統制官苗傅、劉正彥擁立年僅三歲的皇子趙旉即皇帝位，隆祐太后同聽政，高宗被逼宣佈退位，出居於顯忠寺。政變歷時兩個多月，最終以高宗復位和苗、劉二人被處死而得到平息。但這次政變與紹興七年（1137）的淮西兵變都給高宗留下了深刻的教訓和心理陰影，使他更加牢記太祖傳下來的祖宗家法，嚴格防範武人勢力的崛起，也促使他下定決心收奪三大將領手中的兵權。這對南宋後來的政治發展、士人的心理傾向以及政治文化的發展都產生了深遠的影響。苗、劉兵變之時，胡安國就在臨安，十分清楚政變的細節經過。因此，他在《春秋傳》中強調君王要緊握兵權，一定有其現實的目的，當他在寫下「戒兵柄下移，制之於未亂」這樣的句子的時候，腦海中所呈現的恐怕就是苗、劉變的場景。

　　戒兵權的思想，在北宋儒者的《春秋》詮釋著作中，即有體現，至胡安國《春秋傳》則蔚為大觀。隱公四年，「衛州吁弒其君完」，《公羊傳》曰：「曷為以國氏？當國也。」《穀梁傳》曰：「大夫弒其君，以國氏者，嫌也。弒而代之也。」所謂「嫌」，范甯解釋說：「凡非正嫡則謂之嫌。」二傳都只是解

<hr>

〔註110〕脫脫，宋史（卷三六二）·范宗尹傳，北京：中華書局，1999，8991。
〔註111〕李心傳，建炎以來繫年要錄（卷三一）·建炎四年正月辛未條，北京：中華書局，1956。

經而已。至宋儒則從經解中探尋現實的政治意義。孫復就說：「《易》曰：『履霜堅冰，陰始凝也。馴致其道，至堅冰也。』又曰：『積善之家，必有餘慶。積不善之家，必有餘殃。臣弒其君，子弒其父，非一朝一夕之故，其所由來者漸矣。』由辨之不早辨也。斯聖人教人君御臣子，防微杜漸之深戒也。」〔註112〕〔12〕孫復處於北宋淳化年間，正當是國家取得初步安定的時期，對於宋祖收兵權的策略是十分認同的。因此，在解經時闡發了戒兵權的教訓，並以此為聖人教導人君駕馭臣子的方法。胡安國雖然曾經對孫復的《春秋尊王發微》有貶無褒之說有過尖刻的批評〔註113〕，但對孫復的學術思想，仍有很多繼承和吸收。孫復這段話，胡安國幾乎是照抄了下來。在隱公四年「秋，翬帥師」條經文之下，胡氏《春秋傳》曰：

> 按《左氏》：諸侯謀伐鄭，宋公使來乞師，公辭之。羽父請以師會之。公弗許，固請而行。《易》曰：「履霜堅冰至。」履霜，陰始凝也。馴致其道，至堅冰也。臣弒其君，子弒其父，非一朝一夕之故，其所由來者漸矣。由辨之不早辨也。宋人來乞師，而公辭之，羽父請以師會，而公非許，其辭而弗許，義也。翬以不義強其君，固請而行，無君之心兆矣。夫公子公孫升為貴戚之卿者，其植根膠固，難御於異姓之卿，況翬已使主兵而方命乎？隱公不能辨之於早，罷其兵權，猶使之帥師也，是以及鍾巫之禍。《春秋》於此去其「公子」，以謹履霜之戒。〔註114〕〔3〕

《公》、《穀》二傳雖然都認為翬參與了謀弒隱公，並貶去了其公子的頭銜，但並未涉及戒兵權的說法。胡安國認為隱公被弒，遭遇鍾巫之禍，並非一朝一夕的原因，其所由來有漸，而根本的因素，在於未能對公子翬的無君之心「辨之於早」，並罷其兵權。人君要免於被弒的慘禍，就要把兵權牢牢地控制在自己手中。經胡氏解釋，「戒兵權」就成了血淋淋的歷史教訓，足以引起後世人君的警醒。

〔註112〕孫復，春秋尊王發微（卷一），揚州：江蘇廣陵古籍刻印社，1993，290。

〔註113〕胡安國對孫復的批評見胡安國《春秋傳》卷二十八：定公十三年薛弒其君比，胡安國《春秋傳》曰：稱國以弒者，當國大臣之罪也。孫復以為舉國之眾皆可誅，非矣。三晉有國半天下，若皆可誅，刀鋸不亦濫乎。潁川常秩曰：孫復之於《春秋》，動輒有罪，蓋商鞅之法耳。棄灰於道者有誅，步過六尺者有罰，其不即人心遠矣。王回以是尚秩，此善識復者。

〔註114〕胡安國，春秋傳（卷二）。

　　胡安國的戒兵權思想不僅是對孫復學說的吸收，同時也是對程頤之說的推衍。程伊川說：「翬不稱公子，弑逆之人，積其強惡，非一朝一夕，辨之宜早，故去其公子。隱公不能辨，是以及禍。」〔註 115〕〔29〕胡氏的解經，在這裡可以說是採用了「接著講」的模式。後來的學者，大多也沿著胡氏的意見加以發揮，把戒兵權的經義一路「接著講」了下去。洪咨夔曰：「莊公以私嬖納州吁於邪，又屬以兵，是授之弑完之刃也。」〔註 116〕〔14〕黃仲炎曰：「桓之見弑，由莊公之不早辨也，驕其子而教，恣其弄兵而不禁。」〔註 117〕〔19〕家鉉翁曰：「寪氏之禍，實權輿於擅兵伐鄭之時。」〔註 118〕〔16〕三人都是南宋著名的《春秋》學家，其學說或有與胡安國相異之處，但對戒兵權的意見卻非常一致。縱貫來看，從宋初的孫復，到兩宋之際的胡安國，再到南宋末的家鉉翁，在詮釋《春秋》經文的時候，都以戒兵權為念，足見此義是宋代《春秋》學的一條「通義」，深深地嵌入了宋代政治文化的大背景之中。

　　胡氏一言之不足，隱公十年「夏，翬帥師會齊人、鄭人伐宋」，《胡傳》又曰：

　　　　翬不氏，先期也。始而會宋以伐鄭，固請而行，今而會鄭以伐宋，先期而往，不待鍾巫之變，知其有無君之心矣。夫亂臣賊子積其強惡，非一朝一夕之故，及權勢已成，威行中外，雖欲制之，其將能乎？故去其公子，以戒兵柄下移，制之於未亂也。〔註 119〕〔3〕

此條經文，《穀梁》無傳，《左傳》只簡述其事而全無義理，《公羊》強調公子翬為隱公的罪人而深貶之。〔註 120〕〔28〕胡安國於二傳之外，特標其戒兵權之說，認為《春秋》不書「公子翬」而只書「翬」，目的是告誡後代君王「戒兵柄下移，制之於未亂」。

　　莊公二年，「夏，公子慶父帥師伐於餘丘」，《胡傳》曰：

　　　　國而曰伐。此邑爾，其曰伐，何也？志慶父之得兵權也。莊公

〔註 115〕二程集・程氏經說（卷四），北京：中華書局，1981，1108。
〔註 116〕洪咨夔，春秋說（卷一），文津閣四庫全書本，151 冊，465。
〔註 117〕黃仲炎，春秋通說（卷一），文津閣四庫全書本，151 冊，300。
〔註 118〕家鉉翁，春秋集傳詳說（卷二），文津閣四庫全書本，151 冊，723。
〔註 119〕胡安國，春秋傳（卷三）。
〔註 120〕此條經文《公羊傳》曰：「此公子翬也，何以不稱公子？貶。曷為貶？隱之罪人也。故終隱公之篇貶也。」見春秋三傳，上海：上海古籍出版社，1987，57。

> 幼年即位，首以慶父主兵，卒致子般之禍。於餘丘法不當書，聖人
> 特書以志亂之所由，爲後戒也。魯在《春秋》中，見弒者三君，其
> 賊未有不得魯國之兵權者，公子翬再爲主將，專會諸侯，不出隱公
> 之命，仲遂擅兵兩世，入杞伐邾，會師救鄭，三軍服其威令之日久
> 矣，故翬弒隱公而寪氏不能明其罪，慶父弒子般而成季不能遏其惡，
> 公子遂殺惡及視而叔仲惠伯不能免其死，夫豈一朝一夕之故哉。《春
> 秋》所書，爲戒遠矣。〔註121〕〔3〕

《左氏》於此無傳，《公》、《穀》糾纏於餘丘是國是邑的討論，全與兵權無涉。魯隱公被弒，至莊公二年，已經整整二十年時間了，而胡氏猶念念不忘其被弒的原因是兵權下移。胡氏還指出，不僅隱公，春秋二百四十二年中，魯國被弒的諸侯共有三位，而弒君之賊，無一不是掌握魯國兵權的大臣。可見是否掌握兵權，關乎王位的得失與性命的安危，正如胡氏所謂的「兵權，有國之司命」〔註122〕〔3〕。不獨胡安國，南宋其它儒者如趙鵬飛、家鉉翁等對這條經文也都有戒兵權之解。趙氏曰：「莊公幼弱，大夫專恣於餘丘叛，故公子慶父專兵伐之。書曰『公子』，非褒慶父也。」〔註123〕〔17〕家氏謂：「今餘丘者，附庸一小國耳，要不能爲魯患，而慶父出師逐利，此自爲私計，稔成末年再弒之禍，正由久擅兵權，威行國中，則無不爲矣。」〔註124〕〔16〕可見戒兵權之說，已成宋代《春秋》學的一股潮流。胡安國的這段解經，後來爲明代張溥吸收，其《春秋三書》中說：「《春秋》所惡者，不在於餘丘之被伐，而在慶父之帥師。魯弒君三賊，皆由主兵而成，故憂慶父者，比之公子翬與仲遂也。」〔註125〕〔28〕可見胡氏之說對後世的影響。

對於如何把防範武人、緊握兵權的政治意圖落實在權力運作的實踐中，胡安國也提出了他的看法。如：莊公三十二年，「公子慶父如齊」，《胡傳》說：

> 子般之卒，慶父弒也。宜書「出奔」。其曰「如齊」，見慶父主
> 兵自恣，國人不能制也。昔成王將終，命大臣相康王。方是時，掌
> 親兵者，太公望之子伋也。宰臣召公奭命仲桓、南宮毛取二干戈、

〔註121〕胡安國，春秋傳（卷七）。
〔註122〕胡安國，春秋傳（卷二十四）。
〔註123〕趙鵬飛，春秋經筌（卷三），文津閣四庫全書本，125冊，78。
〔註124〕家鉉翁，春秋集傳詳說（卷五），文津閣四庫全書本，151冊，782。
〔註125〕轉引自春秋三傳，上海：上海古籍出版社，1987，97。

虎賁百人於俀，以逆嗣子。俀雖掌兵，非有宰臣之命，不敢發也。
召公雖制命，非二諸侯將命以往，俀亦不承也。兵權散主，不偏屬
於一人，可知矣。今莊公幼年即位，專以兵權授之慶父，歲月既久，
威行中外，其流至此。故於餘丘法不當書，而聖人特書「慶父帥師」，
以志得兵之始，而卒書「公薨」、「子般卒」、「慶父如齊」，以見其出
入自如，無敢討之者，以示後世，其垂戒之義明且遠矣。〔註126〕〔3〕

此處既強調了兵權不可輕易授人的原則，也點出了控制兵權、防制武人的方
法，即「兵權散主，不偏屬於一人」。同年八月，「公薨於路寢」，《胡氏傳》
曰「兵柄不分，而主威不立」，同樣表達的是兵權散主的用意。而分散武人
的兵權，正是趙宋立國之初就已經開始執行的一套辦法。中央禁軍在後周時
分為殿前司與侍衛親軍司，而北宋則將侍衛親軍司分置為侍衛親軍馬軍司、
侍衛親軍步軍司，於是兩司變為三衙，將領的兵權被削減。不僅兵權如此，
宋朝中央與地方的其它權力無一不是採取分而散之，互相牽制的措施。如分
宰相為左相、右相，又設參知政事掌副宰相之職參與機務，藉此來牽制宰相
的行政權；設樞密院與中書對掌文武二柄，號稱「二府」，樞密院長官除樞
密使外，還有樞密副使、樞密直學士、簽署樞密院事、同知樞密院事等副貳
職務，使原屬宰相的軍權為樞密院所分；提高三司使的地位，使「位亞執政，
目為計相，其恩數廩祿與參、樞同」〔註127〕〔1〕，將原屬宰相的財權分去。
可見分權的精神貫徹到了宋代整個政治管理體制之中：通過分散大臣的權力
來加強君王的權力，通過分散地方長官的權力來集中中央的權力。胡氏「分
兵柄」、「兵權散主」的主張，不過是對北宋固有做法的呼應，一個「分」字，
道盡了趙宋防範武人之家法的所有精髓。

　　宋代實行重文輕武的政策，以文臣節制武將，客觀上也為儒者和文臣加
強軍事方面的素質提供了機會。儒者和文臣習於軍事指揮與管理在當時也堪
稱是一種風尚，擅長於軍事指揮與管理的文臣名儒比比皆是。如北宋的范仲
淹，就曾數年鎮守在西北前線，展現出卓越的軍事才能。南宋初紹興三十一
年十一月，中書舍人都督府參贊軍事虞允文，以一介文臣，指揮建康統制張
振、王琪之軍，敗金主舟師於采石，成就了「中興十三處戰功」之一。胡安
國雖然是一個儒者和文臣，但對軍事管理方面仍有所涉獵，其《春秋傳》中

〔註126〕胡安國，春秋傳（卷九）。
〔註127〕脫脫，宋史（卷一六二）・職官二，北京：中華書局，1999，2550。

就包含了一些軍事管理的思想，而且與宋代的軍隊管理體制也「不謀而合」。
例如：襄公十一年「春，王正月，作三軍」。《胡氏傳》曰：

> 車而謂之公車，則臣下無私乘也；徒而謂之公徒，則臣下無私
> 民也。若有侵伐，諸卿更帥以出，事畢則將歸於朝，車復於甸，甲
> 散於丘，卒還於邑。將皆公家之臣，兵皆公家之眾，不相繫也。文、
> 宣以來，政在私門。襄公幼弱，季氏益張，廢公室之三軍，而三家
> 各有其一。季氏盡徵焉，而舊法亡矣。是以謂之「作」。其明年，季
> 孫宿救臺遂入鄆，又其後享范獻子，而公臣不能具三耦，民不屬公，
> 可知矣。《春秋》書其作、舍，以見昭公失國，定公無正，而兵權不
> 可去公室，有天下國家者之所宜鑒也。〔註128〕〔3〕

宋代為了防制武人，還實行兵將分離的制度。具體措施主要有二：一是「更
戍法」，使「將不得專其兵，兵不至於驕墮」〔註129〕〔1〕；二是將發兵權與領
兵權相分離。發兵之權歸樞密院，「凡天下兵籍、武官選授及軍師卒戍之政令，
悉歸樞密院」〔註130〕〔34〕。但樞密院並不直接領兵，禁軍平時的訓練管理都
有三衙負責。這樣，武將即使握有重兵，卻也不能起兵對抗朝廷，對維護中
央集權，防止地方割據有重要意義。這種制度對後代產生了深遠的影響。胡
安國所謂「諸卿更帥以出，事畢則將歸於朝」，「將皆公家之臣，兵皆公家之
眾，不相繫也」，正與北宋這種兵將分離的軍隊管理體制相合。當然，胡氏如
此解經，除了照應現實之外，也並非毫無經義上的根據。杜預曾謂「魯本無
中軍，唯上下二軍，皆屬於公，有事三卿更帥以征伐，季氏欲專其民人，故
假立中軍，因以改作。」〔註131〕〔28〕胡氏之解，既本杜預之意，又結合了宋
代的實際；既申明了「兵權不可去公室」的原則，又提出了具體的辦法；既
是對歷史的總結，又是以後「有天下國家者之所宜鑒」。

　　至於兵權憑什麼必須歸於公室、歸於君王，胡安國除了現實利害關係上
尋求原因之外，還試圖從形而上的本體論的高度作出解釋。昭公八年，「秋，
蒐於紅」，《胡傳》說：「三家專行，公不與焉。而兵權在臣下，則悖人理。
此亦直書其事，不待貶絕而自見者也。」〔註132〕〔3〕《公》、《穀》於此條或

〔註128〕胡安國，春秋傳（卷二十一）。

〔註129〕脫脫，宋史（卷一八八）・兵二，北京：中華書局，1999，3099。

〔註130〕徐松，宋會要輯稿・職官一四之一，北京：中華書局，2006。

〔註131〕引自春秋三傳，上海：上海古籍出版社，1987，353。

〔註132〕胡安國，春秋傳（卷二十四）。

謂「以罕書」，或曰「正也」，胡氏之解，完全離開三傳，卻於劉敞「吾見其悖人倫也」〔註133〕〔28〕的解釋有所吸收而又有所超越。在這段傳文裏，胡安國使用了「人理」這個概念。「人理」也是宋代理學家慣用的一個具有最高本體意義的範疇，在胡氏的觀念中相當於「理」、「天理」。胡氏所謂「人理」與「天理」概念的等同關係，可以通過胡氏這句話來證明：「蓋人之所以為人，以有父子君臣之大倫也，否則人理已亡矣」〔註134〕〔3〕。可見「人理」即人倫中的天理。胡氏認為兵權若在臣下，則有悖於人理，那麼，兵權只有歸於君王才是符合天理的。換句話說，胡安國的意思是，天理決定了兵權的歸屬只能在君王。人臣是不能取民眾、握兵權的。《胡氏傳》在定公八年「公會晉師於瓦」條經文下所說的「人臣不可取民有眾，專主兵權之意」〔註135〕〔3〕也正是這個意思。在二程洛學地位逐漸上升、天理逐漸成為廣大儒者和士人思考和談論的問題的兩宋之際，胡安國把兵權歸屬君王視為天理所當然的事情，毫無疑問，具有非常重要的現實意義。南宋初期的現實狀況，何嘗不是「兵權在臣下」，而在胡氏看來，這是「悖人理」的。那麼，高宗後來收奪韓世忠、張俊、岳飛三大將的兵權，如果用胡安國的眼光來衡量，自然就是符合天理的事情了。

胡安國強調「兵權不可假人」，主張君王獨自掌握軍權，最終的目的還是為了維護他作為一個傳統儒家學者與官僚所認同的以「三綱」為核心的社會政治秩序。《胡傳》於昭公五年「舍中軍」條下謂：「然則三軍作舍，皆自三家，公不與焉。公室益卑，而魯國之兵權悉歸於季氏矣。兵權，有國之司命。三綱，兵政之本原。」〔註136〕〔3〕兵權對於國家以及君王具有「司命」的重要性，而兵權之歸屬，亦當遵循「三綱」的法則。胡氏說：「《春秋》戒失兵權而嚴於軍律，以三綱為本」〔註137〕〔2〕，君君臣臣、父父子子的倫理法則，決定了兵、將都必須聽命於君父。而君父的兵權在握，又是「三綱」的社會政治秩序得以建立和維持的根本保障。胡安國《春秋傳》戒兵權思想的目的和意義也全在於此。

王船山「嘗讀《胡氏春秋傳》而有憾焉」，認為戒兵權之說導致了率軍將

〔註133〕引自春秋三傳，上海：上海古籍出版社，1987，432。
〔註134〕胡安國，春秋傳（卷十一）・僖公五年。
〔註135〕胡安國，春秋傳（卷二十七）。
〔註136〕胡安國，春秋傳（卷二十四）。
〔註137〕胡寅，斐然集（卷二十五）・先公行狀，長沙：嶽麓書社，2009，503。

領「恩不浹，威不伸，乍然使之，俄然奪之，爲『弟子』而已。弟子者，卑而無權之謂也。將而無權，與尸之凶」〔註138〕〔42〕的嚴重後果。船山自有船山的道理，然而，憾則憾矣，在胡安國彼時彼境，卻不得不如此。趙宋南渡之初，至少面臨兩大軍政任務，一是鞏固政權，重建秩序；二是抵抗金軍，收復失地。從穩定政局，維護高宗和南宋朝廷權威的目的出發，必然要求收奪兵權，「戒兵權下移」；但若從抵禦金軍的侵略，進而收復失地、報仇雪恥的目的出發，則要求給武將們更大的權力和自由。兩相比較，前者顯然處於優先的位置。胡氏之學，既有孫復、程頤等前輩學者思想學術的淵源，又有兩宋時期特定歷史環境下的政治文化背景。我們不能以後代人的立場來要求前代人，更不能以現代人的偏見去評論古代人的言行。

3.4.2　防範宗室、宦官、後宮弄權亂政

自秦漢至宋以前，君主政體相沿如故，但政治的中心有時候並不在君主本身，而旁及於宗王、女主、外戚、宦官等特殊政治人物或集團之手。這些特殊政治勢力都是皇權的依附品，只要皇帝制度存在，他們就不可能消滅。作爲皇權的衍生品，他們一般是皇權的支持者，可是一旦帝王或因年幼無知，或因昏聵無能而無法控制和駕馭，他們就可能成爲皇權的威脅者。因此，如何消除這些特殊政治勢力對皇權的威脅，就成了歷代統治者及政治思想家所力圖解決的一道難題。爲了確保王權政治的正常運轉，歷朝歷代都會對這些特殊政治勢力採取防範的措施，只是各個朝代所做的程度不一樣，後果也不盡相同罷了。

宋代可以說是在這方面做得最好的王朝。南宋葉適認爲北宋前期「天下無女寵、無宦官、無外戚、無權臣、無奸臣，隨其萌蘗，尋即除治」〔註139〕〔66〕，此話或屬過於溢美，但也有一定的依據。龔茂良也說：「漢、唐之亂，或以母后專制，或以權臣擅命，或以諸侯強大、藩鎮跋扈，本朝皆無此等。」〔註140〕陸游則說：「今朝廷內無權家世臣，外無強藩悍將。」〔註141〕今人

〔註138〕王夫之，宋論（卷十），北京：中華書局，1964，184。
〔註139〕黃淮、楊士奇，歷代名臣奏議（卷五十五）‧治道「宋孝宗時葉適應詔上言曰」，文津閣四庫全書本，433 冊，124。
〔註140〕宋史全文（卷二十六上）‧淳熙三年十月己卯，文津閣四庫全書本。
〔註141〕陸游，渭南文集（卷四）‧上殿箚子，四部備要本。

柳詒徵總結道：「有宋盡革其弊，雖間有女主垂簾、宦者得勢之時，要皆視兩漢、晉、唐爲不侔。」〔註142〕〔113〕事實上，從太祖兄弟開始，宋代統治者就非常注意加強對這些特殊政治群體的防範，並使諸多防範措施制度化，成爲宋代「祖宗之法」的重要內容。而且，統治者的這些制度和措施，在廣大士人官僚之中得到了普遍的認同和響應，以至於形成一種比較流行的政治態度和社會意識。引用祖宗成法，對現實政治事件發表看法，成爲士大夫參政議政的一種思維習慣。

在這種政治文化背景之下，胡安國的《春秋傳》在涉及到歷史上有關宗室、後宮、宦官等問題的時候，總是站在維護君權的立場上，要求君王加強對這些政治勢力的戒備。

（1）防範宗室弄權

宋代帝王爲了保障皇位的安全，對宗室近親採取了非常嚴格的防範措施。從太宗朝開始，近親宗室子弟雖然待遇優厚，但所授的官職，從節度使、開府儀同三司、侍中、郡王到諸衛將軍，都是虛銜，享受高薪，但不領實職，禁止他們參與朝廷政事，也不允許他們交通大臣，即使皇太子也不能領兵出征。〔註143〕〔98〕北宋初尚未制定出專門的宗室法令，遇到涉及宗室的案件，一般都由皇帝親自裁決。端拱元年（988），御史中丞劾奏太宗次子開封尹許王趙元僖。元僖向太宗求情，說：「臣天子兒，以犯中丞故被鞫，願賜寬宥。」太宗說：「此朝廷儀制，孰敢違之。朕若有過，臣下尚加糾撻，汝爲開封府尹，可不奉法耶？」趙元僖「論罰如式」。〔註144〕〔5〕爲了防止宗室成員圖謀不軌，自太宗以來，先後頒佈了《宗室座右銘》、《宗室善惡寶戒》、《宗室六箴》等條規法度，其目的「意在規諫宗室之良也」〔註145〕〔60〕。北宋初期，宗室子弟還不准參加科舉考試。東坡曾說：「自建隆以來，不以吏事責宗子，雖有文武異才，終身不試。」〔註146〕〔40〕到了神宗時期，宗室繁衍漸多，不可能全部授官，就開始允許他們通過科舉登上仕途，但仍不准擔任宰執。

〔註142〕柳詒徵，中國文化史，上海：上海古籍出版社，2001，580。

〔註143〕何忠禮，宋代政治史，杭州：浙江大學出版社，2007，40。

〔註144〕李燾，續資治通鑑長編（卷二九）‧端拱元年閏五月丙申條，北京：中華書局，1979，653。

〔註145〕王應麟，玉海（卷一三○）‧官制‧宗室，南京：江蘇古籍出版社，上海：上海書店，1987。

〔註146〕蘇軾，蘇軾文集（卷二二）‧省試宗室策問，北京：中華書局，1986。

終兩宋，惟有寧宗初的趙汝愚曾以宗室任宰相，這是唯一的特例。高宗曾說：
「唐用宗室至為宰相，本朝宗室雖有賢才，不過侍從而止。」〔註147〕〔33〕
可見，對宗室的抑制和防範是宋代一貫奉行的「祖宗之法」。

　　宋代防範宗室的「祖宗家法」在十大夫文人的思想意識中，也形成了共
識。在胡安國的《春秋傳》中，也時時透露出對宗室子弟的防範意識。宋鼎
宗說：「考文定之解《春秋》，於本枝之間，莫不本趙普之猜忌之成法，以為
欲強幹弱枝，必使兄弟、諸子不得與聞乎國事而後可。」〔註148〕〔129〕宋氏
所論，誠非虛言。隱公四年，「衛州吁弒其君完」，《胡傳》曰：

> 此衛公子州吁也，而削其屬籍，特以國氏者，罪莊公不待之以
> 公子之道，使預聞政事，主兵權而當國也。以公子之道待州吁，教
> 以義方，弗納於邪，不以賤妨貴、少陵長，則桓公之位定矣，亂何
> 由作？州吁有寵好兵，而公弗禁，石碏盡言極諫而公弗從，是不待
> 以公子之道，使預聞政事，主兵權而當國也。《春秋》之旨，在於端
> 本清源，以《衛詩・綠衣》諸篇考之，所謂「前有讒而不見，後有
> 賊而不知」者，莊公是也。其不稱公子而以國氏，著後世為人君父
> 者之戒爾。故傳有之曰：為人君父而不通《春秋》之義者，必蒙首
> 惡之名。〔註149〕〔3〕

胡安國根據經文在州吁之前冠以「國氏」，書為「衛州吁」，而把州吁的弒君
（衛桓公）之罪，歸咎於州吁與桓公的父親衛莊公，認為是衛莊公生前對州
吁「不待之以公子之道，使預聞政事，主兵權而當國」，導致了州吁對君權
的覬覦之心並進而弒君自代。胡氏如此斷案，捨弒君之賊而追究其從前的「監
護人」責任，未免搞錯了「被告」。正如家鉉翁所說「胡氏乃謂州吁削屬籍，
以國氏罪莊公不待以公子之道，使預聞政事，主兵權而當國也。愚謂此方誅
討亂賊，未當追議莊公既往之咎。莊公寵州吁之過，固有以基亂，而去族大
刑所以治弒君賊，非治其父也。」〔註150〕〔16〕然而胡氏的用意，主要是在
提醒人君講求「待公子之道」，而不僅僅是在州吁弒君事件上就事論事。在
胡安國的邏輯中，國君對兒子們「不待之以公子之道」與「公子」的弒君之

〔註147〕李心傳，建炎以來繫年要錄（卷九七）・紹興六年正月乙未條，北京：中華書
　　　　局，1956。
〔註148〕宋鼎宗，春秋胡氏學，臺北：萬卷樓圖書有限公司，2000，185。
〔註149〕胡安國，春秋傳（卷一）。
〔註150〕家鉉翁，春秋集傳詳說（卷二），文津閣四庫全書本，151 冊，721。

間存在因果關係。家鉉翁儘管認爲胡氏罪非其人，但也承認「莊公寵州吁之
過」，是「有以基亂」的。那麼人君如何對待兒子，才是「待公子之道」呢？
胡安國認爲，應該對公子「教以義方，弗納於邪，不以賤妨貴、少陵長」，
不得「使預聞政事，主兵權而當國」。

　　上引胡氏之說，是發歷代學者所未發。《公羊》說：「曷爲以國氏？當國
也。」《穀梁》說：「大夫弒其君以國氏者，嫌也。弒而代之也。」〔註151〕〔28〕
二傳的意見，遭到了劉敞的駁難，但劉敞也沒有能提出更高明的解釋〔註152〕
〔28〕。而程頤雖然對《春秋》於「公子弒君者不稱公子」的情況作出了比較
通達的解釋，但也僅僅隱約涉及到國君的待公子之道。程頤說：

　　　　自古篡弒多公族，蓋謂先君子孫可以爲君，國人亦以爲然而奉
　　之。《春秋》於此明大義以示萬世，故春秋之初，弒君者皆不稱公
　　子、公孫，蓋身爲大惡，自絕於先君矣，豈復得爲先君子孫也？古
　　者公族刑死則無服，況殺君乎？大義既明於初矣，其後弒立者，則
　　皆以屬稱，或見其以親而寵之太過，任之太重，以至於亂；或見其
　　天屬之親，而爲寇讎，立義各不同也。《春秋》大率所書，事同則
　　辭同，後人因謂之例。然有事同而辭異者，蓋各有義，非可例拘也。

　　　　〔註153〕〔29〕

安國之學實雖源於程氏，但也有進一步發展。胡安國所說的「不待之以公子
之道，使預聞政事，主兵權而當國」，可以與程頤所說的「以親而寵之太過，
任之太重，以至於亂」互相發明，但他把程頤之說闡釋得更加具體、突出。
而且胡氏將解經的重點放在教訓後代帝王如何對待皇子的原則和方法，即不
能給予皇子太大的權力，禁止其預聞政事、掌握軍隊，以防其篡弒。這種策
略仍然是以防範和抑制爲主，盡顯宋代「祖宗之法」的精神。

　　胡安國認爲國君或帝王不僅對普通皇子要「待之以公子之道」，採取防制
措施，即使對處於儲君地位的太子或世子，也應加以防範。爲了防止諸多皇
子爭奪帝位，君王必須早定繼位者。胡安國說：「宗嗣先定，則變故不生。蓋

〔註151〕春秋三傳，上海：上海古籍出版社，1987，47。
〔註152〕劉敞說：「《公羊》以謂『不稱公子，當國也。』非也。諸弒君而稱公子，公子
　　　　而爲大夫者也。公子而不稱公子，公子而未爲大夫者也。當國與不當國，何足
　　　　辯乎？《穀梁》曰：『大夫弒其君，以國氏者，嫌也，弒而代之也。』非也。
　　　　宋督宋萬，亦可云弒而代之乎？公子商人，豈非弒而代之乎？而督、萬氏國，
　　　　商人不氏國，何也？」引自春秋三傳，上海：上海古籍出版社，1987，47。
〔註153〕二程集・河南程氏經說（卷四）・春秋傳，北京：中華書局，1981，1092。

代君享國而主其祭，宜戚宜懼，一失機會，或萌窺伺之心，至於生變，則爲
不孝矣。古人所以貴於早定國家之本也。」〔註154〕〔3〕只有確定了繼位之君，
其它皇子才可能不會「萌窺伺之心」。「故有君薨而世子未生之禮，植遺腹，
朝委裘，而天下不亂者，以名分素明，而民志定也。經書『子同生』，所以明
與子之法，正國家之本，防後世配嫡奪正之事，垂訓之義大矣。」〔註155〕〔3〕
但是這並不意味著對儲君（世子）就可以絕對放心，歷史上世子（或太子）
弒君自立的教訓並不少見。胡安國認爲在防備「配嫡奪正之事」的同時，還
要注意「養世子不可不愼也」。如：文公元年，「楚世子商臣弒其君頵」，《胡
傳》說：

> 書世子弒君者，有父之親，有君之尊，而至於弒逆，此天理大
> 變，人情所深駭。……養世子不可不愼也。〔註156〕〔3〕

《公羊》於此無傳。《穀梁》的解釋是「日髡之卒，所以謹商臣之弒也。夷
狄不言正不正」〔註157〕〔28〕，重點在「日」。劉敞曾不以《穀梁》之說爲然
〔註158〕〔28〕。胡氏則選擇了另外一個視角，就「世子」二字之上作了發揮。
天理無處不在，商臣以世子儲君的身份，弒逆君父，則是悖逆天理的事情。
因而，作爲人君，則不得不對世子多一份防備之心。

　　胡氏出於維護君主安全、君權獨尊的目的，站在國君的角度，對「公子」
包括「世子」的防備之心尚且如此之重，對其它宗室近親的猜防，就更加嚴
厲了。例如：莊公八年，「冬，齊無知弒其君諸兒」，《胡傳》說：

> 無知曷爲不稱公孫而以國氏？罪僖公也。弒君者無知，於僖公
> 何罪乎？不以公孫之道待無知，使恃寵而當國也。按：無知者，夷
> 仲年之子。年者，僖公母弟也。私其同母，異於他弟，施及其子，
> 衣服禮秩如嫡，此亂本也。故於年之來聘，特以弟書，於無知之弒，
> 不稱公孫，著其有寵而當國也。垂戒之義明矣。古者親親與尊賢並
> 行而不相悖，故堯親九族，必先明俊德，而後九族睦，周封同姓，
> 必庸康叔蔡仲，而後王室強。徒知寵愛親屬，而不急於尊賢，使爲

〔註154〕胡安國，春秋傳（卷二十七）。
〔註155〕胡安國，春秋傳（卷五）。
〔註156〕胡安國，春秋傳（卷十四）。
〔註157〕春秋三傳，上海：上海古籍出版社，1987，214。
〔註158〕劉敞說：「穀梁曰：日髡之卒，所以謹商臣之弒也。非也。即不日者，乃不謹
　　　　商臣之弒乎？」引自春秋三傳，上海：上海古籍出版社，1987，214。

儀表，以明親親之道，必有篡弒之禍矣。〔註159〕〔3〕

無知本是齊僖公的姪子，因其父夷仲年受寵於僖公之故，而倍受僖公的寵愛，各方面的待遇與嫡子相同，因而漸漸養成對國君的不臣之心與覬覦之意。胡氏的解經思路，與前引「衞州吁弒其君完」條的思路完全一樣，把無知的弒君之罪，歸咎於僖公，因爲是僖公「不以公孫之道待無知，使恃寵而當國也」，才導致了無知的弒逆行爲。

以上是胡安國提出的國君對公子公孫的防制策略。此外，胡氏還提出了帝王的「待兄弟之道」。隱公七年，「齊侯使其弟年來聘」，《胡傳》曰：

> 兄弟，先公之子，不稱公子，貶也。書「盟」、書「帥師」而稱兄弟者，罪其有寵愛之私。書「出奔」、書「歸」而稱兄弟者，責其薄友恭之義。考於事而《春秋》之情可見矣。年者，齊僖公母弟也。程氏謂「先儒說母弟者，蓋緣禮有立嫡子同母弟之文。其曰同母，蓋爲嫡耳，非以爲加親也。」此義不明久矣。僖公私於同母，寵愛異於他弟，施及其子，猶與嫡等，而襄公絀之，遂成篡弒之禍。故聖人於年來聘，特變文書弟，以示貶焉。鄭語來盟，黑肩帥師，皆罪其私也。《書》云：於弟弗念天顯，乃弗克恭厥兄，兄亦不念鞠子哀，大不友於弟，天惟與我民彝（彝）大泯亂。陳光奔楚而稱弟，不念鞠子哀矣。盜弒衞縶而稱兄，其亦不念天顯矣。秦針、宋辰皆責其薄也。仁人於兄弟，絕偏係之私，篤友恭之義，人倫正而天理存，其《春秋》以訓天下與來世之意也。〔註160〕〔3〕

《左氏》僅記其事，說：「齊侯使夷仲年來聘，結艾之盟也。」《公羊》說：「其稱弟何？母弟稱弟，母兄稱兄。」意在訓釋何爲兄弟。《穀梁》說：「諸侯之尊，兄弟不得以屬通。其弟云者，以其來接於我，舉其貴者也。」〔註161〕〔28〕雖然表明了諸侯與其兄弟之間的尊卑不同，但未及於諸侯處理與自己兄弟之間關係的方法問題。胡安國的解經，則更多了一層實際政治運作上的考慮。胡氏之意，國君對於兄弟，應當篤於友恭之義，即待之以優厚的俸祿和恩數，也就是給予較高的經濟和政治待遇，但不能授予實際權力，不能使之「與聞國政」，親愛兄弟是「人情之私」，不能妨礙國政的「天理之公」。

〔註159〕胡安國，春秋傳（卷七）。
〔註160〕胡安國，春秋傳（卷一）。
〔註161〕春秋三傳，上海：上海古籍出版社，1987，53。

（2）防範宦官干政

宋代是宦官亂政之事較少的時代，這與宋朝統治者善於吸取歷史教訓，注意防範宦官勢力膨脹有關。自東漢以下，歷代統治者雖然都很注意採取防範宦官干政的措施，但宦官為禍、敗壞國家的事件仍然屢見不鮮。到了唐末，「唐則宦官之權反在人主之上，立君、弒君、廢君，如同兒戲」〔註162〕〔262〕。這些觸目驚心的歷史教訓，必然會引起宋代帝王的高度重視。宋太祖即「不受內臣所媚」〔註163〕〔39〕。宦官王繼恩在鎮壓王小波、李順起義之後，宰相建議提拔他為宣徽使，宋太宗斷然拒絕說：「朕讀前代書史，不欲令宦官預政事。宣徽使，執政之漸也，止可授以他官。」〔註164〕〔263〕宋眞宗也說：「前代內臣恃恩恣橫，蠹政害物，朕常深以為戒。」〔註165〕〔5〕《宋史·宦者傳》曰：「宋世待宦者甚嚴。太祖初定天下，掖庭給事不過五十餘人，宦寺中年方許養子為後。又詔臣僚家毋私蓄閹人，民間有閹童孺為貨鬻者論死。去唐未遠，有所懲也。厥後太宗卻宰相之請，不授王繼恩宣徽。眞宗欲以劉承規為節度使，宰相持不可而止。中更主幼母后聽政者凡三朝。在於前代，豈非宦者用事之秋乎？祖宗之法嚴，宰相之權重，貂璫有懷奸慝，旋踵屏除，君臣相與防微杜漸之慮深矣。」〔註166〕〔1〕可見宋代對付宦官的「祖宗家法」也是以「防」字為主。

宋代對宦官勢力的防範措施，在制度化層面上，有重要的成果。一是禁止宦官交通大臣。宦官專門負責宮內的服務性事務，不得與外廷官員結交往來。哲宗朝官員曾肇說：「本朝承平百有餘年，政出於一，群臣奉法遵職，外戚奉朝請，寺宦供掃灑而已。」〔註167〕〔66〕曾氏之言，或有粉飾溢美之意，但「寺宦供掃灑而已」這句話至少表達了宋代官方普遍認同的對宦官的職務定位。二是限制宦官的升遷。除了設置制度性的「磨堪」程序之外，還對宦官的升遷設置諸多限制條件，如年資等等。並且宦官的最高級別為從五品（入內內侍省都知），最高的職務為遙郡觀察使。三是實行外出法。為防止御藥院宦官「歲久則權勢太重，不可制禦」，規定遷轉至內殿崇班（正七

〔註162〕趙翼，廿二史箚記·唐代宦官之禍，南京：鳳凰出版社，2008，282。
〔註163〕邵伯溫，邵氏聞見錄（卷七），北京：中華書局，1983。
〔註164〕李攸，宋朝事實（卷十七）·削平僭偽，北京：中華書局，1955。
〔註165〕李燾，續資治通鑑長編（卷六十五）·景德四年二月壬申條，北京：中華書局，1980，1444。
〔註166〕脫脫，宋史（卷四六六）·宦者傳，北京：中華書局，1999，10535。
〔註167〕歷代名臣奏議（卷三）·曾肇奏議，文津閣四庫全書本。

品）以後，就要出為外官。司馬光認為「此乃祖宗深思遠慮，防微杜漸，高出前古，詒謀萬世者也」〔註168〕〔66〕。四是不准宦官領兵。邵伯溫曾說：「太祖刻石禁中，曰：後世子孫無用南士作相、內臣主兵。」無論邵氏所言是否確有其事，除了王繼恩曾領兵鎮壓士小波、李順起義外，仁宗朝以前基本沒有宦官主兵之事。後來偶因特殊情況而命宦官領兵，大批官員就會上疏劾奏。

　　儘管宋代對宦官的防範措施都已經制度化了，但由於在君主政體之下，宦官作為皇帝身邊最親近的人，就像皇帝手中的鞭子，相當於是皇權的延伸，因而宦官參與政事就不可絕對避免，特別是在皇帝幼弱或昏聵的時候，往往就有宦官亂政的機會。北宋仁宗以後，宦官用事逐漸增多。宋代宦官勢力最為囂張的時期是宋徽宗的時候，所謂「六賊」中就有三人是宦官，即童貫、梁師成、李彥，其中梁師成更是「貴震一時，雖蔡京、童貫皆出其下」〔註169〕〔44〕。北宋的國勢就是在徽宗朝急遽地走向衰落，最終亡國，宦官亂政也可以算得上是一條原因。

　　但由於太祖、太宗以來防範宦官的措施早已深入士大夫人心，對宦官干政亂政的警惕從來就沒有放鬆過。君主和士大夫集團對宦官干政的提防在一定程度上遏止了宦官勢力的膨脹。胡安國反對宦官干政的言論是士大夫集體意識的一個縮影。靖康元年，胡安國曾上疏說：「謹按趙野在政和間初為侍從，首乞禁士庶用天、王、君、聖等字，厥後置身丞轄，童貫、譚稹分掌兵柄於外，王黼、蔡攸、梁師成紊亂三省政事於內，造成兵革之禍，野居其間，不聞救正，以為無所干預，則身在二府，以為言而不從，則懷祿不去，何也？」〔註170〕〔2〕此疏雖然是指責趙野，但對童貫、梁師成等宦官亂政之事，也有嚴厲的譴責。胡安國還在給高宗皇帝的上疏中力陳崇寧以來的國家政事，對宦官干政亂政之事進行了譴責，他說：「奄寺得志，用王承宗故事而建節旄，用李輔國故事而封王爵，用田令孜故事而主兵權，用龔澄樞故事而為師傅，生殺予奪悉歸掌握，宰執、侍從皆出其門，於是賄賂公行，廉恥道喪，六失也。」〔註171〕〔2〕針對用宦官而導致的政事之失，胡安國根據《春秋》大義提出了解決方案，他說：「奄侍通傳內外，以一身兼僕妾之職，可謂賤矣。

〔註168〕歷代名臣奏議（卷一三五）．司馬光奏議，文津閣四庫全書本。
〔註169〕朱熹，朱子全書（第12冊）．三朝名臣言行錄（卷十二之三）．諫議劉公，上海：上海古籍出版社，合肥：安徽教育出版社，2002，792。
〔註170〕胡寅，斐然集（卷二十五）．先公行狀，長沙：嶽麓書社，2009，492。
〔註171〕胡寅，斐然集（卷二十五）．先公行狀，長沙：嶽麓書社，2009，495。

按《春秋》書『閽弒吳子』，不稱其君者，言閽寺之賤，不使得君吳子也。願自今門戶掃除，復其常守，以去信任奄寺之六失。」〔註172〕〔2〕「閽」的本意是指守門人，不一定就是刑餘閹寺之人，但胡安國引《穀梁傳》「閽門者，寺人也」〔註173〕的說法，將其解釋爲寺人亦即後世的宦官。胡安國的這些批判宦官亂政的言論也可以視爲宋代士大夫與宦官勢力集團作鬥爭的表現。

宋代統治者對宦官的防範措施與制度以及士大夫官僚與宦官勢力之間的鬥爭，在胡安國《春秋傳》中也得到了反映。宋鼎宗先生也認爲「文定之解《春秋》，必去閽寺之意又明矣。」〔註174〕〔129〕胡安國在《春秋傳》中表達了他對宦官干政的不滿，他說：「若廢立進退出於群小閽寺，而當國大臣不預焉，則將焉用彼相矣。」〔註175〕〔3〕胡氏借助對春秋時期宦者亂政事件的剖析，來告誡後代帝王吸取教訓、防範宦官。如：襄公二十九年，「閽弒吳子餘祭」，《胡傳》說：

> 穀梁子曰：「閽門者，寺人也。不稱名姓，閽不得齊於人。不稱其君，閽不得君其君也。禮，君不使無恥，不近刑人，不狎敵，不邇怨。賤人非所貴也，貴人非所刑也，刑人非所近也。舉至賤而加之吳子，吳子近刑人也。閽弒吳子餘祭，仇之也。」《左氏》以爲伐越獲俘焉，以爲閽，使守舟，吳子觀舟，閽以刀弒之。亦邇怨之失也。〔註176〕〔3〕

吳子餘祭因爲對負責看守舟船的寺人毫無防範之心，以至於觀舟之時爲其所殺。這條經文，《穀梁傳》就已經表明了國君不能親近、信任宦官的用意。「不近刑人」乃是由「禮」所規定的。胡安國引用《穀梁》之說，並簡擇《左傳》對此事的敘述，重申了君王「不近刑人」的原則。

胡安國在《春秋傳》中對歷史上因宦官亂政而導致亡國的事件做了總結，以引起帝王對「刑人之能敗國亡家」的畏懼與警惕。昭公六年，「宋華合比出奔衛」，《胡傳》曰：

> 《左氏》曰：「宋寺人柳有寵，大子佐惡之，華合比請殺之。

〔註172〕胡寅，斐然集（卷二十五）・先公行狀，長沙：嶽麓書社，2009，496。
〔註173〕穀梁傳・襄公二十九年。
〔註174〕宋鼎宗，春秋胡氏學，臺北：萬卷樓圖書有限公司，2000，173。
〔註175〕胡安國，春秋傳（卷二十六）・昭公二十七年。
〔註176〕胡安國，春秋傳（卷二十三）。

柳聞，坎用牲，埋書，而告公曰：『合比將納亡人之族，既盟於北
郭矣。』公使視之，有焉，遂逐合比。於是華亥欲代爲右師，乃與
柳比，從爲之征。公使代之。」宋公寵信閹寺，殺世嫡痤，而父子
之恩絕。逐華合比，而君臣之義睽。刑人之能敗國亡家，亦可畏矣。
猶有任趙高以亡秦，信恭顯十常侍以亡漢，寵王守澄、田令孜以亡
唐，而不知鑒覆車之轍者，不亦悲夫。凡此類直書，而義自見矣。

〔註177〕〔3〕

《公羊》與《穀梁》於此無傳，《左傳》則披露了宋國寺人柳陰謀陷害華合
比的經過細節。胡氏「事採《左傳》」，發出「刑人之能敗國亡家亦可畏矣」
的感慨，而對秦、漢、唐三代不能從春秋故事中吸取教訓，「不知鑒覆車之
轍」終至亡國的悲劇表達了歎惜。胡氏把秦、漢、唐三代亡國的原因歸結爲
帝王對宦官的寵信與重用，這種觀點雖然值得商榷，但他用秦朝的趙高、東
漢的「十常侍」、唐代王守澄、田令孜等宦官亂政的歷史教訓來告誡後代帝
王，無疑具有很大的震撼力和說服力。

宦官勢力的猖獗與亂政，往往是由於君主的輕信與縱容，所以胡安國也
把宦官亂政的責任歸咎於輕信宦官的君主。襄公二十六年，「秋，宋公殺其世
子痤」，《胡傳》曰：

殺世子母弟，直書君者，甚之也。宋寺人伊戾爲太子內師，無
寵，譖於宋公而殺之，則賊世子痤者，寺人矣。而獨甚宋公，何哉？
譖言之得行也，必有嬖妾配嫡以惑其心，又有小人欲結內援者以爲
之助，然後愛惡一移，父子夫婦之間不能相保者眾矣。尸此者其誰
乎？晉獻之殺申生，宋公之殺痤，直稱君者，《春秋》正其本之意。

〔註178〕〔3〕

宋國宦官伊戾「內連宮禁，外結大臣，共造讒而殺太子」〔註179〕〔28〕，其陰
謀之所以能得逞，關鍵還在於宋平公輕信了伊戾的讒言。因此，胡氏認爲「直
書君者，甚之也」，直接書寫爲「宋公殺其世子痤」，表達了其「端始正本」
之意。〔註180〕

〔註177〕胡安國，春秋傳（卷二十四）。
〔註178〕胡安國，春秋傳（卷二十三）。
〔註179〕引自春秋三傳，上海：上海古籍出版社，1987，389。
〔註180〕關於「端本正始」的問題將在第4章詳論。

（3）防範後宮亂政

後宮干預國政，對皇權的正常運轉也會帶來危害，儘管歷代統治者都會注意防範後宮及外戚勢力，但後宮及后族干政的故事歷代不乏，宋代亦不免。據《宋史·后妃傳》所載五十餘名后妃中，竟然有十六名曾經不同程度地干政或聽政，占四分之一強。如宋神宗死後，遺詔由英宗皇后、神宗生母高太后權同處分國事，從而開始了高太后掌權的時代。但是宋代後宮干政不亂政，母后很少援引外戚執掌朝政大權，也未曾給趙宋王朝帶來嚴重的威脅，正如《宋史》卷二四二《后妃傳序》所說：「慈聖光獻曹后擁祐兩朝，宣仁聖烈高后垂簾聽政，而有元祐之治」，「宋三百餘年，外無漢王氏之患，內無唐武、韋之禍，豈不卓然而可尚哉。」這得益於宋代統治者對後宮、外戚的嚴密防範。宋代統治者深知后妃援引外戚之助，必然會造成外戚干政的局面，因而對後宮與外戚採取了十分嚴密的防範措施。確立針對後宮危害朝政的「治內之法」，嚴格限制內宮與外朝的聯繫。規定「母后之族皆不預」朝政〔註181〕〔5〕。仁宗、神宗、高宗等朝都下詔嚴禁后族參與機要。不僅最高統治者注意採取實際措施加強對後宮與后族的防範，士大夫官僚集團也積極從社會輿論、宣傳導向等方面來限制後宮勢力的膨脹。哲宗朝官僚陳師錫就曾上疏說：「母后臨朝，危亂天下，載在史冊，可考而知。」〔註182〕〔1〕胡安國在詮釋《春秋》的時候，也注意到這個問題。

胡安國通過對《春秋》所載後宮干政、亂政事件的評析，總結歷史經驗，提出了「婦人不可預國事」的主張。僖公三十一年冬，杞伯姬來求婦。《公羊》說：「其言來求婦何？兄弟辭也。其稱婦何？有姑之辭也。」《穀梁》說：「婦人既嫁不逾境。杞伯姬來求婦，非正也。」〔註183〕〔28〕二傳均未涉及後宮不可干政之意，而《胡傳》則深以為戒。他說：

> 蕩伯姬來逆婦而書者，以公自為之主，失其班列書也。杞伯姬
> 敵矣，其來求婦，曷為亦書？見婦人之不可預國事也。王后之詔命
> 不施於天下，夫人之教令不施於境中。昏姻，大事也，杞獨無君乎？
> 而夫人主之也。故特書於策，以為婦人亂政之戒，母為子求婦猶曰
> 不可，況於他乎？此義行，無呂、武之禍矣。〔註184〕〔3〕

〔註181〕李燾，續資治通鑑長編（卷四八○），北京：中華書局，1981。
〔註182〕脫脫，宋史（卷三四六）·陳師錫傳，北京：中華書局，1999，8756。
〔註183〕春秋三傳，上海：上海古籍出版社，1987，207。
〔註184〕胡安國，春秋傳（卷十三）。

「逆婦」亦爲國政，應該有諸侯自己作主，而杞伯姬代其子而行事，在胡氏看來，這就是後宮干政的表現。母后爲兒子求婦，尚且被視爲「亂政」，那其它國政大事，就更加不容母后染指了。後宮不可干預國事，這是歷代統治者都認同並努力執行的一條政治原則，但後宮干政的事情卻時有發生。胡氏雖然只提到了漢代的呂氏與唐代的武氏，但對宋代的後宮干預國政之事，他不可能不瞭解，不可能不心懷警惕。故而在其《春秋》詮釋中，自然會有所措意。

胡安國還認爲，後宮亂政的根源，在於君王自己不能採取有效的預防措施。僖公五年，「春，晉侯殺其世子申生」，《胡傳》曰：

> 公羊子曰：「殺世子母弟直稱君者，甚之也。」申生進不能自明，退不能違難，愛父以姑息而陷之不義，讒人得志，幾至亡國。先儒以爲大仁之賊也。而目晉侯斥殺，專罪獻公，何也？《春秋》，端本清源之書也。內寵並后，孽子配嫡，亂之本也。驪姬寵，奚齊、卓子嬖，亂本成矣。尸此者其誰乎？是故目晉侯斥殺，專罪獻公，使後世有欲絫妃妾之名，亂嫡庶之位，縱人欲滅天理，以敗其家國者，知所戒焉。以此防民，猶有以堯母名門，使姦臣逆探其意，有危皇后、太子之心，以成巫蠱之禍者。〔註185〕〔3〕

《公羊》之說已爲胡氏所引，《穀梁》則說：「目晉侯斥殺，惡晉侯也。」〔註186〕〔28〕對照胡氏傳文，可見胡氏此處對二傳之說都有採用。但是胡安國在兼採二傳的基礎上，沿著《穀梁傳》的思路，更進一步對他所謂「《春秋》端本清源之書」的觀點進行闡發，從晉世子被晉侯所殺的慘劇中，推闡出驪姬亂政的本源在於晉侯使「內寵並后，孽子配嫡」。

總之，爲了維護君主的權威和地位，無論是對宗室子弟，還是宦官集團，抑或是後宮，胡安國《春秋傳》所提出的策略，都是要求君王加強對這些特殊政治勢力的防範與戒備，這也是胡氏「尊王」思想的重要內涵之一。其特點有二。一是君王自己要主動採取措施，防微杜漸，防患於未然。這或許符合儒家「反求諸己」的傳統，也符合胡氏在《春秋傳》中多次強調的《春秋》「端本清源」、「端本正始」的大義。〔註187〕二是突出了一個「防」字，這反

〔註185〕胡安國，春秋傳（卷十一）。
〔註186〕春秋三傳，上海：上海古籍出版社，1987，158。
〔註187〕這個問題將在第 4 章詳論，此不贅述。

映了宋代爲加強皇權而猜防皇權之外一切政治勢力的「祖宗家法」。

3.4.3　提倡忠義，砥礪士風

　　士大夫的名節觀念和忠臣道德風尚對於維繫世道人心和統治秩序具有極其重要的意義。因爲中國古代傳統政治文化從某種意義上來講，是一種以忠孝道德爲核心的臣民文化，講究氣節、名節則是臣民道德文化的主要內容。臣民文化並非是一個消極被動的東西，相反，它能穩定家國統一的政治結構，維護中央集權的政治制度。在一定的歷史條件下，臣民政治文化甚至對君主政治系統的鞏固和延續有著決定性的作用和影響〔註188〕〔72〕。因而宋代統治階層對于忠臣道德的建設和砥礪格外重視，從立國之始，就強調人臣的節義風氣。實際上，宋代對士大夫崇尚節義的鼓勵和要求，已「成爲國家政策的一部分」〔註189〕〔84〕，成爲「祖宗之法」的重要內容。與此相應，宋代儒者也特別注重以《春秋》之學砥礪士風臣節，宣揚忠臣道德，實際上，這就是一種「臣民道德文化」建設，是爲王權與中央集權政治服務的。胡安國《春秋傳》通過大肆表彰歷史上的節義之士，特別是將忠於王事和國事而毅然赴死的死節之臣，樹立爲後世人臣的道德楷模，同時把失節無義之徒釘上恥辱之柱，爲宋代士大夫節義之風的砥礪與強化起到了推波助瀾的作用。

（1）宋代名節觀念的強化

　　所謂名節，與「氣節」、「節義」相類似，即爲名譽與節操，體現了社會對個體的行爲道德的評判。氣節之名，來源甚遠，與孟子「浩然之氣」有密切的關係。個人的名節歷來爲儒家士大夫所看重。孔子說：「三軍可奪帥也，匹夫不可奪志也」〔註190〕，又說：「直哉，史魚，邦有道如矢，邦無道如矢」〔註191〕，張君勱謂：「此即抱定自己正確堅定之意志，而不受外界威力強暴名利之搖撼之謂也」〔註192〕〔124〕。孔子之後歷代儒家都推崇節義，《孟子》即以捨生取義爲尚。名節觀念的主要內容就是儒家忠、孝、仁、義、禮、信、廉、恥等等道德規範和操守要求。砥礪士風臣節，既是歷代王朝所極力推崇

〔註188〕朱漢民，忠孝道德與臣民精神——中國傳統臣民文化論析，鄭州：河南人民出版社，1994，173。
〔註189〕包弼德，歷史上的理學，杭州：浙江大學出版社，2010，209。
〔註190〕論語‧子罕。
〔註191〕論語‧衛靈公。
〔註192〕張君勱，儒家哲學之復興，北京：中國人民大學出版社，2006，170。

藉以為維護社會秩序的文化手段，也是儒者士人進行自我道德修煉以安心立命、立身處世的內在精神需求。

唐末至宋初，名節觀淡薄。五代數十年中，「全節之士三，死事之臣十有五」〔註 193〕〔47〕，「士大夫忠義之氣，至於五季，變化殆盡」〔註 194〕〔1〕。五代的江山改姓多是通過篡奪實現，不僅帝王早已失落王者道德，而且大臣們也把禮義廉恥忘諸腦後，綱紀掃地，世風澆薄，死義之節、忠義之氣蕩然無存。這種風氣延續到了宋初。馮道「歷任四朝，三入中書，在相位二十餘年」，奉事四姓十帝，但每當江山易主，帝王改姓的時候，他都能置身事外，獨善其身，自稱為「長樂老」。馮道的行為不僅當時人不以為可恥，即使到了宋初，仍然廣受稱讚，號為「名臣」。可見宋初士節世風之澆薄。

士風墮落、人臣無節的狀況，引起宋代統治集團和儒者的深刻不滿與深切憂慮。由後周入北宋而留任宰相的范質即使對趙氏兄弟盡職盡忠，宋太宗對他的評價卻是：「當世宰輔中能循規矩、慎名器、持廉節，無出於范質之右者。但欠周世宗一死，為可惜爾！」認為范質不能為周世宗守節盡忠，有失臣節。另外，宋太宗此話也表明了他對砥礪士風臣節的重視。這也使提倡忠義名節成為「祖宗之法」的內容，為後繼之君所效法。

北宋士大夫對名節觀念的提倡和踐行已經不是個別的現象，而是集體性的行為，因而對宋代士風和社會風氣的涵養產生了重要的影響。范仲淹、歐陽修等名儒也因其身體力行砥礪名節以及對社會風氣的巨大影響而受到人們的高度讚揚。蘇軾曾說：「自歐陽子出，天下爭自濯磨，以通經學古為高，以救時行道為賢，以犯顏納說為忠。」〔註 195〕〔40〕朱熹曾說：「祖宗以來，名相如李文靖、王文正諸公，只恁地善，亦不得，至范文正時，便大厲名節，振作士氣，故振作士大夫之功為多。」〔註 196〕〔44〕當「以名節相高，廉恥相尚」成為士大夫普遍的意識和追求之後，整個社會道德文化風貌就必定煥然一新。士大夫們不僅自己「以名節相高，廉恥相尚」，也要求其它人保持名節，師弟友朋之間互相以名節相砥礪，對喪失名節的人物和行為進行批判與貶責。這種崇尚節義，要求臣子忠於王事，為王死節的道德風尚，對於維

〔註 193〕歐陽修，新五代史（卷五四）・雜傳第四十二序，北京：中華書局，1974。

〔註 194〕脫脫，宋史（卷四四六）・忠義一，北京：中華書局，1999，10231。

〔註 195〕蘇軾，蘇軾文集（卷十）・居士集序，北京：中華書局，1996。

〔註 196〕朱熹，朱子全書（第 18 冊）・朱子語類（卷一二九），上海：上海古籍出版社，合肥：安徽教育出版社，2002，4022。

繫世道人心和統治秩序具有極其重要的意義。特別是宋代正當遭逢五代亂世之後，倫常綱紀掃地不存，更是需要以節義道德來收拾人心。

胡安國即是一位「以名節相高，廉恥相尙」的儒者，他「足不躡權門」，「摿節行之」，以《春秋》尙節義的經訓立身行事，知行合一，給當時的士林樹立了一個崇尙氣節的典範。他自己曾說：「臣蒙睿獎，方俾以《春秋》入侍，而與勝非爲列，有違經訓，倘貪祿位，不顧曠官，縱臣無恥，公論謂何？」於是堅決辭去自己在朝廷的職務。這是他以經義立身，砥礪氣節的最好「自注」。謝良佐曾謂：「胡康侯如大冬嚴雪，百草萎死，而松柏挺然獨秀者也。」〔註197〕〔1〕《宋史》對胡安國的節義之行褒揚有加：「渡江以來，儒者進退合義，以安國、尹焞爲稱首。」〔註198〕〔1〕無論是胡安國本人的言行，還是當時儒者與後世作史者對胡安國的評價，都反映出胡安國的名節觀念之強。

（2）《春秋傳》對節義之風的提倡

《春秋》是所謂「以道名分」之書，而在所有「名分」之中，又以君臣名分最爲緊要。因此，宋代儒者特別注重以《春秋》之學，倡導尊王大義，以砥礪士風，致力於爲王權政治服務的道德文化建設，引導社會道德風尙向儒家所追求的方向發展。胡安國的《春秋傳》在這方面也有明確的現實指向和意義。

經過北宋歷代儒者的整頓之後，雖然整個社會與士大夫階層以氣節相尙，但是到了兩宋之際，在官僚集團中，仍然有不忠不義之臣。因爲名節觀念的維持往往需要有穩定的社會秩序、強大的道德輿論，以及國家權力的支持，北宋儒者辛苦經營起來的名節觀念隨著北宋政權的顛覆而遭受重創。靖康二年，北宋前太宰（左相）張邦昌受金人逼脅而稱帝，成立了僞楚政權，雖是被迫，但畢竟有虧臣節。北宋前濟南知府劉豫就更加厚顏無恥，他不滿金人封他的「京東西淮南安撫使、知東平府，兼諸路馬步兵都總管，節制河外諸軍」職位，賄賂金朝左監軍撻懶，終於成爲僞齊皇帝。張、劉二人都是進士出身，他們的行爲給士林風氣帶來了非常惡劣的影響，因而遭到了士人的譴責和鄙夷。這些事情，都是胡安國所親見親聞，不能不有所感發。因而，在其《春秋傳》中特別強調臣子氣節。

首先，胡安國從治國爲政的高度，要求君主崇獎節義之臣，樹立崇尙節

〔註197〕脫脫，宋史（卷四三五）‧儒林五‧胡安國傳，北京：中華書局，1999，10076。
〔註198〕脫脫，宋史（卷四三五）‧儒林五‧胡安國傳，北京：中華書局，1999，10075。

義的道德風向標。

桓公二年，「宋督弒其君與夷，及其大夫孔父」，《胡傳》曰：

> 按《左氏》：宋殤公立，十年十一戰，民不堪命，孔父爲司馬，無能改於其德，非所謂格君心之非者。然君弒死於其難，處命不渝，亦可以無愧矣。父者，名也。著其節而書「及」，不失其官而書「大夫」，是《春秋》之所賢也。〔註199〕〔3〕

此處經文，《左傳》認爲孔父可以無愧，《公羊》以「孔父正色立朝」而以爲賢，《穀梁》認爲「孔父閑也」。三傳都在稱美孔父，胡安國也不例外，認爲孔父「不失其官」而爲《春秋》所賢。但是按照《春秋》書法的一般性原則，賢者應該書字而不應該書名，孔父雖賢，卻又書名，豈不矛盾？胡安國引用劉敞的注解來解釋，從而引出了他所關注的重點即君臣名分的禮節。他說：「賢而名之，何也？故侍讀劉敞以謂『既名其君於上，則不得字其臣於下，此君前臣名，禮之大節也』。」宋華督之所以要殺孔父，是因爲孔父堅定地維護宋殤公，能夠爲殤公捨身忘死，成爲華督實行弒君陰謀的最大障礙，因而必欲除之而後快。「督將弒殤公，孔父生而存，則不可得而弒，於是乎先攻孔父，而後及其君。能爲有無，亦庶幾焉。」胡安國把宋督弒君之事的前後經過作了一番考察之後，從歷史的高度，總結了歷代亂臣賊子篡弒陰謀之所以得逞的原因，就在於首先「窴」掉了效忠君王的節義之臣。「凡亂臣賊子畜無君之心者，必先窴其所忌，而後動於惡。不能窴其所忌，則有終其身而不敢動也。華督欲弒君而憚孔父，劉安欲叛漢而憚汲直，曹操欲禪位而憚孔融。此數君子者，義形於色，皆足以衛宗社而忤邪心，姦臣之所以憚也。不有君子，其能國乎？」胡安國並沒有停留在讚美賢大夫的層面上，而是從樹立正確的社會風尚導向的高度來提醒人主崇獎節義之臣。因爲節義之臣滿身正氣，義形於色，足以捍衛社稷，震懾姦邪，所以「《春秋》賢孔父，示後世人主崇獎節義之臣，乃天下之大閑，有國之急務也」。

南宋高宗時代，也正是需要提倡和鼓勵臣子節義風尚的時候，然而朝廷在這方面做得並不如人意，非但不崇獎節義之臣，反而拔用失節之人。安國表面是點評歷史，實際卻也是有所指的。他在給高宗的上書中批評道：「誤朝迷國之人，與盡忠死節之士，恤終贈典，略無差等，是賞未足以勸忠也。」

〔註199〕胡安國，春秋傳（卷四）。

〔註200〕〔2〕盡忠死節的道德正義，仍然需要通過崇獎的手段來勸勉砥礪。然而，朝廷的舉措讓胡安國深爲不安。「自建炎改元，凡失節者，非特釋而不問，又加進擢，習俗既成，大非君父之利。」〔註201〕〔2〕朱勝非在建炎三年（1129）二月發生的苗劉兵變中，勸高宗暫時接受叛將苗傅、劉正彥的要求，宣佈退位。雖然是當時緊急情況下的權宜之計，但在胡安國看來，已經於臣節有虧，而朝廷卻對他加以拔擢，胡氏以《春秋》大義進行責難：「今朝廷乃稱勝非處苗、劉之變，能調護聖躬。昔公羊氏言祭仲廢君爲行權，先儒力排其說。蓋權宜廢置非所施於君父，《春秋》大法，尤謹於此。」〔註202〕〔1〕當高宗要任用張邦昌的時候，胡氏也表示了反對，「尊用張邦昌結好金國，淪滅三綱，天下憤鬱」〔註203〕〔1〕。失節之臣反受進擢，是對君臣大義的妨害，「大非君父之利」。所以，胡氏所謂「崇獎節義之臣，乃天下之大閑，有國之急務」實際上又是對以高宗爲首的南宋朝廷提出的建議與要求。

其次，胡安國明確指出，人臣對於君王有明於義、立於節的道德與政治責任。

胡氏說：「諸侯無道，天子方伯在焉，臣子國人其何居？死於其職，而明於去就從違之義，斯可矣。」〔註204〕〔3〕「死於其職」是胡安國給臣子們規定的終極政治責任。隱公七年，戎伐凡伯於楚丘以歸。《胡氏傳》曰：「『以歸』者，罪凡伯失節，不能死於位也。……今凡伯承王命以爲過賓於衛，而戎得伐之以歸，是蔑先王之官而無君父也。」〔註205〕〔3〕胡安國認爲《春秋》對凡伯持貶責的態度，因爲凡伯以天子之臣，應該恪守臣節，保持王臣尊嚴，效死以忠於天王而成全自己的名節，不應該失節而成爲戎之俘虜。再如：僖公十年晉里克弒其君卓及其大夫荀息，這是晉國歷史上十分慘烈的一個連環悲劇。其中一個關鍵性的人物就是里克，他的無節不義，導致了當時晉國最爲重要的幾個政治人物的喪生，並且還把自己的名譽與性命也搭進去了。胡安國總結這段歷史，強調了人臣「明義立節」的重要性。胡氏說：

故成其君臣之名，以正其弒逆之罪，克雖欲辭而不受，其可得

〔註200〕胡寅，斐然集（卷二十五）·先公行狀，長沙：嶽麓書社，2009，495。
〔註201〕胡寅，斐然集（卷二十五）·先公行狀，長沙：嶽麓書社，2009，513。
〔註202〕脫脫，宋史（卷四三五）·儒林五·胡安國傳，北京：中華書局，1999，10074。
〔註203〕脫脫，宋史（卷四三五）·儒林五·胡安國傳，北京：中華書局，1999，10077。
〔註204〕胡安國，春秋傳（卷十五）。
〔註205〕胡安國，春秋傳（卷二）。

乎？使克明於大臣之義，據經廷諍以動其君，執節不貳，固太子以
攜其黨，多爲之故以變其志。其濟則國之福也，其不濟而死於其職，
亦無歉矣。人臣所明者義，於功不貴幸而成；所立者節，於死不貴
幸而免。克欲以中立祈免，自謂智矣，而終亦不能免。等死耳，不
死於世子，而死於弒君，其亦不知命之蔽哉。《語》口「不知命，無
以爲君子」也。爲人臣而不知《春秋》之義者，必陷於簒弒誅死之
罪，克之謂也。〔註206〕〔3〕

在義利、死生之際，胡安國與傳統儒家一樣，把義和節看得比生命更寶貴。
作爲臣子，立身之本在於節義，這正是《春秋》大義之所在。里克最終「陷
於簒弒誅死之罪」，落得身敗名裂，根源就在於他不能以人臣節義自立，而
存僥倖之心。里克明知驪姬將殺世子的陰謀，卻採取了明哲保身的中立立
場，實際上縱容了驪姬的陰謀行動。「國人不君奚齊、卓子，而曰『里克弒
其君卓』，何也？是里克君之也。克者，世子申生之傅也。驪姬將殺世子，
而難里克，使優施飲之酒，而告之以其故。里克聽其謀，乃欲以中立自免，
稱疾不朝，居三旬而難作。是謂持祿容身，速獻公殺嫡立庶之禍者。」獻公
受驪姬挑唆，殺世子申生而立庶子奚齊。這個悲劇原本是可以避免的，只要
里克多一點正義、多一點節氣，申生就不至於被殺，奚齊也不至於以庶奪嫡
而被國人唾棄，里克本人也不至於落了個簒弒的惡名。

相比於里克的無節無義、明哲保身，仇牧、荀息等人的捨生取義行爲顯
得更加富有政治責任感。胡安國說：

若仇牧、荀息立乎人之本朝，執國之政，而君見弒不以其私也，
雖欲勿死，焉得而勿死。聖人書而弗削，以爲求利焉而逃其難者之
勸也。惟此義不行，然後有視棄其君猶土梗弁髦，曾莫之省，而三
綱絕矣。〔註207〕〔3〕

所謂「求利焉而逃其難者」，正是晉里克這樣的人。胡安國從維護「三綱」這
一最核心的倫理道德的高度，強調了大臣守節明義的意義。

再次，胡安國對臣子爲君而死的行爲進行了分類，並給「死節之臣」作
出了明確的定義，主張「以義事君」，反對「逢君之惡、從於昏亂」的愚忠。

胡安國根據《春秋》是否記載其事（即「書」與「不書」），將死於君難

〔註206〕胡安國，春秋傳（卷十一）。
〔註207〕胡安國，春秋傳（卷八）‧莊公十二年。

的臣子分爲可取與不可取兩類。可取者如孔父、仇牧、荀息均見譽於《春秋》，「君弒而大夫死於其難，《春秋》書之者，其所取也。大夫死於弒君之難，而有不書者，故知孔父、牧、息皆所取也。」〔註208〕〔3〕而不可取者如「蕩意諸亦死職，《春秋》削之，不得班於孔父、仇牧、荀息，何也？三子閔其君而見殺，《春秋》之所取也。」〔註209〕〔3〕

　　胡安國認爲，《春秋》評價死難之臣的唯一依據就是節義。仇牧之所以見稱於《春秋》，胡氏認爲是由於他的選擇體現了他對君臣之義的恪守。胡安國說：

> 夫仇牧可謂不畏強禦矣。然徒殺其身，不能執賊，無益於事也，亦足取乎？食焉不避其難，義也。徒殺其身，不能執賊，亦足爲求利焉，而逃其難者之訓矣，何名爲無益哉？夫審事物之重輕者，權也。權重輕而處之得其宜者，義也。〔註210〕〔3〕

胡安國對死節之臣有一個明確的定義，他說：「所謂死節者，以義事君，責難陳善，有所從違，而不苟者是也。」〔註211〕〔3〕這樣就把人臣的死節之義與「逢君之惡、從於昏亂」的愚忠區分開來。春秋時期尚有許多死於君難而不被《春秋》記載褒揚的人，因爲並非所有死於君難、隨君赴死的臣子都是節義之臣。例如：莊公八年「冬十有一月癸未，齊無知弒其君諸兒」，《胡傳》曰：

> 按《左氏》：齊侯遊於姑棼，遂田於貝丘，徒人費遇賊於門，先入伏公，出而鬥死，石之紛如死於階下，是能死節者也。《春秋》重死節之臣，而法有特書，其不見於經，何也？如費等所謂便嬖私昵之臣，逢君之惡，田獵畢弋而不修民事，使百姓苦之者也。與大臣孔父、仇牧義形於色，不畏強禦，以身死其職，則異矣。〔註212〕〔3〕

徒人費和石之紛如，都是爲保衛國君而死，也都是明知必死而死之，可謂能

〔註208〕胡安國，春秋傳（卷八）·莊公十二年。

〔註209〕胡安國，春秋傳（卷十五）·文公十六年「冬，十有一月，宋人弒其君杵臼」條。

〔註210〕胡安國，春秋傳（卷十五）·文公十六年「冬，十有一月，宋人弒其君杵臼」條。

〔註211〕胡安國，春秋傳（卷二十二）·襄公二十五年。

〔註212〕胡安國，春秋傳（卷七）。

死節者，但是他們的姓名和事跡都沒有記載於《春秋》，這是否與《春秋》推重死節之臣的義理相矛盾呢？胡安國對此做了解釋。他認為，徒人費與石之紛如雖然是為君而死，但死非其所，一則是因為齊侯諸兒本是無道昏君，而他們自己又是便嬖私昵之臣，平常都是逢君之惡，迎合諸兒的私欲，「田獵畢弋而不修民事，使百姓苦之」。他們的死，比孔父、仇牧、荀息之死，不可相提並論，他們的死可謂「輕於鴻毛」，而三大臣的死卻「重於泰山」。所以，胡氏雖然重獎人臣為君死義者，但對於逢君之惡的小人，即使從君死難，也並不盲目讚揚。襄公二十五年，「夏，五月乙亥，齊崔杼弒其君光」，《胡傳》曰：

> 齊莊公見弒，賈舉、州綽等十人皆死之，而不得以死節稱，何也？所謂死節者，以義事君，責難陳善，有所從違，而不苟者是也。雖在屬車後乘，必不肯同入崔氏之宮矣。若此十人者，獨以勇力聞，皆逢君之惡，從於昏亂，而莊公嬖之者，死非其所，比諸匹夫匹婦自經於溝瀆而莫之知者，猶不逮也。晏平仲曰：「君民者，豈以陵民，社稷是主。臣君者，豈為其口實，社稷是養。故君為社稷死則死之，為社稷亡則亡之，若為己死而為己亡，非其私昵，誰敢任之？」此十人者，真其私昵，任此宜矣。雖殺身不償責，安得以死節許之哉！〔註213〕〔3〕

只有當國君因社稷而死的時候為君死難，才堪稱死節之臣。齊莊公身邊十個私昵之臣，雖然於莊公被弒之時一同赴死，但「從昏於亂，死非其所」，故而不能以「死節」來表彰。此外，還有「大宰督亦死於閔公之難，削而不書者，身有罪也。惠伯死於子惡之難，亦削而不書者，非君命也。召忽死於子糾之難，孔子比於匹夫匹婦之諒自經於溝瀆而莫之知者，所事不正也。」〔註214〕〔3〕大宰督、惠伯、召忽都是各為其主而死，但他們或因本身有罪，或因未受君命，或因所事不正，都沒有得到「死節之臣」的榮譽。

最後，胡氏高度讚揚了死節之臣，而又嚴厲譴責了失節不義之徒。

孔父、仇牧、荀息三人是春秋時期為人君死節的名臣，胡安國對他們的評價都很高。例如，他對荀息的評價是：

〔註213〕胡安國，春秋傳（卷二十二）。
〔註214〕胡安國，春秋傳（卷十五）・文公十六年「冬，十有一月，宋人弒其君杵臼」條。

荀息者，奚齊、卓子之傳也。君弒而死於難書「及」，所以著其節。書「大夫」，不失其官也。於荀息何取焉？若息者，可謂不食其言矣。或曰：息既從君於昏，不食其言，庸足取乎？世衰道微，人愛其情，私相疑貳，以成傾危之俗，至於刑牲歃血，要質鬼神，猶不能固其約也，孰有可以託六尺之孤，寄百里之命，臨死節而不可奪如息者哉？自古皆有死，民無信不立，故聖人以信易食，而君子以信易生。息不食言，其可少乎？〔註215〕〔3〕

在「世衰道微，私相疑貳」的時代，「刑牲歃血，要質鬼神」尚且不能保證信義，而荀息卻可以「託六尺之孤，寄百里之命」，臨死節而不能奪其信義，就更加顯出其難能可貴了。所以胡氏稱其為「君子」，並且用孔子的「以信易生」來讚譽他。

對於那些不守君臣之義，毫無人臣之節的人，胡安國毫不留情地予以口誅筆伐。例如：定公十年，「宋公之弟辰暨仲佗、石彄出奔陳」，《胡傳》曰：

暨云者，罪辰以兄故，帥其大夫出奔，無尊君之義。夫暨者，不得已之詞。又以見仲佗、石彄見脅於辰，不能自立，無大臣之節也。〔註216〕〔3〕

辰及仲佗、石彄的出奔，其實只因為一件很小的事情。據《左傳》：「宋公子地有白馬四，公以與桓魋，地怒，抶魋奪之，魋懼，將走。公泣之。母弟辰曰：『子為君禮，不過出境，君必止子。』地出奔陳，公弗止。辰為之請，弗聽。辰曰：『是吾迀吾兄也，吾以國人出，君誰與處？』」〔註217〕〔28〕辰因為兄弟之間爭奪四匹白馬而弄得出奔他國，是爭個人意氣而忘卻了君臣大義。而仲佗、石彄原本與此事毫無關係，也隨辰出奔，可見這二人只知有辰，而不知有君，「不能自立，無大臣之節」。

又如：定公十三年，「秋，晉趙鞅入於晉陽以叛」，《胡傳》曰：

人臣專土，與君為市，則是篡弒之階，堅冰之戒，豈無以有已之義乎？後世大臣有困於讒間，遷延居外，不敢釋兵，卒以憂死者，亦未明人臣之義故爾。故直書「入於晉陽以叛」。入者，不順之辭。叛者，不赦之罪。〔註218〕〔3〕

〔註215〕胡安國，春秋傳（卷十一）。
〔註216〕胡安國，春秋傳（卷二十八）。
〔註217〕春秋三傳，上海：上海古籍出版社，1987，507。
〔註218〕胡安國，春秋傳（卷二十八）。

根據《左傳》的記載，「趙鞅謂邯鄲午曰：『歸我衛貢五百家，吾舍諸晉陽。』午許諾，歸告其父兄，皆曰不可。……趙孟怒，遂殺午。」〔註219〕〔28〕雖然這件事情中間還夾雜著趙氏與范氏、中行氏三大家族政治勢力之間的鬥爭，但在胡安國看來，趙鞅作為臣子，居然索衛貢、圍邯鄲、踞晉陽以叛，是「人臣專土，與君為市」，無人臣之義，犯不赦之罪。痛責了趙鞅之後，胡氏意猶未盡，又對「後世大臣」做了一番勸勉，要求人臣即使被讒言離間，遭遇貶謫罷黜而「遷延居外」，也不能忘記作為臣子對於君王的節義。

綜而言之，胡安國有感於唐末五季以來世風澆薄，臣節不立，人臣道德失範的社會現實，在《春秋傳》中通過對春秋歷史上忠貞節義之臣的表彰和對無節不義之人的貶責來提倡「忠義」，砥礪士風，高揚起尊王的旗幟，強調人臣對於君王有明義死節的道德與責任。這既是胡安國《春秋傳》尊王思想的內涵之一，同時也是其經世致用的表現之一，即與趙宋王朝鼓勵忠臣道德的「祖宗之法」相呼應，而致力於為王權與中央集權政治服務。

〔註219〕春秋三傳，上海：上海古籍出版社，1987，509。

第4章　胡安國《春秋傳》的崇道之義

　　「王道」作爲政治權威與道德權威的統一（即「聖王合一」），本身就包括了「尊王」與「崇道」兩個方面的意涵。就「崇道」而言，其政治功能體現在對君權的評價、制約和規範。胡安國對宋儒復興王道政治理想之追求，已經被注入到他對《春秋》的經典詮釋之中。胡氏吸收並發展了傳統儒家制約、規範君權的「崇道」思想，秉持「道高於君」的信仰，堅持「以道事君」的政治參與原則，建構起他批評君主和制約君權的思想理論。例如：襄公十四年「二月己未，衛侯出奔齊」，《胡傳》說：

　　　　欲知經之大義，深考舊文、筆削之不同，其得之矣。或曰：孫寧出君，眾所同疾，史策書之，是也。聖人曷爲掩奸藏惡，不暴其罪，而以歸咎人主，何哉？曰：臣而逐君，其罪已明矣。人君擅一國之名寵，神之主而民之望也。愛之如父母，仰之如日月，敬之如神明，畏之如雷霆，何可出也？所爲見逐，無乃肆於民上，縱其淫虐，以棄天地之性乎？故衛衎出奔，使祝宗告亡，且告無罪，而定姜曰：有罪若何告無？《春秋》端本清源之書，故不書所逐之臣，而以自奔爲名，所以警乎人君者，爲後世鑒。非聖人莫能修之，爲此類也。〔註1〕〔3〕

胡安國一方面高舉《春秋》學「尊王」的旗幟，極力維護君主處於整個統治秩序最頂端的權威地位，所以他強調「人君擅一國之名寵，神之主而民之望」，所有人對君主都應該「愛之如父母，仰之如日月，敬之如神明，畏之如雷霆」；另一方面又避免了走上「絕對君權主義」的路子，爲驅逐「肆於

〔註1〕胡安國，春秋傳（卷二十二）。

民上，縱其淫虐，以棄天地之性」的無道昏君尋求思想理論依據。而所謂「天地之性」，也就是天理。胡氏實際上是以民意和「天地之性」作爲制約君主權力的工具。胡氏在主張君主擁有最高權力的同時，也認爲君主應當承擔起最高的責任，希冀君主秉持「天地之性」，成爲「聖王合一」式的理想統治者。這就是其崇道之義的精神實質。

胡安國依據其三代王道的信仰，對君主提出了種種批評，體現了胡氏的「崇道之義」。由於現實政治與王道理想之間存在難以彌合的差距，無論是春秋時期的天子、諸侯，還是後世的歷代帝王，雖然擁有最高的統治權力，卻不再具有最高的道德或道義。「道體」脫離了帝王的「治統」，而由儒家聖賢代代相傳下來。把政治與道德一分爲二的主要目的就在於讓繼承了道統的儒者可以把道德權威置於政治權威之上。在宋儒的思想世界裏，存在著一個「道統」的傳承譜系。胡安國雖然沒有明確地提出「道統」的概念，但在其《春秋傳》中卻流露出明顯的道統意識。在道統意識的支配下，胡安國在《春秋傳》中就憑藉道德權威相對於政治權威的優先性，對春秋時期的失道天子和諸侯進行了猛烈地抨擊，而這種抨擊又往往有很強的現實針對性，每每讓人覺得他對歷史的闡釋都是在影射宋代的時政。胡安國還把這種精神貫徹到他自己參政議政的政治生活實踐中。在他的政論文章、與師友的信函以及給皇帝的上書中，對當代帝王與時政進行了嚴厲的批評，也爲解決現實政治的困境提出了許多對策方案。

4.1 《春秋傳》對儒家傳統崇道思想的繼承和發展

「崇道」即推崇儒家之「道」，在政治上就是指將「道」置於君權之上，主張「道高於君」、「以道事君」、「以道制君」。利用道德——思想的權威來批評、制約政治權威，對君權進行限制與約束，始終是儒家思想的主要內容，也一直是《春秋》學的傳統。《春秋》學的「崇道」思想主要表現在解釋《春秋》文本時，根據儒家的倫理道德標準，對天子或君王的行爲進行或褒或貶的評價。例如：莊公元年，「王使榮叔來錫桓公命」，《穀梁傳》曰：「禮有受命，無來錫命。錫命，非正也。生服之，死行之，禮也。生不服，死追錫之，不正甚矣。」〔註2〕〔28〕穀梁子即根據禮而對天子遣使錫命的「不正」行爲

〔註2〕 春秋三傳，上海：上海古籍出版社，1987，96。

進行了批評。《公羊傳》雖然對此事沒有明確的批評，但何休的《公羊解詁》說：「不言天王者，桓行實惡，乃追錫之，尤悖天道，故云爾。」又文公五年，「春王正月，王使榮叔歸含且賵」，《公羊傳》說：「含者何？口實也。其言歸含且賵何？兼之也。兼之，非禮也。」《穀梁傳》也說：「兼歸之，非正也。」〔註 3〕〔28〕何休《解詁》也說：「含者，臣子職，以至尊行至卑事，失尊之義也。」可見二傳及何休都對天子「使榮叔來錫桓公命」、「使榮叔歸含且賵」的行為持否定與批評的態度。歷代思想家批評天子、制約君權的「崇道」思想始終不絕如縷。胡氏《春秋傳》是宋代《春秋》學「崇道」思想的代表。

4.1.1　對儒家傳統天命論的吸收和發展

儒家的政治思想，一方面要論證、維護君主制度特別是「天子」或「王」的最高政治權力的合法性與正當性；另一方面又以理想主義的眼光看待現實政治中一切不盡人意的政治現象，因而又把批評的矛頭指向負有最高責任的天子和王者，意圖制約、規範天子最高政治權力的行使，使君權的運行不至於逸出一定的範圍而破壞整個社會秩序的穩定。要使君主和君權接受批評和制約，就必須借助於一個超越王權的力量，在中國傳統政治思想中，只有「天」、「道」、「理」具備這種超越性的力量。在董仲舒及以前的時代，儒家思想制約王權的任務之落實，依靠的是具有人格神力量的「天」，以「天人感應」和「天命論」來論證「天」對王權的制約的合理性和有效性。「天」不僅是維護和論證君主權力的最終依據，也是限制和規範君權的最高力量。「天」在上古人們的思想和政治信仰中具有極其崇高的地位。例如：《詩·大雅》曰：「天生蒸民，其命匪諶」、「於斯萬年，受天之祐」；《莊子·達生篇》云：「天地者，萬物之父母也」；《左傳》成公八年有言曰：「三代之令王，皆數百年，保天之祿」；《孟子·萬章篇》云：「萬章曰：『堯以天下與舜，有諸？』孟子曰：『否，天子不能以天下與人。然則舜有天下，孰與之？曰：天與之』」。由此看來，「天」既有人格意識，又有神格威力。因而，制約最具世俗權力的王者，只有依靠這個人神合一的「天」來實現。在漢代「天人同構」的宏大宇宙論思想體系中，存在兩個權威，一個是「王」的政治權威。

〔註 3〕春秋三傳，上海：上海古籍出版社，1987，221。

王因爲「受命於天」而稱爲「天子」、「天王」，是「天」在人世間的代表，受「天」的「委託」來統帥、管理、養育、教化萬民。另一個則是「天」的精神權威。「天」是「百神之大君」，是宇宙天地以及整個人世間的最高主宰者。這兩個權威並非處於同等地位，作爲「天子」的王的權威最終還是來自「天」的授予，也必須聽從「天意」，「天子受命於天，諸侯受命於天子，子受命於父，臣受命於君，妻受命於夫。諸所受命者，其尊皆天，雖謂受命於天亦可」〔註4〕〔7〕，政治權力的合法性最終來源於「天」的精神權威。

　　董仲舒認爲，「王」處於秩序的最頂端，具有最高的政治權威。這可由他對「王」字的解釋來證明，他說：「古之造文者，三畫而連其中，謂之王。三畫者，天地與人也，而連其中者，通其道也。取天地與人之中以爲貫而參通之，非王者孰能當是？」〔註5〕〔7〕董子之意，以爲王者連通天地人，處於宇宙間最爲關鍵的位置。因此，王就享有最高的權力和能耐：「王者，民之所往。君者，不失其群者也。故能使萬民往之，而得天下之群者，無敵於天下。」〔註6〕〔7〕然而，這個「無敵於天下」的王，卻又必須受到制約和規範。所以董仲舒另外一方面又設立了一個限制和規範王權的力量——「天」，用「天」來「正王」。在董仲舒的思想中，「天」大致可以區分爲三個層次的含義，一是自然之天，二是道德之天，三是神靈之天。三者在論述方面雖有區別，但在本質上又是同一的。他認爲天具有意志、道德以及情感，「仁之美者在於天，天，仁也」〔註7〕〔7〕。他說：「《春秋》之道，以元之深正天之端，以天之端正王之政。」〔註8〕〔7〕如果王者不正，則有天變和災異來譴告王者，「國家將有失道之敗，而天乃先出災害以譴告之，不知自省，又出怪異以警懼之；尚不知變，而傷敗乃至」〔註9〕〔9〕。董仲舒說：「道，王道也。王者，人之始也。王正則元氣和順、風雨時、景星見、黃龍下。王不正則上變天，賊氣並見。」〔註10〕〔7〕把種種美好祥和的自然現象賦予象徵王道政治的意義，而把「賊氣」視爲上天對王者失道失政的譴告和警示。

〔註4〕 董仲舒，春秋繁露（卷十五）‧順命，北京：中華書局，1991，241。
〔註5〕 董仲舒，春秋繁露（卷十一）‧王道通三，北京：中華書局，1991，183。
〔註6〕 董仲舒，春秋繁露（卷五）‧滅國上，北京：中華書局，1991，71。
〔註7〕 董仲舒，春秋繁露（卷十一）‧王道通三，北京：中華書局，1991，183。
〔註8〕 董仲舒，春秋繁露（卷三）‧玉英，北京：中華書局，1991，33。
〔註9〕 班固，漢書‧董仲舒傳，北京：中華書局，1962，2498。
〔註10〕 董仲舒，春秋繁露（卷四）‧王道，北京：中華書局，1991，51。

所謂「屈君以伸天，《春秋》之大義也」〔註11〕〔7〕，就是爲了彰顯天在王權之上具有更高的價値和力量。董仲舒這套制約君權的思想體系爲後代儒家不斷地加以發展。

　　先秦及漢代的「天命論」依據「天人感應」、「陰陽五行」宇宙觀爲基礎的「五德終始」說，一直以「天命所歸」、「天降祥瑞」的神秘主義方式論證君權的合理性。按照這種神秘主義「天命論」的論證方式，「天」通過某種神秘力量將最高的統治權力賦予人間的仁德有道之君，也會對無道失德之君加以譴告，譴告未警則降以災異。但是歷史發展的事實往往與這種理論論證發生悖謬。到了東漢後期及以後，「天」的權威受到了嚴重的挑戰和質疑，人們對「天」的信仰開始發生動搖。因爲漢代的「天」的權威建立在災異譴告等思想學說的基礎之上，而東漢後期頻繁發生的自然災害使人們對傳統的災異學說產生了懷疑。人們發現，「天」並不能如先前學者所宣揚的那樣能夠主宰人間的禍福成敗，現實中的成功者未必是，而失敗者未必爲非，甚至「殘民者昌，祐民者殃」也是常見的社會現實，有德者未必獲得「天」的眷顧，而無道者未必遭到譴告。在東漢末年的黨錮之禍中，許多正直忠良的大臣們都受到陷害甚至受到來自朝廷的打擊，遭受被囚禁、殺戮之類的慘劇，而那些姦佞無恥的宦官、佞臣卻反而得到天子的重用。這種嚴酷而不公的社會現實，使得具有正義感的士大夫開始思考「天」的可靠性。能發譴告、降災異以保障人間合理秩序的「天」，業已喪失其道義權威性，成爲一種非理性的、盲目的宰制力量，「不可得而知」，亦「不可得而必」，更接近於無常命運的意思，人間道義在它的面前顯得無可奈何。〔註 12〕〔174〕「天命」已經發生了變質，失去了道德理性的內涵，如果再繼續延續「五德終始」學說，則既不能合理地解釋與之相悖的歷史事實，也不能爲政權的合法性提供有效的論證。此外更爲嚴重的是，「天命」不可知，亦不可畏，失去了警戒人君的作用，儒家用以制約、規範君權的思想理論失去了信仰的基礎。總而言之，「天」的權威漸趨瓦解。

　　到了宋代，一方面，通過宋初一系列的政治活動與制度安排，王權得到極大的強化與擴充；另一方面，國家推崇儒術、優待士人的政策又激起士大

〔註11〕董仲舒，春秋繁露（卷一）・玉杯，北京：中華書局，1991，12。

〔註12〕這種觀點在江湄《以「公天下」大義正「家天下」之法——論中唐〈春秋〉學的「王道」論述及其時代意義》一文中有詳細論述，中國哲學史，2006（4）。

夫極大的政治熱情，出現天子「與士大夫共治天下」的局面，儒家士大夫的
政治主體意識空前高漲，對王權的過度膨脹懷有深切的隱憂。宋代理學即在
這樣的政治與思想背景下逐漸興起，宋儒的理性意識也逐漸覺醒。又由於自
然科學的進步，人類對各種自然現象的認識也逐漸科學，「天」的神秘色彩較
之漢代已經大爲消減。到了胡安國的時代，人們已經能夠推考「去之千餘歲」
的日食，並能發現其規律，因而對日食等自然現象已經不再具有神秘感。儒
家制約、規範君權的思想和理論，必須重建自己的信仰基礎。先儒的天人感
應學說及天譴論必須經過一番改造之後，才能繼續發揮它對政治實踐的指導
作用。

　　胡安國等宋儒批評君主、制約君權的崇道思想，對漢代的天人感應學說
和天譴論思想都既有所吸收也有所發展。從對「王」的認識和定位來看，胡
安國表現了與董仲舒等公羊學家一脈相承的思想觀點。僖公二十四年，「天王
出居於鄭」，《胡傳》說：「王者以天下爲家，京師爲室，而四方歸往，猶天之
無不覆也。」〔註13〕〔3〕這與董子「王者，民之所往」之說的精神是一致的。
此外，胡安國也用「天」來論證君主權力和地位的合法性，他說：「立天之道
曰陰陽，陽居春夏，以養育爲事，所以生物也。王者繼天而爲之子，則有賞，
陰居秋冬，以肅殺爲事，所以成物也。」〔註14〕〔3〕這也與傳統的以「天」論
證君權的思想完全一致。

　　在維護和論證君權的同時，與董仲舒一樣，胡安國也強調了「天」對王
者的限定作用。他說：「《春秋》繫王於天，以定其名號者，所履作則天位也，
所治則天職也。」〔註15〕〔3〕既然王者的名號和行事都是由天所規定的，那
麼天對王就必然具有了制約和規範意義。「王者繼天而爲之子，則有刑。賞
以勸善，非私與也，故五服五章，謂之天命。刑以懲惡，非私怒也，故五刑
五用，謂之天討。古者賞以春夏，刑以秋冬，象天道也」〔註16〕〔3〕，王者
的刑賞都必須依據「天道」與「天命」，而不能由王者「私與」，這當然是對
王者的限制與制約。僖公元年，「春，土正月」，《胡傳》說：「有四海而即天
王之位者，受之於天者也。有一國而即諸侯之位者，受之於王者也。受之於

〔註13〕胡安國，春秋傳（卷十二）。
〔註14〕胡安國，春秋傳（卷五）‧桓公七年。
〔註15〕胡安國，春秋傳（卷十四）‧文公五年。
〔註16〕胡安國，春秋傳（卷五）‧桓公七年。

天者，必奉若天道，而後能保天下。受之於王者，必謹守王度，而後能保其國。」〔註17〕〔3〕可見胡氏也認爲「天」既是王者權力地位的授予者或者說是君主的「權源」，也是君主必須遵守的規範。這一點上，胡安國與傳統儒家並無根本的區別，可以視爲是對董仲舒等先儒思想的吸收。

但在胡安國的思想中，「天」與「理」或「天理」之間沒有明顯的縫隙，它們經常是同義語，可以互相替代。「天」的神秘色彩已經大爲減弱，它不再具有人格神的力量，而具有了本體的價值和理性的意義。當然，這並不是胡安國思想的獨到之處，而是整個宋代理學家的共同特點（或共同趨向）。

4.1.2　對儒家傳統災異論思想的吸收和發展

歷代《春秋》學者批評和制約王權的崇道思想，可謂不絕如縷。而《胡傳》批評君主、制約王權的「崇道」思想，正是繼承與吸收了包括董仲舒在內的歷代思想家的相關思想和理論，並加以富有時代特色的改造而形成的。

災異現象歷來被儒者視爲上天對人君的警示，借災異論政治，是儒家批評君王和制約君權思想的重要內容。董仲舒《春秋繁露》說：「日爲之食，星隕如雨，雨蟲，沙鹿崩，夏大雨水，冬大雨雪，隕石於宋五，六鷁退飛，隕霜不殺草，李梅實，正月不雨至於秋七月，山崩，壅河三日不流，晝晦，彗星見於東方，孛於大辰，鸛鵒來巢，《春秋》異之。以此見悖亂之征。」〔註18〕〔50〕認爲自然界各種異於尋常的現象和災害，是社會政治悖亂的徵兆。胡安國的《春秋傳》在關於這些災異的解經中，也多認爲災異的背後能夠反映現實政治的悖亂和無序，是「人事感於下，則天變動於上」〔註19〕〔3〕。這與董仲舒的說法是相合的。但是，胡氏更加注重引導人君的理性自覺，主動地採取措施「以德消災」，而不在於敬畏天命。關於災異論的目的，胡氏說：「《春秋》不書祥瑞，而災異則書者，絕諂端，垂警戒，正天下後世人主之心術也。」〔註20〕〔2〕可見胡氏之論災異，重點在引導人君以天下民生爲心。例如：隱公三年，「春，日有食之」，《胡傳》曰：

> 經書日食三十六。去之千有餘歲，而精曆算者所能考也，其行

〔註17〕胡安國，春秋傳（卷十一）。

〔註18〕蘇輿，春秋繁露義證（卷四）·王道第六，北京：中華書局，1992，108。

〔註19〕胡安國，春秋傳（卷七）·莊公七年「夏，四月，辛卯，夜，恒星不見，夜中，星隕如雨」條。

〔註20〕胡寅，斐然集（卷二十五）·先公行狀，長沙：嶽麓書社，2009，496。

有常度矣，然每食必書，示後世治曆明時之法也。有常度，則災而
非異矣，然每食必書，示後世遇災而懼之意也。日者，眾陽之宗，
人君之表，而有食之，災咎象也。克謹天戒，則雖有其象，而無其
應。弗克畏天，災咎之來必矣。凡經所書者，或妾婦乘其夫，或臣
子背君父，或政權在臣下，或夷狄侵中國，皆陽微陰盛之證也。是
故十月之交，詩人以刺，日有食之，《春秋》必書，以戒人君不可忽
天象也。〔註21〕〔3〕

這是胡氏《春秋傳》中首次對「災異說」進行闡發，胡氏此說的重點在最末
一句，以天象災異告戒人君關注天象、留心政事。這本來就是儒家的老傳統，
在先秦及漢代思想家都多有發明，胡氏傳承了下來，但去掉了不少神秘主義
的色彩，更多地以歷史教訓作爲立論的依據。這當然與宋代科技的進步及人
們對自然宇宙的認識水平提高有關。

胡安國一方面接收了傳統災異說中「天人感應」理論，如：莊公十八年，
「秋，有蜮」，胡安國《春秋傳》曰：

蜮，魯所無也，故以有書。夫以含沙射人，其爲物至微矣。魯
人察之，以聞於朝，魯史異之，以書於策。何也？山陰陸佃曰：「蜮，
陰物也，麇亦陰物也。是時，莊公上不能防閑其母，下不能正其身，
陽淑消而陰慝長矣，此惡氣之應。」其說是也。然則《簫韶》作而
鳳凰來儀，《春秋》成而麟出於野，何足怪乎？《春秋》書物象之應，
欲人主之慎所感也。世衰道微，邪說作，正論消，小人長，善類退，
天變動於上，地變動於下，禽獸將食人，而不知懼也，亦昧於仲尼
之意矣。〔註22〕〔3〕

又僖公十六年，「春，王正月，戊申，朔，隕石於宋五。是月，六鷁退飛過宋
都」，《胡傳》曰：

隕石，自空凝結而隕也。退飛，有氣逆驅而飛也。石隕鷁飛而
得其數與名，在春秋時，凡有國者，察於物象之變亦審矣。此宋異
也，何以書於魯史？亦見當時諸國有非所當告而告者矣。何以不削
乎？聖人因災異以明天人感應之理，而著之於經，垂戒後世，如石
隕於宋，而書曰「隕石」，此天應之也。和氣致祥，乖氣致異，人事

〔註21〕胡安國，春秋傳（卷一）。
〔註22〕胡安國，春秋傳（卷八）。

感於下，則天變應於上。苟知其故，恐懼修省，變可消矣。宋襄公
以亡國之餘，欲圖伯業，五石隕，六鶂退飛，不自省其德也。後五
年有盂之執，又明年有泓之敗，天之示人顯矣。聖人所書之義明矣，
可不察哉？〔註 23〕〔3〕

胡安國承認孔子編《春秋》時之所以不刪削那些「非所當告而告者」的災異
記錄，是由於孔子欲借這些災異現象來讓後人體察「天人感應之理」。而胡氏
所謂「和氣致祥，乖氣致異，人事感於下，則天變應於上」等等，也都是典
型的天人感應說。

　　但另一方面，胡氏又對天人感應和天譴論加以改造，更加突出人的主觀
能動性，強調「以人勝天」、「以德消災」的思想，透露出非常強烈的理性精
神。正如日本學者土田健次郎所論，「在天人關係論上，有關的論爭大多與天
譴問題有直接的聯繫，但是，道學雖持天人合一論，卻並不特別強調天譴說」
〔註 24〕〔130〕，當然，「道學也不否定天譴說，只是反復闡述天人感應乃是『理』
當如此，而迴避了進一步的神秘化做法」〔註 25〕〔130〕。筆者認為，胡安國《春
秋傳》的天人感應與天譴論中所凸顯的理性精神與主觀能動性，也就是「迴
避進一步的神秘化」。胡安國對「天」的態度，或許還可以借用傑斐遜的一句
名言來描述：「他一定更贊成理性的崇敬而非盲目的恐懼。」〔註 26〕〔264〕胡
安國說：「存亡者，天也；得失者，人也；不可逆者，理也。以人勝天，則事
有在我者矣。必若顛倒冠履，而得天下，其能一朝居乎？」〔註 27〕〔3〕存亡
自有天命，而天理亦不可違逆，但政事之得失成敗，卻全在人為。人是天地
間「最可貴者」，只有堅持「以人勝天」的理念，才能掌握世間事務的主動性。

　　胡氏「以人勝天」之說，這並不是認為「人」可以克服、甚至違背「天
命」與「天理」而具有無限的能動性，而是在順應「天命」、「天理」的前提
下，來發揮人的主觀能動性。因而，胡氏「以人勝天」的思想並非是把天和
人、自然與人為對立起來，而是以主張天人合一，以自然支持人為。與傳統
「天人合一」思想一樣，胡氏「以人勝天」、「以德消災」的思想中，自然與
人為、天與人之間並非絕對的緊張關係，他認為人及人的行為應當符合天命

〔註 23〕胡安國，春秋傳（卷十二）。
〔註 24〕土田健次郎，道學之形成，上海：上海古籍出版社，2010，197。
〔註 25〕土田健次郎，道學之形成，上海：上海古籍出版社，2010，197。
〔註 26〕傑斐遜著、朱曾汶譯，傑斐遜選集，北京：商務印書館，1999，408。
〔註 27〕胡安國，春秋傳（卷三十）・哀公十三年「公會晉侯及吳子於黃池」條。

和自然，並且與天命自然和諧圓融共生共存。這與後世有人持所謂「人定勝天」的政治口號，而主張向自然界「開戰」、意欲「征服」自然的想法是根本不同的。

胡安國還說：「若反身修德，信用忠賢，災異之來，必可禦矣。昔高宗肜日，雉升鼎耳，異亦甚矣，聽於祖己，克正厥事，故能嘉靖殷邦，享國長久。宣王之時，旱魃蘊隆，災亦甚矣。側身修行，遇災而懼，故能興衰撥亂，王化復行。此皆以人勝天，以德消變之驗也。」〔註28〕〔3〕高宗（指殷王武丁）曾遇大異而享國長久，（周）宣王遭逢大災而王化復行，都驗證了一條道理：只有反身修德興衰撥亂，才能消災克異逢凶化吉。昭公四年，「春，王正月，大雨雹」，《胡傳》曰：

> 陰陽之氣，和而散則為霜雪雨露，不和而散則為戾氣疊霆。雹，戾氣也。陰脅陽，臣侵君之象。當是時，季孫宿襲位世卿，將毀中軍，專執兵權，以弱公室，故數月之間，再有大變。申豐者，季氏之孚也，不肯端言其事，故暴揚於朝，歸咎藏冰之失。夫山谷之冰，藏之也周，用之也遍，亦古者本末備舉，燮調之一事耳。謂能使四時無愆伏淒苦之變，雷出不震，無蓄霜雹，則亦誣矣。意者昭公遇災而懼，以禮為國，行其政令，無失其民，雹之災也庶可禦也。不然，雖得藏冰之道，合於《豳風・七月》之詩，其將能乎？〔註29〕〔3〕

胡安國沒有否認災異現象的警示作用，也接受並採用古已有之的陰陽五行說來解釋「大雨雹」等災異現象。儘管他也認為「《春秋》災異必書，雖不言其事應，而事應具存，惟明於天人相感之際，響應之理，則見聖人所書之意」〔註30〕〔3〕，但他更強調「吉凶禍福，固有可移之理」，堅持在災異面前要「必先人事，而後言命」〔註31〕〔3〕。

胡安國的災異論不僅吸收了漢代公羊家的學說，還對程頤等先儒之學有所繼承和發展。例如，桓公三年「冬，有年」。所謂「有年」，就是獲得豐收，即《穀梁傳》謂「五穀皆熟為有年也」。《公羊傳》說：「有年何以書？以喜書也。大有年何以書？亦以喜書也。此其曰『有年』何？僅有年也……」並未

〔註28〕胡安國，春秋傳（卷二十六）・昭公二十五年「秋，七月，上辛大雩，季辛又雩」條。

〔註29〕胡安國，春秋傳（卷二十四）。

〔註30〕胡安國，春秋傳（卷三）・隱公九年「三月癸酉，大雨震電：庚辰大雨雪」條。

〔註31〕胡安國，春秋傳（卷二十五）。

有一語涉及災異之說。但是漢代何休《解詁》卻以爲桓公篡弒,「而又元年大水,二年耗減」,按常理應該是「諸侯所當誅,百姓所當叛,民人將去,國喪無日」的景況,然而實際狀況確是「五穀皆有」。何休一面認爲「有年」是「故喜而書之」,一面又指出桓公是「不肖之君,爲國尤危」,之所以還能維持統治,所賴者正是「有年」「使百姓安土樂業,故喜而書之,明爲國家者不可不有年」〔註32〕〔28〕。雖以「有年」爲喜而書之,但這種豐收的喜悅不當屬於桓公的意思也很明顯。賈逵雖與何休學術旨趣迥異,分屬古文經學與今文經學兩大陣營,但他們對「有年」的解釋也有相通之處。賈逵說:「言有,非其所宜有」,認爲經書「有年」,意在表達桓公治下本不應該出現「五穀皆熟」的豐年景象,雖然沒有明確提出「有年」爲「異」,但已能略見「異」的意思了。但孔穎達《春秋左傳正義》說:「賈云『桓惡而有年豐,異之也。』言有非其所宜有。」亦可見賈氏以「有年」爲異之意。到了宋代,以「有年」爲記異的觀點逐漸清晰起來。孫覺《春秋經解》解釋宣公十六年的「大有年」說:「大者,非常之辭;有者,不宜有也。《春秋》書有年,皆在桓、宣之時,聖人之意可知矣。」〔註33〕〔18〕在賈逵之說的基礎上更進了一步,但仍未明確說「異」,且雖然看到了書「有年」只在桓、宣之時,其中應有「聖人之意」,但聖人之意究竟是何意,卻語焉不詳。與孫覺同時代而稍後的程頤,則明確指出「有年」爲「異」。他說:「書有年,紀異也。人事順於下,則天氣和於上,桓弒君而立,逆天理,亂人倫,天地之氣爲之繆戾,水旱凶災乃其宜也。今乃有年,故書其異。宣公爲弒君者所立,其惡有間,故大有年則書之。」程頤接著何休的「諸侯所當誅,百姓所當叛」的意思往下更進一步,認爲桓公弒君篡立,出現水旱凶災的天象才是理所當然,而實際情況卻是五穀皆熟,因而是「異」。胡安國的解釋對程頤之說既有承繼也有發展。他說:

> 舊史災異與慶祥並記。故有年、大有年,得見於經,若舊史不記,聖人亦不能附益之也。然十二公多歷年所,有務農重穀閔雨而書雨者,豈無豐年?而不見於經,是仲尼於他公皆削之矣。獨桓有年,宣大有年,則存而不削者,緣此二公獲罪於天,宜得水旱凶災之譴。今乃有年,則是反常也,故以爲異,特存耳。然則天道亦僭乎?桓、宣享國十有八年,獨此二年書有年,他年之歉,可知也,

〔註32〕引自春秋三傳,上海:上海古籍出版社,1987,69。
〔註33〕引自春秋三傳,上海:上海古籍出版社,1987,285。

而天理不差，信矣。此一事也，在不修《春秋》，則爲慶祥；君子修
之，則爲變異，是聖人因魯史舊文，能立興王之新法也。故史文如
畫筆，經文如化工，嘗以是觀，非聖人莫能修之，審矣。有年，大
有年，自先儒說經者，多列於慶瑞之門，至程氏發明奧旨，然後以
爲記異，此得於言意之表者也。〔註34〕〔3〕

經書「有年」爲記異的說法，賈逵、何休先有其意，程頤因賈、何之說而明
確指出之，胡安國又因程子之說而暢言之，胡氏對前人學說的吸收顯而易見，
以「有年」爲異的思想觀點的演變歷程也清晰可辨。在胡氏看來，聖人修《春
秋》之前，魯史舊文並記「災異」和「慶祥」。豐收之「有年」無疑是值得喜
慶的。魯國春秋十二公二百四十二年中，豐年肯定很多，因爲經文中也多有
「務農重穀閔雨而書雨者」，舊史中關於「有年」的記錄就應該不少。但在《春
秋》經聖人筆削之後，惟有桓公、宣公年間的「有年」被保留了下來，其它
所有記錄都被刪除。胡氏認爲原因在於桓、宣二公「獲罪於天，宜得水旱凶
災之譴。今乃有年，則是反常也，故以爲異，特存耳」。未獲豐收甚至出現「水
旱凶災」或者「飢饉薦臻」，都是「天道」、「天理」所決定了的。桓、宣兩公
在位均爲十八年，三十六年間只出現兩次「有年」，胡氏認爲由此可見其它年
份未獲豐收，因而，「天道」未「僭」，「天理不差」。胡氏的用意，並非不願
意或「不喜」獲得豐收「有年」，也不是期待有「水旱災凶」以及「飢饉薦臻」
來警戒、譴責篡弒之君，而是通過經文只兩次書「有年」爲非常之事，進而
推斷其它年份爲歉收甚至出現「水旱蝨蝝飢饉之變」，並認爲這是「天道」或
「天理」對桓公、宣公弒君篡立逆理亂倫之事的感應，曲折地表達了對無道
不正之君的譴責。孫覺曾經提到卻語焉不詳的「聖人之意」，在胡安國的解經
中已經完整地表達了出來。這是胡安國在吸收前人思想成果基礎上的新發
展。相似的論述，在胡氏對宣公十六年「冬，大有年」的解經中再次得到發
揮。胡氏說：

程氏曰：「大有年，記異也。」旱乾水溢，飢饉薦臻者，災也。
山崩地震，彗孛飛流者，異也。景星甘露，醴泉芝草，百穀順成
者，祥也。大有年，上瑞矣。何以爲記異乎？凡災異慶祥，皆人
爲所感，而天以其類應之者也。人事順於下，則天氣和於上。宣
公弒立，逆理亂倫，水旱蝨蝝飢饉之變，相繼而作，史不絕書，

〔註34〕胡安國，春秋傳（卷四）·桓公三年「冬，有年」條。

　　宜也。獨於是冬，乃大有年，所以爲異乎？夫有年、大有年，一

　　耳。古史書之則爲祥，仲尼筆之則爲異。此言外微旨，非聖人莫

　　能修之者也。〔註35〕〔3〕

這段文字的大意與桓公三年「有年」的解經基本相同，但在區分「災」、「異」
和「祥」的基礎上，更加集中地解釋了原本稱得上是「上瑞」和「慶祥」的
「有年」爲什麼被理解爲與「山崩地震，彗孛飛流」相同的「異」。胡氏認
爲聖人的「言外微旨」，在於暗示其它年份的水旱飢饉蝨蝝之災，都是「天
道」或「天理」對諸侯「逆理亂倫」的譴責。這也是胡氏在前人未發之處的
創發，是對先儒學說的發展。

　　自孔穎達開始，就不斷有人反對以「有年」爲「記異」之說。孔氏《疏》
曰：「君行既惡，澤不下流，遇有豐年，輒以爲異。是則無道之世，唯有大
饑，不宜有豐年，非上天祐民之本意也。且言有不宜有，《傳》無其說。」
〔註36〕〔25〕後儒也有人以此非議胡安國，認爲按照胡氏的觀點，在亂世就
應該只有水旱飢饉，不宜有豐收，失聖人仁德愛民之心。這其實是一種誤會。
《春秋三傳》一書的「案語」對此誤會做出了解釋：「或疑以君之故而惡其
民，非聖人書法本意。其實，程、胡二傳亦謂君惡召災而病民，惟此『有年』
爲可異爾，與《公羊》『以喜書』之意正同。觀何氏休之說，則兩不相悖矣。」
〔註37〕〔28〕筆者認爲，胡氏之說不僅「與《公羊》『以喜書』之意正同」，
不悖於聖人書法本旨，無傷於上天祐民本意，還把「天理」概念引入傳統災
異論中，具有重大的理論和現實意義。

　　胡安國解釋「有年」的傳文中很明顯地保留了「天」的位置，多處大談
天人感應。但胡氏此處所談的天，少有神性的痕跡，而更具有「理」性的色
彩。正是在這種理性主義的光輝照耀之下，胡安國《春秋傳》言災異的根本
落腳點放在了激發人君「以德消災」的主觀能動性。如「意者昭公遇災而懼，
以禮爲國，行其政令，無失其民」。當災異出現、禍亂來臨之際，不是去求神
禱告，而是要修德省政，勵精圖治。所以胡氏特別重視救災之政，他說：「古
者救災之政，若國凶荒，或發廩以賑乏，或移粟以通用，或徙民以就食，或

〔註35〕胡安國，春秋傳（卷十八）。
〔註36〕杜預注、孔穎達疏，春秋左傳正義（卷六）・桓公三年「冬，有年」，文津閣
　　　　四庫全書本。
〔註37〕春秋三傳，上海：上海古籍出版社，1987，69～70。

為粥溢以救餓莩，或興工作以聚失業之人。緩刑捨禁，弛力薄徵，索鬼神，除盜賊，弛射侯而不燕，置廷道而不修，殺禮物而不備，雖有旱乾水溢，民無菜色，所以備之者如此其至。」〔註38〕⑶胡安國利用災異論對君權的制約和評判，主要不是依靠災異現象的神秘性來引起人君的恐懼心，而是強調災異可能造成的嚴重後果來引起君主的重視；不是要求君王被動地接受上天的指示，而是要求君王主動而自覺地遵循王者之道，推行德政，以消除災異，此即胡氏所謂「以德消災」的實質內容。

　　總之，從胡安國《春秋傳》災異論對前代思想家制約、批評王權理論諸如「天人感應」說和「天譴論」的吸收、改造的情況來看，相對於漢儒的王道思想，宋儒去除了一層神秘主義的色彩，而注入了更多理性主義的精神。與漢儒強調以「天譴論」這種依靠外在力量來制約王權的思想不同，胡安國更加注重喚起王者內在的道德自律和理性自覺。這在中國古代政治倫理思想史上具有十分重要的意義。

4.1.3　對啖趙學派「舉王綱、正君則」說的吸取和發展

　　胡安國《春秋傳》除了在兼採三傳、不拘專門的綜合解經模式上繼承中唐啖趙學派以外，對該學派的具體經義也多有吸收和發展。

　　在胡氏《春秋傳》中以「某某曰」的方式直接引用啖助之說三次，引用趙匡和陸淳之說各四次〔註39〕。此外，還有不少經解雖然沒有注明，但實際上也採納了啖、趙、陸的學術思想，或者說與他們的思想相合相通。啖趙學派對胡氏《春秋》學的影響很深，此處只談胡氏對啖趙學派「舉王綱、正君則」，以「王道」責君王的《春秋》大義的吸收和發展。

　　中唐由於地方坐大藩鎮割據，中央政府和天子的權威受到了嚴重的挑

〔註38〕胡安國，春秋傳（卷二十三）·襄公二十四年「大饑」條。
〔註39〕胡安國《春秋傳》引用啖助之說分別在桓十七年「癸巳，葬蔡桓侯」、莊公元年「王使榮叔來錫桓公命」、僖公二十八年「天王狩於河陽」，共三次；引用趙匡之說分別在桓公十三年「春二月，公會紀侯、鄭伯。己巳，及齊侯、宋公、衛侯、燕人戰，齊師、宋師、衛師、燕師敗績」、莊公二年「冬，十有二月，夫人姜氏會齊侯於禚」、莊公三十二年「八月，癸亥，公薨於路寢」、襄公三十一年「十有一月，莒人弒其君密州」，共四次；引用陸淳之說分別在桓公十五年「五月，鄭伯突出奔蔡」、莊公三十二年「秋七月，癸巳，公子牙卒」、僖公十九年「梁亡」、昭公三十一年「春，王正月，公在乾侯。季孫意如會晉荀躒於適歷」，共四次。

戰，因而借《春秋》尊王大義以收聚人心、號召天下，增強中央朝廷與天子
在政治和道德上的威望就成為現實政治的需要。中唐大曆、貞元年間，以啖
助、趙匡、陸淳為代表的「新《春秋》學」正是著眼於解決現實問題、有志
於「治道」的義理之學。「啖趙學派」周圍還圍繞著一批士大夫官僚，諸如
柳宗元、呂溫、淩準、韓曄、韓泰等人，都是「永貞革新」集團的成員，他
們致力於用「新《春秋》學」的「王道」路線來中興唐朝，重塑中央和天子
的權威。中唐《春秋》學標榜「尊王」大義，正如許多學者所指出的那樣，
反映了維護中央集權與君主權威的現實政治要求，但也應該認識到啖趙學派
《春秋》學的「尊王」大義，並不是簡單片面地張揚君權，而是在維護君主
權威的同時，也對君權加以制約和規範。正如江湄老師所指出：中唐「新《春
秋》學」的宗旨是以「王道」責「王」，「以『公天下』大義正『家天下』之
法」〔註40〕〔174〕。「公天下大義」也就是上古三代之王道，「家天下之法」也
就是後代世襲君主制下的君臣綱維。這種對君權既維護又制約的思想，在啖
趙學派的《春秋》詮釋中被精鍊地概括為「舉王綱、正君則」。《春秋啖趙集
傳纂例》說：「《春秋》舉王綱，正君則，而治道興矣。」〔註41〕〔26〕所謂「王
綱」即君為臣綱的君臣之義，「舉王綱」也就是對君主權威的維護和強調；
而所謂「君則」即君主應當遵守的行為規範和法則，「正君則」當然就是強
調把君主的行為或君權的行使限制在一定的規則之中。啖趙學派這種思想主
張為胡安國《春秋傳》所吸收。

　　「啖趙新《春秋》學派」雖然主張「尊王」和「大一統」的根本原則，
但對唐朝強化君主和中央統治權威的具體做法並不認同，因而以「舉王綱、
正君則」的《春秋》大義對現實政治進行了批判。為了應對藩鎮的挑釁和威
脅，唐朝自肅宗開始廣置禁軍，擴張武備。唐德宗不滿藩鎮不臣，主動討伐
河北、山東方鎮，結果因倉廩空竭引發「涇原兵變」，經此一役，不僅未能消
除藩鎮割據，反而導致朝廷在經濟和軍事上面臨更大壓力，只得採取專賣政
策，增加多種苛捐雜稅。啖趙學派對肅、代、德宗朝以來種種增加賦稅、擴
充軍隊，試圖以武力消除藩鎮之患的「尊王」舉措進行了批駁。例如《春秋
啖趙集傳纂例》載啖助論「軍旅」：

〔註40〕江湄，以「公天下」大義正「家天下」之法——論中唐《春秋》學的「王道」
　　　　論述及其時代意義，中國哲學史，2006（4）。
〔註41〕陸淳，春秋啖趙集傳纂例（卷七），文津閣四庫全書本，142 冊，326。

> 啖子曰：「凡軍旅之事，國之所以安危也，故紀其善否焉。觀民
> 以定賦，量賦以制用，於是經之以文，董之以武，使文足以經綸，
> 武足以禦寇。故靜而自保，則爲禮樂之邦；動而救亂，則爲仁義之
> 師。是以天子六軍，大國三之一，小國半大國，數不必常，所以示
> 稱也。因搜狩以訓之，有事則聚之，無事則散之。今政弛民困，而
> 增虛名以奉私欲，危亡之道也。」〔註42〕〔26〕

啖助通過對《春秋》成元年「三月作丘甲」、襄十一年「春王正月作三軍」、
昭五年「正月舍中軍」三條經文綜合解釋，表達了對現實政治的否定，其核
心意思有二：一是認爲軍旅賦稅皆有定制而不可違制增益；二是爲國之道在
仁義禮樂，不在武力征伐。

中唐啖趙「新《春秋》學派」所主張的中興唐朝、重樹王綱的「王道」
政治路線在「永貞革新」的改革活動中得到了短暫的實踐，但很快就歸於失
敗。但是，啖趙學派「舉王綱、正君則」，以「王道」責「王」，「以『公天
下』大義正『家天下』之法」的思想精神卻在宋代重建理想社會政治秩序的
時代潮流中得到回應和認同。比如，胡安國《春秋傳》對成公元年「三月，
作丘甲」的解釋，就與上述啖助論「軍旅」的旨趣完全一致。《胡傳》曰：

> 作丘甲，益兵也。古者九夫爲井，四井爲邑，四邑爲丘，四丘
> 爲甸，甸地方八里，旁加一里爲成，所取於民者，出長轂一乘，此
> 《司馬法》一成之賦也。爲齊難，作丘甲，益兵備敵，重困農民，
> 非爲國之道。其曰「作」者，不宜作也。〔註43〕〔3〕

從統治集團維護中央與天子權威的要求出發，最爲要緊的無疑是增強中央政
府的經濟和軍事實力。在農耕經濟占主導的古代中國，就只有採取增加賦稅
和擴充軍隊的方式。然而這是與儒家「王道」政治理想相悖的。所以在啖趙
學派和胡安國的《春秋》詮釋中，增稅擴軍就被視爲「危亡之道」或「非爲
國之道」。啖趙學派與胡安國都主張《春秋》學的「端本正始」之義，要求
君主以「王道」自任自正，而他們自己也在解經中「舉王綱、正君則」，以
「王道」批評君主和現實政治。成公元年，「秋，王師敗績於茅戎」，陸淳《春
秋微旨》說：

> 淳聞於師曰：「王者之於天下也，蓋之如天，容之如地，其有不

〔註42〕陸淳，春秋啖趙集傳纂例（卷六），文津閣四庫全書本，142 冊，311。
〔註43〕胡安國，春秋傳（卷十九）。

庭之臣，則告諭之，訓誨之，而又不至，則增修德而問其罪。」故
曰：「王者之師有徵無戰。」今王與戎夷爲敵，此乃取敗之道，非戎
所能敗也。故以自敗爲文，所以深譏王也。〔註44〕

在肯定王者有如天地一般至高至大地位的同時，又以「王道」責王者，王者
失道，自取其敗，故受譏諷。《胡傳》中對這條經文的解釋明顯有吸收了啖趙
之學的痕跡：

程氏曰：「王師於諸侯不言敗，諸侯不可敵王也；於夷狄不言戰，
夷狄不能抗王也。」不可敵不能抗者，理也。其敵其抗，王道之失
也。……雖以尊君父、外戎狄爲義，而君父所以尊，戎狄所以服，
則有道矣。桓王不以討賊興師而急於伐鄭康公，不以惇信持國而輕
於邀戎，是失其所以君天下、御四夷之道也。書敗績於茅戎者，言
自敗也，其自反亦至矣。〔註45〕〔3〕

胡安國引程氏之說爲論，雖然尊君父，但認爲君父之尊自有其道，若失「王
道」，則自取其敗、自失其尊。儘管沒有明說是採用了啖助之說，但對比兩段
解經文字，其以「王道」責君，要求君王遵守其「君天下之道」的「端本正
始」之義，與啖趙學派如出一轍。〔註46〕

然而，胡安國《春秋傳》以「天理」、「王道」制約和規範君權的思路與
啖趙學派「舉王綱、正君則」、以「王道」責王的大義也存在很大的差異。這
種差異主要體現在對「天道」與「王道」關係的處理上。啖趙學派在發明《春
秋》王道思想的時候，主張切斷「天」與「人」的關聯，懷疑或否定漢儒的
「天人感應」學說，他們用以「正君則」的「王道」，完全與「天命」和「天
道」無關。從陸淳所纂集的幾部《春秋》學著作來看，絕少給「天道」和「天
命」留下位置。屬於該派的柳宗元也力主自然論的「天」，而徹底否認「天人
感應」論〔註47〕〔174〕，體現了一種「天人相分」的思路。胡安國《春秋傳》

〔註44〕陸淳，春秋微旨（卷下），文津閣四庫全書本，142 冊，419。
〔註45〕胡安國，春秋傳（卷十九）。
〔註46〕附：胡安國所謂「桓王不以討賊興師，而急於伐鄭康公」顯然有誤，可見胡
氏解經注重義理而疏於史實的校訂考證。「敗績於茅戎」者是周定王，則胡氏
是重提桓公五年周桓王伐鄭之事，當時鄭國諸侯是莊公寤生，而胡氏謂桓王
伐鄭康公。鄭康公與鄭莊公的時代相隔三百多年，乃鄭國末君，姬姓，名乙，
鄭定公五世孫，生年不詳，卒於公元前 375 年。《史記‧鄭世家》載：「二十
一年，韓哀侯滅鄭，並其國。」
〔註47〕江湄，以「公天下」大義正「家天下」之法——論中唐《春秋》學的「王道」

卻重新走上了「天人合一」的路徑。雖然「天」的神秘性大爲消解而理性成分大爲增加，「天人感應」說和「天命論」思想仍是胡氏《春秋》學的重要內容。在啖趙等人儘量避免談論「天命」的地方，胡安國仍然大談「天人感應」。例如：桓公九年，「三月癸酉，大雨震電。庚辰，大雨雪」，陸淳《春秋集傳辯疑》謂：

> 左氏曰：「凡雨自三日以往爲霖，平地尺爲大雪。」趙子曰：「《春秋》記異，不書常事，尺雪常事，何足記乎？豈有二百四十二年唯兩度尺雪哉？益知其妄也。」文先書大雨震電，又復有雪，明其異耳，非爲雨生例，妄發霖例，又與經違，皆不取。〔註48〕〔27〕

災異現象往往是闡發「天人感應」、「天譴」論的重要議題，趙匡、陸淳雖也以大雨震電後復有大雨雪爲異，但無一語一字涉及天人之際，且對《左傳》「妄發霖例」持「不取」的態度。對比一下《胡傳》對此條經文的解釋：

> 震電者，陽精之發。雨雪者，陰氣之凝。周三月，夏之正月也，雷未可以出，電未可以見，而大震電，此陽失節也。雷已出，電已見，則雪不當復降，而大雨雪，此陰氣縱也。夫陰陽運動，有常而無忒，凡失其度，人爲感之也。今陽失節而陰氣縱，公子翬之讒兆矣，鍾巫之難萌矣。《春秋》災異必書，雖不言其事應，而事應具存，惟明於天人相感之際，響應之理，則見聖人所書之意矣。〔註49〕〔3〕

陰陽運動、天人感應的理論得到了充分地發揮，與陸淳之說的區別顯而易見。至於胡安國的天人感應理論和災異說的特點，已如前述。可見，胡安國《春秋傳》脫離了中唐啖趙學派天人相分的思路，而重新回到天人合一的軌道。

如果從北宋思想界關於天人論的論爭情況來看，可以發現胡安國的觀點自有其淵源和來歷。「宋初的天人論，天人合一論與天人分離論均存在。」〔註50〕〔130〕但與胡安國思想學術有淵源關係的幾家，卻都是主張天人合一的。首先，就《春秋》學而言，胡安國的學術思想是對孫復的繼承與發揚，

論述及其時代意義，中國哲學史，2006（4）。

〔註48〕陸淳，春秋集傳辯疑（卷二），文津閣四庫全書本，142 冊，507。

〔註49〕胡安國，春秋傳（卷三）。

〔註50〕土田健次郎，道學之形成，上海：上海古籍出版社，2010，40。

而孫復則明確反對天人相分而主張天人合一〔註 51〕胡安國不僅吸收了孫復的
《春秋》尊王大義，也把天人合一論給保留了下來。其次，就理學思想而言，
「理學作爲一個龐大而精深的思想體系，其主要任務，就是完成中國古代哲
學所欲解決的『天人合一』問題」〔註 52〕〔73〕，在理學初興的時期，「天人合
一」是「北宋五子」中程顥、程頤、張載、邵雍四人的共同主張。〔註 53〕〔130〕
例如，程顥說：「天人無間斷」〔註 54〕〔29〕，「須是合內外之道，一天人，齊
上下，下學而上達，極高明而道中庸」〔註 55〕〔29〕。程頤也說：「道未始有
天人之別，但在天則爲天道，在地則爲地道，在人則爲人道」〔註 56〕〔29〕，
「天人本無二，不必言合」〔註 57〕〔29〕。張載亦謂：「天人一，陰陽其氣，
剛柔其形，仁義其性」〔註 58〕〔63〕，「故天人合一，致學而可以成聖，得天
而未始遺人」〔註 59〕〔63〕。邵雍也感歎道：「天人相去豈容絲」〔註 60〕〔265〕，
「天人相去不毫芒，若有毫芒卻成二」〔註 61〕〔265〕，聯繫到胡安國在理學
傳承的「學統」譜系中所處的關鍵位置，就不難理解其天人合一論與上述北
宋思想家的一貫性。

4.2　胡氏《春秋傳》以道制君的思想

用「道」來制約君權，自孔子開始就是儒家的思想傳統。《韓非子》記
載：「魯哀公問於仲尼曰：『《春秋》之記曰：冬十二月隕霜不殺菽。何爲記
此？』仲尼對曰：『此言可以殺而不殺也。夫宜殺而不殺，桃李冬實，天失
道，草木猶犯干之，而況於人君乎？』」〔註 62〕《春秋》記月用周正，周正
十二月爲夏正十月，夏正十月已經進入冬季，有「隕霜」了，非但「不殺菽」，

〔註 51〕孫復，孫明復小集，文津閣四庫全書本。
〔註 52〕朱漢民，湖湘學派與湖湘文化，長沙：湖南大學出版社，2010，10。
〔註 53〕土田健次郎，道學之形成，上海：上海古籍出版社，2010，197。
〔註 54〕二程集・程氏遺書（卷一一），北京：中華書局，1981，119。
〔註 55〕二程集・程氏遺書（卷三），北京：中華書局，1981，59。
〔註 56〕二程集・程氏遺書（卷二二上），北京：中華書局，1981，282。
〔註 57〕二程集・程氏遺書（卷六），北京：中華書局，1981，81。
〔註 58〕張載，張載集・易説・説卦，北京：中華書局，1978，235。
〔註 59〕張載，張載集・正蒙・誠明篇，北京：中華書局，1978，22。
〔註 60〕邵雍，伊川擊壤集（卷一七）・病淺吟，文津閣四庫全書本。
〔註 61〕邵雍，伊川擊壤集（卷一九）・天人吟，文津閣四庫全書本。
〔註 62〕韓非子・內儲説上。

反而「李梅實」，可見這是歷史上一次罕見的「暖冬」，《春秋》記載此事可能主要是「記異」，本身並無多少「大義」，但孔子卻借題發揮，正像孟子所說，「其義則丘竊取之」。孔子用他所看到的《春秋》史文的記載，引申出人君一旦失道，就將帶來重大意外事故的政治理論來。孔子的「潛臺詞」是：即便是神聖的天「失道」了，也會發生自然氣候的失序等意外之事；若是人君失道，人間社會也會發生變故，秩序將要失範！這實際就是用「天」和災異來約束君主，要求君主遵循「道」的規範。孔子這種思想爲歷代儒者所接受、發展、推衍，制約君權的崇道思想就如接力棒一樣在儒者手中一代一代地傳遞著。

4.2.1　道統論的流行及其政治意義

　　宋儒道統論的形成有其獨特的經歷。隋唐以來，佛、道逐漸盛行而儒學日益式微。佛、道兩教傳承有著十分明確的譜系，這種傳承譜系極大增強了這兩教的理論合法性從而促進了信徒對其信仰的程度。在與佛道的對抗與競爭中，新儒家吸收了佛教的心性之學與道家的宇宙生成論，同時也產生了自己的道統意識。

　　最早構建儒家道統譜系的是韓愈，他在《原道》中說：「堯以是傳之舜，舜以是傳之禹，禹以是傳之湯，湯以是傳之文武周公，文武周公傳之孔子，孔子傳之孟軻；軻之死，不得其傳焉。」〔註63〕〔266〕這些聖人代代相傳的內容就是「道」。「道」是「亙古亙今常在不滅之物」，具有永恆性、客觀性，但「人能弘道，非道弘人」〔註64〕，正統理學家認爲「夫人只是這個人，道只是這個道，豈有三代、漢唐之別？但以儒者之學不傳，而堯、舜、禹、湯、文、武以來相授受之心不明於天下。」〔註65〕〔44〕於是「道」就爲堯、舜、禹、湯、文、武、周公、孔子、孟子一脈相承，「由周公而上，上而爲君，故其事行；由周公而下，下而爲臣，故其說長。」〔註66〕〔266〕這一古代帝王聖賢的傳承譜系，實際上成爲了後世儒家道統論的開端。

〔註63〕韓愈，韓愈集・原道，長沙：嶽麓書社，2000，147。
〔註64〕論語・衛靈公。
〔註65〕朱熹，朱子全書（第21冊）・朱文公文集（卷三六）・答陳同甫，上海：上海古籍出版社，合肥：安徽教育出版社，2002，1588。
〔註66〕韓愈，韓愈集・原道，長沙：嶽麓書社，2000，147。

　　道統論是宋代理學的根本構成要素之一。理學家道統觀念的確立形式，與佛家的「傳燈錄」一樣，也主要是通過編纂道統論著作來完成的。當然，也有不少理學家雖然沒有相關的學術史著作，但在其文集書信之中，道統意識也顯而易見。在兩宋以來的道統著作中，朱子的《伊洛淵源錄》最具代表性，該著考證洛學師承，塑造洛學精神，樹立二程洛學在傳統儒家文化中的正統地位。後代有些理學學術史著作，為表達其特有的學術觀念或精神，其形式與方法多本於此。這是道統論的學術史（或學理）意義。但道統論的重要性更主要體現在其深刻的社會政治意義上。

　　按照宋儒道統觀念，孔孟以下，道統不傳，直至北宋周敦頤、二程等人才重接續起這已經斷絕千年的道統。在道統觀念的支配下，宋代理學家評判秦漢以來的皇朝統治的合法性，並為之確立了一個新的標準，那就是必須合乎三代之王道，希望能夠通過理想中的道統來制約現實中的皇權。〔註67〕〔139〕這樣，道統就與治統發生了既矛盾又統一的關係。所謂「治統」，又可稱為政統、君統，其意義首先是指政治統治的合法性。所謂合法性，就是某一事物具有被承認、被認可、被接受的基礎。政治合法性（legitimacy）是指對被統治者與統治者關係的一種內在評價，是對統治權力尊嚴性和正當性的自願認可。〔註68〕〔122〕牟宗三的《政道與治道》認為中國歷代王朝都是打下來的，關於政道的第一義問題是不可問的，〔註69〕〔115〕但在儒家道統觀念中，政權是否具有合法性是「可問」的。馬克斯・韋伯認為，任何一個既定秩序的合法性，都要尋求正當性作為保證。缺乏合法性支持，統治就不可能穩固。正如哈貝馬斯所論：「在不求助於合法化的情況下，沒有一種政治系統能夠成功地保證大眾的持久性忠誠，即保證其成員意志的遵從」〔註70〕〔267〕。秦王朝就是一個很好的例子，由於未能取得道義上或思想上的合法性支持，秦國在戰國時代就被稱為「虎狼之國」，後來又被稱為「暴秦」，結果二世而亡，始皇「二世、三世」以至「千萬世」的幻想終成萬世笑柄。因此，對於王朝合法性的思想和輿論爭奪，貫穿整部中國政治文化史。而儒學或儒家經典與經學正好可以為王朝統治的合法性提供合法性論證的資源，這一點已在本文

〔註67〕余英時，朱熹的歷史世界——宋代士大夫政治文化的研究，北京：三聯書店，2004。
〔註68〕謝慶奎，政府學概論，北京：中國社會科學出版社，2005，131～132。
〔註69〕牟宗三，政道與治道，桂林：廣西師範大學出版社，2006。
〔註70〕哈貝馬斯，交往與社會進化，重慶：重慶出版社，1989，186。

「緒論」中詳細論述過。此處要強調的是，儒學爲王朝提供合法性論證的前提是：王朝政治權的運作必須接受儒家精神的指導和約束。論證、維護王權與批評、制約王權，是道統論和王道思想政治功能的一體之兩翼。宋代理學的時代主題，就是要「收拾人心」，重建思想與社會秩序，首要任務當然是要重新論證君臣父子等倫理綱常的合理性以及新王朝統治的合法性，但是，另一個任務也同等重要，就是要將唐末五代以來已經成爲脫繮之馬的「治統」重新納入到「道統」所設的軌道中，要對最高的政治權力設置一條天理王道的限制。

　　道統論的核心思想即是「道高於君」，其根本性的思想價值與政治意義，在於提供了制約、規範君權的理論依據。道統論使得「天下有道」、「聖王合一」、「君師合一」式的政治理想更加豐滿，更加具有理論色彩，從而使得政治理想與現實政治之間始終保持著一個恰當的距離。在宋儒看來，上古三代聖王合一的理想化的王道社會政治是曾經眞實存在過的，堯、舜、禹、湯、文、武都是最高權位和最高道德合一的上古「聖王」。但是自周公以後，「王」與「道」發生了分離，後代帝王的統治都或遠或近地偏離了王道政治的軌跡，他們雖然具有最高的權位，但不再是最高道德或道義的化身。與「王」分離之後的「道」，卻由孔子、孟子等古代聖賢繼承並傳遞下來了，他們雖然沒有權位，卻是「道」的代表。道作爲最高政治原則，優先於作爲最高政治權勢的君主。君主是否成爲「有道之君」，其政治行爲和權位是否具有合法性，取決於「道」的評判。而「道」的解釋權卻在孔子、孟子等儒家聖賢手中代代相傳。

4.2.2　胡安國的道統意識

　　雖然在胡安國的時代，尚沒有出現「道統」這個詞彙，但胡氏已然具有明顯的道統意識。「道統」及相關理論的正式發明，還要等到胡安國身後數十年之久的朱熹時代，在朱熹的大弟子黃榦手上才得以完成。但是，自唐代韓愈開始，「道統」論意識就一直在正統儒家士大夫的思想觀念中流淌。

　　宋儒特別是理學家對道統論尤爲重視，以道統的接續者自居，堅信「道高於君」的政治原則，主張「以道事君」，期待「得君行道」、「引君入道」乃至「致君堯舜」。胡安國在《春秋傳》中也流露出明顯的接續孔孟聖人之道的意識，並堅持「以道事君」的原則。他在傳文中說：「人倫之際，差之

毫釐，繆以千里，故仲尼特立此義，以示後世臣子，使以道事君。」〔註71〕
〔3〕又說：「由仲尼至於孟子，百有餘歲，若顏、曾，則見而知之。若孟子，
則聞而知之。由孟子而來，至於今，千有餘歲矣。其書未亡，其出於人心者
猶在，蓋有不得已焉耳，則亦有不得已焉耳矣。」〔註72〕〔3〕這句話，是胡
氏整部《春秋傳》最後的收筆之語，可視為自抒胸臆的點睛之筆，正與《春
秋傳》卷首自序中所立「聖人以天自處」、聖人為「天理之所在」的理論預
設遙相呼應，雖未標明「道統」二字，但其道統意識早已一目了然。在胡氏
心中，聖人當初筆削《春秋》，借天子之柄以行王法，借天理以天自處而貶
天子，乃「不得已焉耳」，而胡氏自己在千有餘歲之後，猶與聖人同心，由
於「其書未亡，其出於人心者猶在」，他通過為《春秋》作傳，對古今諸侯
天子做出進退褒貶的評判，「亦有不得已焉耳」，這豈不正是胡安國欲經「以
聖人自處」而上達於「以天自處」的心理寫照！胡安國繼承孔孟之道統的意
識，在其子胡宏對乃父的評價中也得到了證明，胡宏說：「我先人上稽天運，
下察人事，述孔子，承先聖之志，作《春秋傳》，為大君開為仁之方，深切
著名，配天無極者也」〔註73〕〔30〕，此話雖有溢美之嫌，但無疑也對胡安國
著述《春秋傳》的用意做了合乎胡安國本意的概括。

　　在宋儒的道統傳承譜系中，二程佔有非常重要的地位。胡安國既與程頤
門下弟子交往密切，且是「私淑洛學而大成者」〔註74〕〔6〕，自然也認為二
程是孔孟之道的繼承者，他自己也以接續、發揚程子之道為己任。胡安國認
為「士以孔孟為師，不易之至論也。然孔孟之道不傳久矣，自頤兄弟發明之，
然後知其可學而至」，胡氏的《春秋》學對程頤《春秋傳》的思想內容多有
吸收，但程氏《春秋傳》畢竟僅成兩卷，春秋二百四十二年中只有九十五年
有傳，因此，胡氏《春秋傳》從某個意義上來說，也是在完成程頤的未竟之
志，並欲通過對程氏之學的發揚而「因遺經窺測聖人之用」〔註75〕〔3〕。而
所謂「聖人之用」，並非是邏輯地整理過去的歷史資料，或者講述春秋時期
的歷史故事，而是對春秋時期的歷史及人物進行價值與道德的評判，也就是

〔註71〕胡安國，春秋傳（卷十九）・成公六年「取鄟」條。
〔註72〕胡安國，春秋傳（卷三十）・哀公十四年「春，西狩獲麟」條。
〔註73〕胡宏，胡宏集，北京：中華書局，1987，164。
〔註74〕黃宗羲、全祖望，宋元學案・武夷學案，北京：中華書局，1986，1170。
〔註75〕胡安國，春秋傳序。

褒貶天子、進退諸侯等等。

4.2.3 《春秋傳》的「聖人以天自處」說及其政治文化意義

　　宋儒接過先代儒者傳下來的崇道思想接力棒，把對王權的制約力量，從「天」這個具有感性認知色彩與神秘氣息的人格神，轉變為具有理性精神的「天道」亦即「天理」，在「王」的頭上，扣上「理」的規範，建立起「理」或「天理」對王權的制約機制，以防止王權過度膨脹。胡安國說：「天下莫大於理，而強眾不與焉。」〔註76〕〔3〕實際上就是將「理」的權威置於君主的權力之上。但是，在中國傳統政體之下，王權至高無上，儒者又何以能夠成為「道」或「天理」的掌握者，從而持道馭勢、以道制君呢？對君王進行批評和貶責，畢竟是屬於一種以下犯上、以臣貶君的行為。這與儒家所極力維護的「君為臣綱」以及「禮樂征伐自天子出」的政治倫理秩序似乎發生了衝突。儒家制約和規範王權的思想似乎遭遇了一個很大的政治倫理困境。如果不能走出這個困境，儒家制約王權的理論本身就會因為缺乏合理性而成為一種悖論。然而，中國古代的思想家和知識精英早為這個問題的解決提供了豐富的思想資源。胡安國在《春秋傳》中就較好地解決這個理論難題，這得益於他在卷首《春秋傳序》中所表達的他對孔子筆削《春秋》之事的一個重要觀點，即所謂「聖人以天自處」論和聖人是「天理之所在」之說。其《春秋傳序》說：

> 《春秋》魯史爾，仲尼就加筆削，乃史外傳心之要典也。而孟氏發明宗旨，目為天子之事者，周道衰微，王綱解紐，亂臣賊子接跡，當世人欲肆而天理滅矣。仲尼，天理之所在，不以為己任而誰可？五典弗惇，己所當敘；五禮弗庸，己所當秩；五服弗章，己所當命；五刑弗用，己所當討。故曰：「文王既沒，文不在茲乎？天之將喪斯文也，後死者不得與於斯文也；天之未喪斯文也，匡人其如予何？」聖人以天自處，斯文之興喪在己，而由人乎哉？故曰：「我欲載之空言，不如見諸行事之深切著明也。」空言獨能載其理，行事然後見其用，是故假魯史以寓王法，撥亂世反之正，敘先後之倫，而典自此可惇；秩上下之分，而禮自此可庸；有德者必褒，而善自

〔註76〕胡安國，春秋傳（卷二十八）・定公十年「公至自夾谷」條，亦見於春秋傳（卷四）。

此可勸；有罪者必貶，而惡自此可懲。其志存乎經世，其功配於抑
洪水、膺戎狄、放龍蛇、驅虎豹，其大要則皆天子之事也。故曰：「知
我者其惟《春秋》乎？罪我者其惟《春秋》乎？」知孔子者，謂此
書之作遏人欲於橫流，存天理於既滅，爲後世慮至深遠也。罪孔子
者，謂無其位而託二百四十二年南面之權，使亂臣賊子禁其欲而不
得肆，則戚矣。〔註77〕〔3〕

「聖人以天自處」的論說，可以說是胡安國以王道制約、規範王權思想的基
本理論預設，也是其敢於對歷史上和現實中的天子帝王進行嚴厲批評與貶責
的勇氣來源。胡安國引《論語》中孔子以斯文自任的典故及孟子所謂「知我、
罪我其惟《春秋》」之說來立論。在胡氏看來，《春秋》乃天子之事，人臣無
議天子之禮，然而孔子一方面以人臣而假魯史以寓王法，「無其位而託二百四
十二年南面之權」，即假天子之權柄，以進退諸侯、賞罰大夫；另一個方面又
「以天自處」，以斯文自任，而褒貶天子、規範王權。如果說前者是對亂臣賊
子的討伐，那麼後者則是對無道之君的震懾。聖人憑什麼能夠既假天子之權
而行天子之賞罰，又以天自處而褒貶天子、制約王權呢？這個依據就是在宋
儒思想觀念世界中具有至高無上地位的「天理」。正如胡安國所說，「仲尼，
天理之所在，不以爲己任而誰可」，「仲尼德配天地，明並日月」〔註78〕〔3〕，
聖人身上承載著天理，聖人是天理的代言人，聖人的行事符合天理的規範，
因而可以也必須承擔起「撥亂世反之正」、「敘先後之倫」、「秩上下之禮」、「褒
德而勸善」、「貶罪而懲惡」之類社會責任，包括對天子的行爲進行褒貶，以
實現「遏人欲於橫流，存天理於既滅」的秩序重建。這一思想在《春秋傳》
卷二十八定公十年的傳文中也有相似的論述。

　　「聖人以天自處」的理論對於批評君主、制約君權，實際上可以有兩層
意義：一是使孔子的權威得以凌駕於天子的政治權威之上，聖人實際上具備
貶黜天子的資格；二是使聖人獲得「託南面之權」，可以代天子對諸侯執行「王
法」的資格。也許胡安國知道有人會質疑孔子借修《春秋》而褒貶進退諸侯
的合法性，所以他在《春秋傳》中做出了直接的回應，以設問自答的方式，
爲孔子（實際上也是爲他自己）進行了辯護，其「辯護詞」曰：

或曰：「非天子不制度，不議禮，不考文。仲尼豈以匹夫專進退

〔註77〕胡安國，春秋傳序。
〔註78〕胡安國，春秋傳・進表。

諸侯亂名實哉?」則將應之曰:「仲尼固不以匹夫專進退諸侯,亂名
實矣。不曰:『《春秋》,天子之事』乎?知我罪我者,其惟《春秋》
乎?世衰道微,暴行交作,仲尼有聖德無其位,不得如黃帝、舜、
禹、周公之伐蚩尤、誅四凶、戮防風、殺管蔡,行天子之法於當年
也,故假魯史,用五刑,奉大討,誅亂賊,垂天子之法於後世。其
事雖殊,其理一耳。何疑於不敢專進退諸侯以為亂名實哉?夫奉天
討,舉王法,以黜諸侯之滅天理,廢人倫者,此名實所由定也。故
曰:『《春秋》成而亂臣賊子懼。』」〔註79〕〔3〕

胡安國運用理學中「理一分殊」的理論,論證了聖人借《春秋》貶黜君主的
做法相比於黃帝、堯、舜、禹等上古聖王行天子之法,雖然具體的事情有所
不同,但其中的「理」卻是一致的(其事雖殊,其理一耳)。也許胡安國當
時就已經遭到他人的駁難和批評,認為他不應在解經中「進退諸侯以亂名
實」。胡安國則搬出「天理」來論證他進退諸侯的正當性,他說:「或謂『《春
秋》不擅進退諸侯亂名實』,則非矣。述天理,正人倫,此名實所由定也,
奚名為亂哉。」〔註80〕〔3〕在胡安國看來,「進退諸侯」不僅不是「亂名實」,
反而是在「定名實」。

　　諸侯在周天子面前雖然是臣,但在其封國之內,仍然是君。諸侯強大的
時候甚至僭越稱王,而周王室衰微的時候,其實不過相當於一小國的諸侯。
可見春秋時存在兩種君權(或者說此時的君權可以分為兩個層次),一是作為
天下共主的周天子的君權,二是各個諸侯國君的君權。胡安國在《春秋傳》
中對諸侯國君的貶責和批評理所當然地也應視為對君權的制約。從上引《春
秋傳序》文字來看,胡氏對天子和諸侯兩種君權均持批評的態度。所謂「聖
人託南面之權以進退諸侯」,是批評諸侯,制約諸侯之君權;所謂「聖人以天
自處而褒貶天子」,是批評天子,制約天子的王權。秦以後,郡縣制逐漸代替
了分封制,君權的兩級結構也隨之取消了,作為諸侯的「君主」消失了,後
世所謂的「君主」就單指天子,在國家權力體系中出現了王權獨尊的「單極
世界」,儒家對君權的批評與制約意識就隨之集中到天子的王權之上。基於以
上的理解,討論胡安國《春秋傳》通過評價君主來制約和規範君權之思想的
時候,就應把他對列國諸侯以及周天子的批評統合起來。

〔註79〕胡安國,春秋傳(卷四)‧桓公二年「滕子來朝」條。
〔註80〕胡安國,春秋傳(卷十八)‧宣公十八年「甲戌,楚子旅卒」條。

　　胡安國的王道思想中以天理和王道制約、規範、評價王權的理念的全部
理論基礎都在於他所預設的「聖人以天自處」,是「天理之所在」這一思想。
胡安國做出這樣的理論預設,也並非毫無根據。孔子說:「文王既沒,文不
在茲乎?天之將喪斯文也,後死者不得與於斯文也;天之未喪斯文也,匡人
其如予何?」〔註81〕此外,《子罕》篇還記載:「太宰問於子貢曰:『夫子聖
者與?何其多能也。』子貢曰:『固天縱之將聖,又多能也。』」〔註82〕《述
而》亦謂:「子曰:『天生德於予,桓魋其如予何!』」〔註83〕胡安國正是依
據這些有關孔子的經典語錄,而做出了聖人是「天理之所在」、「聖人以天自
處」的理論預設。在胡氏的觀念中,「聖人會人物於一身,萬象異形而同體。
通古今於一息,百王異世而同神。於土皆安而無所避也,於我皆眞而無所妄
也。……是以天自處矣,而亦何嫌之有。」〔註84〕〔3〕這個理論預設的重要
意義,在於使孔子以及傳承聖人之道的後代儒者(主要是自認爲繼承了「道
統」,以道自居的理學家)對現實政治與王權的評判和約束具備了天理的最
高依據。正如包弼德所論,《春秋傳》顯示了孔子的權威凌駕於政治權威之
上,孔子具備了褒貶天子的資格,「他做了這一部書,同時讓後代學者也能
這麼做」〔註85〕〔84〕既然「天理之所在」的孔子可以褒貶進退古代的天子、
諸侯,評價、規範、約束君權,那麼接續了孔孟道統的宋儒,包括「強學力
行,以聖人爲標的」〔註86〕〔2〕的胡安國本人,對當代政治和天子及其皇權
進行思想上的批評與制約自然也是符合天理的,也具備最高的合法性。因
爲,在胡安國等宋儒的意識中,他們的肩上承擔了由孔子、孟子等先聖傳承
下來的「道」。換句話說,在宋儒心中,他們針對現實政治所作的評論或批
評,並非是他們自己的「一家之言」,而是代表了古代聖賢的意見。正如朱
熹所說:「臣之所言,非臣所爲之說,乃古先聖賢之說;非聖賢所爲之說,
乃天經地義自然之理,雖以堯、舜、禹、湯、文、武、周、孔之聖,顏、曾、
伋、軻之賢,而有所不能違背也。」〔註87〕〔44〕按照這樣的邏輯,理學家們

〔註81〕論語‧子罕。

〔註82〕論語‧子罕。

〔註83〕論語‧述而。

〔註84〕胡安國,春秋傳(卷二十八)‧定公十年「齊人來歸鄆、讙、龜陰田」條。

〔註85〕包弼德,歷史上的理學,杭州:浙江大學出版社,2010,130。

〔註86〕胡寅,斐然集(卷二十五)‧先公行狀,長沙:嶽麓書社,2009,526。

〔註87〕朱熹,朱子全書(第20冊)‧朱文公文集(卷十四)‧經筵留身面陳四事箚子,

的意見就上升到「天經地義自然之理」亦即「天理」的高度，因而也就具備了對天子進行是非評價的合法性。

胡安國在《春秋傳》中憑藉「聖人以天自處」、是「天理之所在」的理念，借孔子之筆對古代天子大加誅討。最突出的表現就是其「《春秋》書王必稱天」論，認爲書王而不稱天，則是對天王的貶黜。本來，「天」是天子權威的最高依據，「天王」或「天子」的稱謂本身就體現了王者的至上性，胡安國也認可《春秋》稱「天王」，以「天」爲王者之庇護的永恒性，他說：「《春秋》以天自處，創制立名，繫王於天，爲萬世法，其義備矣。」〔註88〕〔3〕但是，「天」不僅是王者權威的賦予者和維護者，同時還是它的監督者和批判者。桓公五年，「秋，蔡人、衛人、陳人從王伐鄭」，《胡傳》曰：「《春秋》書王必稱天者，所章則天命也，所用則天討也。王奪鄭伯政，而怒其不朝，以諸侯伐焉，非天討也，故不稱天。……《春秋》天子之事，述天理而時措之也。既譏天王以端本矣。」〔註89〕〔3〕又莊公元年，「王使榮叔來錫桓公命」，《胡傳》曰：「啖助曰：『不稱天王，寵篡弒以瀆三綱也。』《春秋》書王必稱天，所履者天位也，所行者天道也，所賞者天命也，所刑者天討也。今桓公殺君篡國，而王不能誅，反追命之，無天甚矣。桓無王，王無天，其失非小惡也。」又文公五年，「春，王正月，王使榮叔歸含且賵」，胡氏《春秋傳》曰：「不稱天王者，弗克若天也。《春秋》繫王於天，以定其名號者，所履則天位也，所治則天職也，所敕而惇之者，則天之所敘也。所自而庸之者，則天之所秩也。所賞所刑者，則天之所命而天之所討也。夫婦，人倫之本，王法所尤謹者。今成風以妾僭嫡，王不能正，又使大夫歸含賵焉，而成之爲夫人，則王法廢，人倫亂矣。是謂弗克若天，而悖其道，非小失耳，故特不稱天，以謹之也。」在胡氏看來，經文中書王不稱天，是因孔子認爲天王已經「弗克若天」，已經失去了作爲天王的資格，這是對天子的最嚴厲的貶責。

胡安國認爲，聖人並非「有心於」批評天子和諸侯，而是因爲他處於「天」的位置，順天之命，自然而行。胡安國說：「聖人誰毀誰譽？救災恤鄰則進而書爵，非有心於與之，順天命也；乘約肆淫則黜而舉號，非有心於

上海：上海古籍出版社，合肥：安徽教育出版社，2002，680。

〔註88〕胡安國，春秋傳（卷一）。

〔註89〕胡安國，春秋傳（卷五）。

貶之，奉天討也。……聖人心無毀譽，如鏡之無妍醜也。因事物善惡而施褒貶焉，不期公而自公。簡明此義，然後可以司賞罰之權，得《春秋》之法矣。」〔註90〕〔3〕天子失道，已經沒有能力履行「天職」，施行「天討」了，但「天職」、「天位」、「天討」卻不會因此而廢，原本屬於「天」的職責就只能由聖人來承擔了，「聖人奉天討以正王法，則有貶黜之刑矣」〔註91〕〔3〕。「聖人以天自處」，代替「天」來對天子進行褒貶，當天子不能履行自己職責的時候，又託「南面之權」，代替天子之王法以進退諸侯、賞罰卿大夫。聖人這些行為並非是「臣子貶君上」、「以匹夫而黜天子」，也不是對天子權威的僭越，而是在「奉天討」和「正王法」。

　　儘管胡安國已經為他貶黜天子的解經義理做出了合理解釋與「無罪申辯」，但當時及後代儒者對胡安國這種以「王不稱天」為貶黜天子的論點仍然多有非議，他們的依據主要有兩個方面：一則以為孔子作為人臣，不能議天子、諸侯之是非，「臣子貶君上」、「以匹夫而黜天子」既不合禮制也有違於孔子所謂「非天子不議禮、不制度、不考文」〔註92〕的原則，更不符合孔子為後世人臣榜樣的形象；二則認為胡安國在《春秋傳》中借孔子的聖人之名，對天王進行口誅筆討，甚而至於指摘時政、批評當代天子與朝政是屬僭越，甚至是違禮悖逆的行為。之所以會有這種批評駁難的聲音，是因為他們沒有認識到或者不承認胡安國的「聖人以天自處」論已經把聖人置於超越王權的高度，成為「天」及「天理」的代言者，從而具備了評價天子的「資格」。

　　南宋黃仲炎《春秋通說》謂：「啖助謂『王不稱天者，寵篡逆以黷三綱，不能法天立道，故去天以貶之。』信斯言也，則孔子修《春秋》，不但行法於諸侯，大夫而褫奪其爵氏，又將加討於天王而褫奪其稱號也，不亦甚僭矣哉！」〔註93〕〔15〕黃氏所指者雖是啖助，但所批評的對象卻是胡安國，因為啖助之說為胡氏所引。此類批評聲音到了明清時代，更加此起彼伏。明代學者姜寶說：「或者乃謂王不稱天者，譏王失天討，非矣。」他認為「按王不稱天以見其不克若天，如此，若以為貶王，不敢也。王不可貶，貶王非《春秋》之旨也。」〔註94〕〔20〕明代高拱認為：「孔子以宗國君臣之義，乃於篡

〔註90〕胡安國，春秋傳（卷二十七）。

〔註91〕胡安國，春秋傳（卷一）。

〔註92〕禮記・中庸。

〔註93〕黃仲炎，春秋通說（卷三），文津閣四庫全書本，152 冊，325。

〔註94〕姜寶，春秋事義全考（卷三），文津閣四庫全書本，163 冊，346。

弒之賊，尚不敢改其僭稱之公。天子，天下之大君也，何如魯桓？王其本稱
也，何如僭公？其事則葬成風也，何如篡弒？而乃如此特加削罰，豈其君臣
之義，於天下之大君，有不如宗國之君者歟？」〔註95〕〔21〕明代陸粲對胡安
國在「王使榮叔來錫桓公命」條經文下「啖助曰：『不稱天王，寵篡弒以瀆
三綱也』」的傳文加以指謫，他說：「禮，臣子無貶君上之文，乃敢及天子乎？
孫氏謂『不稱天者，脫之』，是也，若范甯之辨，亦可謂明切，而胡氏非之，
過矣。」〔註96〕〔36〕陸粲認為王不稱天，無關於對天子的褒貶，「《春秋》之
尊王也，豈必曰天王哉？其稱天也，王不加尊；其不稱天也，王不加卑焉」
〔註97〕〔36〕。而胡安國認為王不稱天是孔子筆削，是聖人對天王的誅討。
這在陸粲看來，是臣子貶君上，是違背禮制的僭越行為。陸粲對胡安國《春
秋傳》的批評，雖然「立說明確，足破穿鑿瑣碎之習，……和平通達，可
為說經家指南」〔註98〕〔36〕，但也未必所有指摘都能令人信服，他對胡氏
解經的經世用意往往多有忽視。清儒徐庭垣《春秋管窺》則謂：「《春秋》
之作，義在尊王，夫子躬居臣列，安有貶當代天子位號乎？」〔註99〕〔22〕
又說：「或謂去天以示貶，是以匹夫而黜天子，敗倫傷化孰甚，豈聖人垂訓
之義乎。」〔註100〕〔22〕上引所有明清儒者對胡安國的批評，忽略了胡安國
借說經以經世，用天理王道評價、制約、規範現實王權的良苦用心，也沒有
注意到胡安國「聖人以天自處」、「天理之所在」的理論已經擺脫了儒家士大
夫「臣子貶君上」、「以匹夫而黜天子」、「貶當代天子位號」的政治倫理困境。

　　上述批判胡安國以匹夫黜天子經義的明清儒者的政治心態必然與他們
所在時代的政治生態有關。因為他們或生於皇權極度膨脹的明代，或處於清
代嚴密的文字獄籠罩之下，在嚴峻的現實面前，不得不「低下了高貴的頭
顱」。明、清兩代皇權極盛之時，政治文化與生態較宋代已經大不一樣，儒
者的生存境遇和政治心態也完全改觀。他們大多匍匐於專制王權的駕馭和威
懾之下，早已失去宋儒直面現實政治，以天下為己任的擔當意識，也缺乏批
評天子的膽氣，絲毫不敢「貶君上及天子」，不能對王權有一言一語的貶詆。

〔註95〕高拱，春秋正旨，文津閣四庫全書本，162 冊，319。
〔註96〕陸粲，春秋胡氏傳辯疑（卷上），北京：中華書局，1991，27。
〔註97〕陸粲，春秋胡氏傳辯疑（卷上），北京：中華書局，1991，19。
〔註98〕陸粲，春秋胡氏傳辯疑（卷上），北京：中華書局，1991，2～3。
〔註99〕徐庭垣，春秋管窺（卷三），文津閣四庫全書本，171 冊，688。
〔註100〕徐庭垣，春秋管窺（卷二），文津閣四庫全書本，171 冊，671。

或者，即使他們仍然繼承了儒家的「道統」觀念，堅持傳統儒學中制約、規範君權的思想，但他們也無法認同並接受胡安國這種激烈的態度與措辭，而更傾向於選擇「和平通達」的方式。不能否認，在政治生態環境最為惡劣的時候，儒家制約規範君權的思想確實從來不曾徹底放棄，但卻不得不採取更加委婉曲折和溫和的方式來實踐。

4.3　奉天討、正王法：胡安國對君主的貶黜

儒家的王道政治理論既論證和維護了君權的合法性和正當性，也建構了依據「道」來評價、制約和規範君權的思想機制。包弼德說：「理學在君主與知識分子之間形成了一種新的緊張關係，而這種關係對知識分子地位的提高多於對君主地位的提高。它讓知識分子在把自己視為帝國體系參與者的同時，也把自己視為與體制保持距離的學者。」〔註101〕〔84〕其實不僅理學家，宋代的士大夫群體都把自己視為國家政權體系的參與者，所以他們極力為自己的王朝提供合法性的論證。胡安國《春秋傳》所闡述的「尊王大義」就是用經典來為宋代的皇權與中央集權的強化提供合法性論證；又因為他「把自己視為與體制保持距離的學者」，所以他又以經典掌握者的身份而成為王朝的批評者，指責當代的政治與社會現狀背離了經典中所記載的上古三代時期的王道模式。以「奉天討」、「正王法」的方式來對君主的「無道」行為進行批評和貶責，這是胡安國對「崇道」思想的運用和踐履。

4.3.1　「《春秋》之旨，在於端本清源」

儒家政治哲學以天子為天下之本，治天下的根本就在於端正天子的心術與行為。正如胡安國所說，「聖人之教，在乎端本清源，本正而天下之事理矣。」〔註102〕〔3〕這種政治觀念在《春秋》學中，就表現為「端本正始」、「反自貴者始」的傳統，即從源頭和根本上來規範和端正統治者的政治行為以及國家的政治秩序。就這一點而論，漢儒與宋儒之間並沒有什麼不同。董仲舒說：「臣謹按《春秋》謂一元之意，一者萬物之所從始也，元者辭之所為大也。謂一為元者，視大始而欲正本也。《春秋》深探其本，而反自貴者始，

〔註101〕包弼德，歷史上的理學，杭州：浙江大學出版社，2010，133。
〔註102〕胡安國，春秋傳（卷六）‧桓公十五年「五月，鄭伯突出奔蔡」條。

故爲人君者，正心以正朝廷，正朝廷以正百官，正百官以正萬民，正萬民以正四方。」〔註103〕〔9〕這段話幾乎成爲後代儒家的共識，特別是後面幾句，也常常成爲理學家的口頭禪。胡安國對《春秋》「端本正始」的看法與董仲舒是基本一致的，他說：「《春秋》之旨，在於端本清源」〔註104〕〔3〕。但胡氏畢竟又因其時代思潮的影響，不可避免地添加進了一些理學的「話語」：「《春秋》天子之事，述天理而時措之也。既譏天王以端本矣。」〔註105〕〔3〕對「天王」的譏貶，也就是用「天理」來「端本」，即制約、規範人君的心術與行爲。

這種「端本正始」、「反自貴者始」的經世法則有其深刻的社會和思想淵源。在君主專制和中央集權制時代，君主處於政權體系的最頂端，是所有權力的源頭，亦即所謂的「本」和「始」。儒家認爲，政治的運行是一個上行下效的過程。例如，孔子說：「政者，正也。子帥以正，孰敢不正」〔註106〕；「其身正，不令而行；其身不正，雖令不從」〔註107〕。孟子也說：「君仁，莫不仁；君義，莫不義；君正，莫不正；一正君而國定矣。」〔註108〕荀子也說：「湯、武存，則天下從而治；桀、紂存，則天下從而亂。」〔註109〕一言以蔽之，君主是全體國人的榜樣和模範，「上有好者，下必甚焉」。因此君主的品德對於國家的政治秩序有著「始」和「本」的意義。「於是君主個人的品行成了政治運作的原動力，這也是天下治亂的根源。」〔註110〕〔94〕儒家認爲，天下無道的根本原因在於君主的無道或失政。君主既然對於天下國家的治亂有決定性的「本始」作用，就應該成爲符合儒家「王道」理想的君主。儒家也因此產生了深厚的「聖王」期待。然而實際情況往往差強人意，無論是春秋時期的天子諸侯，還是後世的帝王，多有失道失政者。針對這種理想與現實的巨大差距，思想家們都按照理想的標準對古今帝王進行評判，對其中違背「王道」理想的君主及其政治行爲進行批駁，從而使「道高於君」、「從道不從君」的政治理念落實在士大夫參政議政的政治實踐中。

〔註103〕班固，漢書・董仲舒傳，北京：中華書局，1962，2502。
〔註104〕胡安國，春秋傳（卷二）・隱公四年「衛州吁弒其君完」條。
〔註105〕胡安國，春秋傳（卷五）・桓公五年秋「從王伐鄭」條。
〔註106〕論語・顏淵。
〔註107〕論語・子路。
〔註108〕孟子・離婁上。
〔註109〕荀子・榮辱。
〔註110〕萬荃，權力宰制理性，天津：南開大學出版社，2003，43。

對君主道德品性與政治行爲的褒貶評判，雖然在胡安國的《春秋傳》中被標榜爲「聖人心無毀譽，如鏡之無妍醜」〔註111〕〔3〕，但其用心其實很明瞭，就是意圖通過對君主的評判來引導當代及後世的君主遵循「王道」的規範，做有道之君；制約君權的行使，使其不會越出一定的範圍，以至於破壞整套秩序的正常運轉的穩定，最終導致天下大亂。

胡安國「聖人以天自處」和聖人是「天理之所在」的理論，不僅僅爲孔子通過編《春秋》以褒貶天子、進退諸侯的行爲做了論證，也爲後代儒者包括他本人譏評君主、制約君權提供了理論依據。正是因爲擺脫了「臣子貶君上」、「貶當代天子」、「以匹夫而黜天子」的政治倫理困境，以斯文自任的儒者對天子和王權的制約和規範有了天理和王道的庇護，胡安國才得以一方面堂堂皇皇地在《春秋傳》的撰述中，一則借孔子之筆與聖人之意對古代天子的無道行爲進行口誅筆伐，再則借天子的權柄，「託人君南面之權」，對列國諸侯的無道之行痛加繩削；另一方面又理直氣壯地在自己的現實政治生活中對當代帝王與朝廷政事進行嚴厲的批評與指責。這就是胡氏所謂的「奉天討」和「正王法」。

4.3.2　貶責天王失道

胡安國《春秋傳》對春秋時期無道的周天子進行了嚴厲的聲討和批評，而在這種批評中，又寄託了他對君臣綱常、王道理想秩序的維護和期待。

周天子自入《春秋》始年即被胡安國目爲「無道」。天下是否有道，首先取決於天子是否有道，在胡氏看來，春秋時期三綱倫常的淪喪源自周天子的失道。《春秋》始於周平王，因此胡氏在《春秋傳》卷首就對平王的失道進行揭露：

> 及平王在位日久，不能自強於政治。棄其九族，《葛藟》有終遠兄弟之刺，不撫其民，周人有束薪蒲楚之譏。至其晚年，失道滋甚，乃以天王之尊，下賵諸侯之妾。於是三綱淪，九法斁，人望絕矣。夫婦，人倫之本；朝廷，風化之原。平王子母嫡冢正後，親遭褒姒之難，廢黜播遷，而宗國顛覆，亦可省矣，又不是懲，而賵人寵妾，是拔本塞源，自滅之也。《春秋》於此蓋有不得已焉耳。託始乎隱，

〔註111〕胡安國，春秋傳（卷二十七）。

不亦深切著明也哉。〔註112〕〔3〕

《春秋》記事始於隱公，本來就是《春秋》學史上一個重大關節，歷來說經者都無法繞開這個話題，胡安國亦不例外。胡氏認為《春秋》之所以始於隱公，而不從其它諸公開始，根本原因就在於此時周天子「失道滋甚」、「人望」已絕。平王即位之初，尚能任用賢能、自強為政，雖有不足，但「諸侯猶來朝」、「列國猶有請」、「流風遺俗，猶有存者」，也就是說「王道」尚未盡失。而到了平王晚年，不知吸取宗國顛覆的教訓，而日益荒淫無道，以天王之尊，下贈諸侯之妾，既自失尊嚴，又導致君臣綱紀淪喪。平王死後，周王室更加衰弱，更加難以維持宗法分封制下「大一統」的天下，天子的尊嚴和權威也就越來越下墮。胡安國把這種歷史的客觀結果歸因於天子主觀道德的喪失與缺乏。又，隱公三年，「秋，武氏子來求賻」，《胡傳》說：

> 夫賻以財貨，則生者所須索也。君取於臣不言求，而曰求賻、求車、求金，皆著天王之失道也。上失其道，則下不臣矣。〔註113〕
> 〔3〕

武氏來求賻，是因周平王去世，受繼立之君周桓王的派遣而來向魯國求賻。之所以有求於諸侯，王室必有其不得已的隱衷，也說明了王室此時力量的微弱。胡安國雖然極力維護天子權威，但又把天子權威失墮的責任歸咎於天子本人的「失道」。他認為「君取於臣不言求」，桓王以天子之尊，而下求於諸侯，一個「求」字，使得天王顏面掃地，已失王者之道。胡氏認為臣下不臣的原因，在於天子的失道，其「以道馭勢」的意識顯然可見。又：桓公十五年，「天王使家父來求車」，《胡傳》云：

> 遣使需索之謂求。王畿千里，租稅所入足以克費，不至於有求。四方諸侯，各有職貢，不至於來求。以喪事而求貨財，已為不可，況車服乎？經於求賻、求車、求金，皆書曰「求」，垂後戒也。夫上有好者，下必有甚焉者矣。王者有求，下觀而化，諸侯必將有求以利其國，大夫必將有求以利其家，士庶人必將有求以利其身，皇皇焉唯恐不足，未至於篡弒奪攘，則不厭矣。古之君人者，必昭儉德以照臨百官，尊卑登降各有度數，示等威，明貴賤，民志既定之後，皆安其分而無求，兵刑寢矣。及侈心一動，莫為防制，必至於亢不

〔註112〕胡安國，春秋傳（卷一）。
〔註113〕胡安國，春秋傳（卷一）。

衰，官失德，廉恥道喪，寵賂日章，淪於危亡而後止也。觀《春秋》
所書，則見王室衰亂之由，而知興衰撥亂之說矣。〔註114〕〔3〕

隱公三年的求賵已經頗受胡安國的微詞了，此番天王使家父來求車，胡氏繼續在「求」字上做文章。周天子享有千里王畿的租稅，應該可以滿足王室所需的費用，不至於有求於諸侯，因而王者有求，本身就是不合理的。之所以下求於諸侯，乃是因為王畿租稅不足以應付天子的需求。千里王畿之稅，尚不足以開支，可見天子無「儉德」而有「侈心」，於是胡安國恨恨地指責天子「廉恥道喪，寵賂日章」。胡氏在批評周天子之餘，還不忘告誡後世人君「昭儉德」、「安分無求」。此外，胡氏還認為王者求賵求車求金，將會產生嚴重的社會影響。因為王者的行為對全天下人有示範和風化的作用，王者之求利，將會影響對整個社會的風習，「王者有求，下觀而化」，從諸侯到大夫再到士庶人，都以利為求，最終將導致篡弒奪攘之類的惡果。綜上來看，胡安國對周桓王的批評，主要可以歸納為三點，一是下求於諸侯，有失王道尊嚴；二是奢侈無度，以至財用不足；三是把整個社會風習引導向「求利」的方向，與重義輕利的儒家王道政治理想的價值取向背道而馳，這正是歷代儒家特別是宋代道學家所極力辨明而明確反對的。

胡安國還用理學家的天理人欲之辨對周天子的行為進行評判，以至高無上的天理作為評判天子的依據。他認為天子不能因個人的「私欲」、「私愛」而妨害天下的「公心」。昭公二十二年，「葬景王，王室亂」，《胡傳》曰：

景王寵愛子朝，使孽子配嫡，以本亂者。其言王室，譏國本之不正也。……此皆正本以及天下之義也。其義苟行，無易樹子，王室豈有亂離之禍乎？〔註115〕〔3〕

周景王的無道，表現在違背了宗法社會「立嫡以長不以賢」的繼承法則。按照這個繼承法則，繼立者當為王猛。但景王私心寵愛子朝，「使孽子配嫡，以本亂者」。景王死後，劉子、單子等人擁立景王嫡子王猛，是為周悼王。而子朝在另一批大臣的支持下欲篡悼王而立。爭奪王位的鬥爭先後歷五年，這給當時的社會帶來了極大的動蕩。因而周景王的無道之行，不僅在當時就遭到一批大臣的反對，在千餘年後也備受胡安國的指謫貶責。胡氏對此事一言之不足，又於昭公二十六年「尹氏、召伯、毛伯以王子朝奔楚」條經文下再次

〔註114〕胡安國，春秋傳（卷六）。
〔註115〕胡安國，春秋傳（卷二十六）。

對景王大加貶責。他說：

> 取國有五利，寵居一焉。子朝有寵於景王，為之黨者眾矣，卒
> 不能立，至於奔楚，何也？是非有出於人之本心者，不可以私愛是，
> 亦不可以私惡非，卒歸於公而止矣。景王寵愛子朝，將斷於見是，
> 而天下不以為是，疏薄子猛，將斷於見非，而天下卒不以為非。徒
> 設此心，兩棄之也。庶孽憑寵，為群小之所宗，而人心不附；嫡子
> 恃正，人心之所向，而群小不從。故伯服雖殺，而平王亦不能復宗
> 周之盛；申生已死，而奚齊、卓子亦不能勝里克之兵。是兩棄之也。
> 景王不鑒覆車，王猛、子朝之際，危亦甚矣。《春秋》詳書為後世戒，
> 可謂深切著明也哉。〔註116〕〔3〕

帝王立儲，雖然是帝王的家事，但在以天下為己任的宋儒眼中，也是天下之事。天子不能因為享有至上的權力就可以個人的私愛、私欲而妨礙天下之公心，強迫天下人接受自己的要求。周景王寵愛子朝，欲其能繼承大統，但「天下不以為是」；欲疏薄子猛，「將斷於見非」，而「天下不以為非」，胡氏把天子與天下（人）對立起來，顯然是站在天下（人）的立場上，而對天子持批評的態度，要求天子以天下之是非為是非。

胡安國還把這種思想落實到自己的政治實踐中，在給當政者的上書中直言曰：「天下有公，是非出於人心不可易者」〔註117〕〔2〕。這正是宋儒持道馭勢、制約君權的突出表現。從新儒家對王道政治的要求來看，「權力具有相當大的腐蝕性，這就要求掌權的人在運用權力時不能有私欲。……在政治上，權力欲是最大的私欲，它具有在精神上與行動上強烈地支配他人的特徵，具有用自己的意志去改變他人、驅使他人的強烈衝動，它是人生命中最深層最本質的自私欲望。所以聖人政治要求從政者必須克服權力欲才有資格從政。」〔註118〕〔216〕周景王「寵愛子朝，將斷於見是」，「疏薄子猛，將斷於見非」就是典型的企圖憑藉權力用自己的私欲、私心來支配、改變「天下」的是非觀念。

胡安國這種「是非有出於人之本心者，不可以私愛是，亦不可以私惡非，卒歸於公而止」的思想，對後世思想家產生了極大的影響，在中國傳統政治

〔註116〕胡安國，春秋傳（卷二十六）。

〔註117〕胡寅，斐然集（卷二十五）‧先公行狀，長沙：嶽麓書社，2009，504。

〔註118〕蔣慶，王道政治是陽光下的政治——就王道問題再答周北辰問，儒家中國網站，www.rujiacn.com.

文化中有非常重要的意義。到了明代皇權專制極度膨脹的時代，東林黨人在朝廷之外，仍然倡導天子應以天下之是非爲是非。顧憲成（1550～1612）就曾說過：「是非者，天下之是非，自當聽之天下。」〔註 119〕徐如珂（1562～1626）則說：「君以天下爲度，不得以天下徇其欲也。」〔註 120〕王夫之也認爲：「以大下論者，必循天下之公，不以一人疑天下，不以天下私一人。」〔註 121〕〔43〕這些思想家的言論固然有其自身所處時代的政治背景和思想淵源，但也幾乎可以與上引胡氏傳文互相發明。儘管不能證明這些東林黨人和王夫之等明、清時期大思想家的言論來源於胡安國的《春秋傳》，但他們應該都曾熟讀作爲科舉教本的《胡傳》，故而可以肯定地說，他們在數百年之後，產生了與胡安國的思想共鳴。

　　胡安國還強調天子必須賞罰有度，對諸侯的封賞和刑罰都必須遵循一定的制度，而不能隨意更改，自失政刑。例如，隱公五年，「初獻六羽」，《胡傳》曰：

> 初獻六羽者，始用六佾也。不謂之佾而曰羽者，佾，干羽之總稱也。羽以象文德，干以象武功。婦人無武事，則獨奏文樂。故謂之羽，而不曰佾也。初者，事之始。魯僭天子之禮樂舊矣。是成王過賜，而伯禽受之非也。用於大廟以祀周公，已爲非禮，其後群公皆僭用焉。仲子以別宮，故不敢同群廟，而降用六羽。書「初獻」者，明前此用八之僭也。諸侯僭於上，大夫僭於下，故其末流，季氏八佾舞於庭，而三家者以《雝》徹，上下無復辨矣。聖人因事而書，所以正天下之大典。〔註 122〕〔3〕

胡氏根據「初獻六羽」而推斷「前此用八」，魯公以諸侯之身份而用天子八佾之禮，當然爲「僭」。成王賜伯禽以八佾，被胡氏指責爲「過賜」，屬於違背禮制的行爲。先王所定的禮樂制度，正是先王之道的載體。復興王道，就應維護這種維繫理想政治秩序的禮制。因而胡氏不僅批評魯國諸侯，還「以臣貶君」，指責天子違背禮制。

　　《春秋》一般於每年正月之上會加上一個「王」字，但桓公三年開始出現例外，《春秋》學史上對此也有多種解釋，有的認爲是「闕文」。胡氏認爲

〔註 119〕顧端文公遺書‧顧端文公年譜（卷三）‧刻以俟錄，文津閣四庫全書本。
〔註 120〕徐如珂，徐念陽公集（卷三）‧無欲然後可以與言王佐，文津閣四庫全書本。
〔註 121〕王夫之，讀通鑑論（卷一）‧秦始皇一，北京：中華書局，1975，2。
〔註 122〕胡安國，春秋傳（卷二）。

不書王，並非是闕文，而是有孔子的深意在。他說：

> 桓公三年而後，經不書「王」，有以爲周不班曆者。昭公末年，
> 王室有子朝之亂，嘗暇班曆，而經皆書「王」，非不班曆明矣。又有
> 以爲此闕文也。安得一公之內，凡十四年皆不書王，其非闕文亦明
> 矣。然則云何？桓公弒君而立，至於今三年，而諸侯之喪事畢矣，
> 是入見受命於天子之時也。而王朝之司馬，不施殘執之刑；鄰國之
> 大夫，不聞有沐浴之請。魯之臣子，義不戴天，反面事讎，曾莫之
> 恥。使亂臣賊子肆其凶逆，無所忌憚，人之大倫滅矣。〔註123〕〔3〕

一方面，胡安國首先否定了前人認爲當時周王朝不班曆以及認爲是闕文的觀
點，然後痛責魯桓公不修朝覲天子之禮，反而同與自己有不共戴天之仇的齊
國多有往來。因此，不書「王」是對諸侯「無王」（即無視天王的權威）的
貶責。但另一方面，胡安國獨取程氏〔註124〕〔28〕之說，認爲「不書『王』
者，見桓公無王與天王之失政而不王也。」〔註125〕〔3〕桓公無王，爲何要
批評天子呢？因爲天子沒有行使自己約束、懲罰諸侯的職責。胡氏認爲周天
子應對桓公的不臣負有責任，他說：「桓公弒君而立，至於今三年，而王朝
之司馬，不施殘執之刑。桓公無王而復歸罪於天子，可乎？齊景公問政，子
曰：『君君、臣臣、父父、子子，君不君，則臣不臣，父不父，則子不子。』」
〔註126〕〔3〕桓公之「無王」，根源還在於天王之「不王」。

天子對諸侯的封賞，莫大於「錫命」。所謂「錫命」，是指諸侯受封的儀
式。周天子爲受封諸侯頒佈冊命，宣佈疆域土地數量，以及賜予禮器、儀仗
等事物，諸侯受封的同時也承擔爲天子鎮守疆土、繳納貢賦、朝覲述職等義
務。「錫命」體現了天子與諸侯之間的君臣綱常。周天子對諸侯的「錫命」
往往違背相關的制度規範，甚至是倒行逆施，故而遭到胡安國的強烈譴責。
例如：文公元年，「天王使毛伯來錫公命」，《胡傳》曰：

> 諸侯終喪入見則有錫，歲時來朝則有錫，能敵王所愾則有錫。
> 黻冕圭璧，因其終喪入見而錫之者也，《禮》所謂「喪畢，以士服見
> 天子，已見，賜之黻冕圭璧，然後歸」是已。車馬袞黼，因其歲時
> 來朝而錫之者也，《詩》所謂「君子來朝，何錫予之，雖無予之，路

〔註123〕胡安國，春秋傳（卷四）。
〔註124〕參見春秋三傳，上海：上海古籍出版社，1987，67。
〔註125〕胡安國，春秋傳（卷四）·桓公三年「春正月」條。
〔註126〕胡安國，春秋傳（卷四）·桓公三年「春正月」條。

車乘焉，又何予之，弨衰及龥」是已。彤弓旅矢，因其敵愾獻功而
錫之者也，《詩》所謂「彤弓弨兮，受言藏之，我有嘉賓，中心貺之，
鐘鼓既設，一朝享之」是已。今文公繼世，喪制未畢，非初見繼朝
而獻功也，何爲來錫命乎？故穀梁子曰：「禮有受命，無來錫命。來
錫命，非正也。」〔註127〕〔3〕

胡氏引用《禮》與《詩》的記載，論證了「錫命」必須具備的條件以及「錫
命」之禮的嚴肅性。天子爲諸侯「錫命」，有一定的前提，即「諸侯終喪入
見則有錫，歲時來朝則有錫，能敵王所愾則有錫」。莊公元年，天子（周莊
王）曾派遣榮叔來錫桓公命，胡安國認爲「其失非小惡」，並指責天子「無
天甚矣」〔註128〕〔3〕。因爲三個可以「錫命」條件，桓公無一具備。更甚者，
桓公是「殺君篡國」，周天子非但未對桓公行「天道」、施「天討」，反而在
桓公死後派遣大臣來爲之「錫命」，追認桓公的諸侯名分。這種濫施恩寵的
行爲，嚴重踐踏了禮法制度，因而遭到胡安國的譴責。時隔六十七年之後，
文公即位次月，周天子（襄王）又遣使來錫魯文公命，再次遭到胡安國的貶
責。與桓公一樣，文公也不具備由天子「錫命」的條件。此外，胡安國還引
《穀梁》之說立論，認爲按照禮的規範，諸侯應該前往京師受命，而不應由
王使人「來錫命」，故而批評天子遣使來錫命爲「非正」。

除了濫施恩賞之外，周天子還時常「刑罰不中」。桓公五年，「秋，蔡人、
衛人、陳人從王伐鄭」，《胡傳》曰：

按《左氏》王奪鄭伯政，鄭伯不朝。王以諸侯伐鄭，鄭伯禦之，
戰於繻葛，王卒大敗。《春秋》書王必稱天者，所章則天命也，所用
則天討也。王奪鄭伯政，而怒其不朝，以諸侯伐焉，非天討也，故
不稱天。或曰鄭伯不朝，惡得爲無罪？曰：桓公弒君而自立，宋督
弒君而得政，天下大惡，人理所不容也，則遣使來聘，而莫之討。
鄭伯不朝，貶其爵可也，何爲憤怒自將以攻之也？移此師以加宋、
魯，誰曰非天討乎？《春秋》，天子之事，述天理而時措之也，既譏
天王以端本矣。〔註129〕〔3〕

鄭莊公寤生原本兼爲王朝卿士，與虢公林父同秉王室之政。周桓王怒鄭莊公

〔註127〕胡安國，春秋傳（卷十四）・文公元年「天王使毛伯來錫公命」條。
〔註128〕胡安國，春秋傳（卷七）・莊公元年「王使榮叔來錫桓公命」條。
〔註129〕胡安國，春秋傳（卷五）。

假王命伐宋，奪鄭莊之政而獨用虢公。鄭莊公心生怨恨，五年不朝。桓王認
爲鄭伯無禮太甚，親率蔡、衛、陳三國之師伐鄭，結果大敗而歸，自己還被
祝聃射中左肩，王者之威掃地而盡。在胡氏看來，鄭伯之不朝，相對於魯桓
公的弑君，罪責輕之又輕，只需貶其爵位即可，然而周桓王釋有重罪的桓公，
而伐有小過的鄭莊公，顯然是刑罰不中。又如：成公十六年，「曹伯歸自京
師」，《胡傳》說：

> 曹伯不名，其位未嘗絕也。不絕其位，所以累乎天王也。其
> 言「自京師」，王命也。言天王之釋有罪也，善不蒙賞，惡不即刑，
> 以堯爲君、舜爲臣，雖得天下，不能一朝居也。負芻殺世子而自
> 立，不能因晉之執，寘諸刑典，而使復國，則無以爲天下之共主
> 矣。〔註130〕〔3〕

此曹伯即負芻，上年「曹宣公卒於師，曹人使公子負芻守，使公子欣時逆曹
伯之喪，負芻殺其子而自立，至是晉侯執之，又不敢自治，而歸於京師，使
即天刑」〔註131〕〔3〕，晉侯持曹伯歸於京師可謂「執得其罪」，然而天王（周
簡王）並沒有對負芻採取任何懲罰措施，而是釋放負芻，使之復國。在胡氏
看來，這是天子自失政刑，「無以爲天下之共主矣」。

從胡安國對天子失政的批評中，可以體味出胡氏有意維護君權而又無可
奈何的心境。以上引「曹伯歸自京師」胡氏傳文爲例，負芻篡弑，法所當誅，
然而「當時周王擁虛器而已」，生殺予奪之權，並不在天子而在晉侯手中。曹
人一而再地請示於晉，而從未有過一次「如京師」請示天子。負芻被囚禁於
京師，不過是晉侯假借天子之名樹自己之威，而完全憑己意自作決定。王綱
不舉，王靈不振，世道衰微，至此已極，胡安國所期待的「自強於政治」始
終未能實現，惟留下深深的歎息與遺憾。

4.3.3 貶黜無道諸侯

胡安國說：「周室東遷，諸侯放恣，專享其國，而上不請命，聖人奉天討
以正王法，則有貶黜之刑矣。」〔註132〕〔3〕這就幾乎把春秋以來的各國諸侯
全部送上了接受天理、王法審判的被告席。如果說對天子提出批評和貶責，

〔註130〕胡安國，春秋傳（卷二十）。
〔註131〕胡安國，春秋傳（卷二十）·成公十五年「晉侯持曹伯歸於京師」條。
〔註132〕胡安國，春秋傳（卷一）。

必須要站在「天」或「天理」的高度才具有合法性，那麼對諸侯的貶黜，則既可從天與天理的高度進行，也可以只需要站在「王法」的高度，就可以實現。因爲在胡安國看來，諸侯的權力和地位完全是「天子所授」的。所以，胡安國《春秋傳》對於失道或「不正」的諸侯的貶責批評，一般是通過「以天理、王法正之」的方式來實現的。「天理」和「王法」就是胡安國貶黜諸侯的兩件法寶，他說：「夫奉天討，舉王法，以黜諸侯之滅天理、廢人倫者，此名實所由定也。故曰：『《春秋》成而亂臣賊子懼。』」〔註 133〕〔3〕例如：桓公二年，「春，王正月，戊申，宋督弒其君與夷」，《胡傳》曰：

> 桓無王而元年書「春王正月」，以天道、王法正桓公之罪也。桓無王而二年書「春王正月」，以天道、王法正宋督之罪也。程子曰：「弒逆者不以王法正之，天理滅矣。督雖無王，而天理未嘗亡也。」其說是矣。穀梁子以二年書王正與夷之卒，其義一爾。以爲諸侯之卒，天子所隱痛，故書王以正之，誤矣。〔註 134〕〔3〕

桓公在位共十八年，只有元年、二年、十年、十八年正月書「王正月」，其餘都「無王」。「無王」如前文所述，固然是罪「桓公無王與天王之失政而不王」，而此處書王，在胡安國眼中，也是對桓公的責難。桓公實有弒君之罪。魯隱公死於羽父之弒，桓公在事前與聞其弒，且默許之。據《左傳》，羽父請殺桓公並求太宰之職，遭到隱公拒絕。於是羽父「反譖於桓公而請弒之」。對於桓公的弒君大罪，胡安國只能以「天道、王法正之」，所謂「《春秋》明著桓罪，深加貶絕，備書終始討賊之義，以示王法、正人倫、存天理、訓後世」〔註 135〕〔3〕。又如：隱公三年，「八月庚辰，宋公和卒」，《胡傳》曰：

> 諸侯曰薨，大夫曰卒，五等邦君何以書卒？夫子作《春秋》，則有革而不因者，周室東遷，諸侯放恣，專享其國，而上不請命。聖人奉天討以正王法，則有貶黜之刑矣。因其告喪，特書曰「卒」，不與其爲諸侯也。故曰：「知我者其惟《春秋》乎，罪我者其惟《春秋》乎。」〔註 136〕〔3〕

〔註 133〕胡安國，春秋傳（卷四）·桓公二年「滕子來朝」條。
〔註 134〕胡安國，春秋傳（卷四）。
〔註 135〕胡安國，春秋傳（卷四）·桓公元年「春王正月，公即位」條。
〔註 136〕胡安國，春秋傳（卷一）。

宋公之死書曰「卒」，《穀梁》以爲「正也」〔註137〕〔28〕，胡氏不以爲然，認爲書卒，是「不與其爲諸侯」，這是對宋公的貶黜。這是胡氏「聖人以天自處」論的運用。孔子雖然是聖人，但他並沒有獲得世俗的最高權位，而「貶黜之刑」乃是王者之權，聖人沒有王位與王權而行使貶黜之刑，卻爲何得以能「奉天討以正王法」呢？胡氏認爲，聖人雖無位，但聖人與道相合爲一，是天意和王道的體現者、承擔者。由於天王失道，已經沒有能力履行對諸侯進行征討的資格與能力，於是聖人是以天自處，替天行道，代行天討。胡氏這樣的解釋，反映出宋代儒者普遍以道統繼承者自居，而持道以馭勢，制約、規範和評價君權的道統意識。胡安國這個思想在其《春秋傳》中得到了多次充分的展開。昭公元年，「莒展輿出奔吳」，《胡傳》說：

> 展輿，莒子也，曷爲不稱爵？爲弒君者所立，既立乎其位，而不能討賊，則是與聞乎故也，斯不可以有國矣。不可以有國，則曷爲以國氏？程子曰：「罪諸侯之與其立也。」虢之會，展輿無列，何以見諸侯之與其立乎？莒雖以亂，未能預會，然訴魯、出郓，而在會者欲執叔孫，則知諸侯之與其立矣。亦以國氏，惡崇亂也。〔註138〕
> 〔3〕

展輿身爲莒國諸侯，《春秋》直書其名而不稱其爵位，胡氏認爲這是對展輿之罪的聲討。展輿究竟何罪？胡氏認爲他「爲弒君者所立」，而「不可以有國」。也就是說，其諸侯之位得之不正，而且因爲即位之後不討弒君之賊，說明他本人「與聞」其弒，也逃脫不了弒君的干係。胡氏不僅批判了展輿之罪，還引用程頤「罪諸侯之與其立也」之說，而一併對其它諸侯進行了聲討，以其它諸侯對展輿之立的承認爲有罪。胡氏做出以上兩種評判的依據，就在經文中的「莒展輿」三字。胡安國之解經，循以例解經的方法。諸侯書名即爲一種「例」，表達的是對該諸侯的貶責之意，「莒展輿」即是一例。

胡氏《春秋傳》中對各國諸侯的批評還有很多。昭公七年，「春，王正月，暨齊平」，胡安國謂：

> 我所欲曰及，不得已曰暨。當是時，昭公結婚強吳，外附荊楚，其與齊平，無汲汲之意，乃齊求於魯，而許之平也，故曰暨。至定公八年，魯再侵齊，結大國之怨，見復必矣，其與齊平，非不得已，

〔註137〕春秋三傳，上海：上海古籍出版社，1987，45。
〔註138〕胡安國，春秋傳（卷二十四）。

乃魯求於齊，而欲其平也，故曰及。平者，聖人之所貴，然或以賄
賂而結平，或以臣下而擅平，或以附夷狄而得平，或以侵犯大國而
急於平，則皆罪也。考其事而輕重見矣。〔註139〕〔3〕

又，定公元年「春，王」，胡安國說：

元年必書正月，謹始也，定何以無正月？昭公薨於乾侯，不得
正其終。定公制在權臣，不得正其始。魯於是曠年無君。《春秋》
欲謹之而不可也。季氏廢太子衍及務人而立公子宋，宋者，昭公之
弟，其主社稷，非先君所命，而專受之於意如者也。故不書正月，
見魯國無君，定公無正。主人習其讀而問其傳，則未知己之有罪焉
爾。〔註140〕〔3〕

魯國諸侯中，昭公、定公、哀公歷來最受指摘，所謂「定、哀多微詞」，這也
是由於越往後魯國越衰弱，也就越不能維持良好的統治秩序的緣故。從昭公
時代開始，魯國公室就已經表現出明顯的衰敗情形。昭公為了維持自己的統
治，多方面委曲求全，但無成效，其一生顛沛流離，常年奔走於魯、晉、齊
等國之間，最後客死他鄉，不能不引起後世的反思與戒懼。胡安國對昭公、
定公的批評，可以說是毫不留情。如前所舉，胡氏「以天自處」，代行天子之
事，「以天理王法」正不正之君，借批評諸侯而制約、規範君權的解經意圖已
經顯然可見。

胡安國此種解經思路和用意在宋代其它治《春秋》的學者有共通之處。
例如：襄公二十五年，「衛侯入於夷儀」，《胡傳》曰：

鄭伯突入於櫟，衛侯入於夷儀，其入則一，或名或不名者，鄭
伯奪正以立，而國人君之，諸侯助之，不知其義，不可以有國也。
故特書其名，著王法以絕之；衛侯蒇其冢卿，失國出奔，固不為無
罪矣，然有世叔儀以守，有母弟鱄以出，或撫其內，或營其外，有
歸道焉，則其義猶未絕也，故止書其爵而不名。〔註141〕〔3〕

「鄭伯入於櫟」與「衛侯入於夷儀」，都同樣是入，但鄭伯突書名又書爵，
而衛侯衎只書其爵，這一細小差別被胡安國抓住並從中發揮。鄭伯突之罪，
在於「奪正以立」。鄭國的突與忽之間、衛國的衎與剽之間為了爭奪諸侯之

〔註139〕胡安國，春秋傳（卷二十四）。
〔註140〕胡安國，春秋傳（卷二十七）。
〔註141〕胡安國，春秋傳（卷二十二）。

位，都進行了相當長時間鬥爭，是春秋時期兩樁獄訟紛紜的公案。胡安國以鄭之忽和衛之衎爲「正」，而以鄭之突和衛之剽爲「篡」或「不正」。然而鄭突畢竟已經是事實上的國君，胡氏對此也承認「突、衎始終爲君，故《春秋》因其實而君之」〔註142〕〔3〕，因而對突的指責就是對諸侯的不滿。胡安國這個觀點，在宋代《春秋》學家中並不孤立。胡氏之前，有劉敞謂「衎雖失位，非剽臣也；剽雖得國，非衎君也」。要之，以衎爲君而以剽爲臣。胡氏之後，有呂大圭曰：「衎入不名，鄭伯突入於櫟何以名？曰：突不當立也，衎當立者。」又有家鉉翁說：「突乃賊也，是故突之入櫟以名。剽乃賊也，是故衎入夷儀不名。」〔註143〕〔28〕諸家之說均與胡氏相同。

被胡安國批評的諸侯中還有一類比較特別的，即爲臣子所弑之君。

《左傳》「凡例」有謂「凡弑君，稱君，君無道也；稱臣，臣之罪也」〔註144〕，《穀梁傳》亦謂：「稱國以弑其君，君惡甚矣」〔註145〕，都體現了對弑君之類的事件做客觀的、具體的分析的思想。由於《左傳》與《穀梁》成書時代的君臣關係尚未絕對化，弑君的行爲並沒有被視爲絕對的罪惡。二傳似乎都隱含有「君無道，則弑之可也」的意蘊。宋代是君權得到極大強化的時代，君臣關係已經絕對化，弑君行爲在宋儒看來是莫大的罪惡，胡安國說「弑君，天下之大罪；討賊，天下之大刑」〔註146〕〔3〕，故而弑君之臣都被胡氏痛責：「夫篡弑之賊，毀滅天理，無所容於天地之間，身無存沒，時無古今，其罪不得赦也。」〔註147〕〔3〕這往往被視爲胡氏尊王思想的一個表現。《左傳》與《穀梁》所隱含的「君無道，弑之可也」的思想，並不爲胡安國所認同，他說：「君無道而弑之，可乎？諸侯殺其大夫，雖當於罪，若不歸司寇，猶有專殺之嫌，以爲不臣矣，況於北面歸戴奉之以爲君也」〔註148〕〔3〕。

弑君者固然罪大惡極，然而，被弑之君也並非沒有責任，胡安國或多或少從《左傳》、《穀梁》所謂的「君無道也」、「君惡甚矣」中得到啓示，堅稱被弑的無道之君也應承擔相應的政治責任。他說：「夫弑君之賊，其惡不待

〔註142〕胡安國，春秋傳（卷七）・莊公四年「夏，齊侯、陳侯、鄭伯遇於垂」條。
〔註143〕引自春秋三傳，上海：上海古籍出版社，1987，385。
〔註144〕左傳・文公十六年。
〔註145〕穀梁傳・成公十八年「晉弑其君州蒲」條。
〔註146〕胡安國，春秋傳（卷二十）・成公十八年「晉弑其君州蒲」條。
〔註147〕胡安國，春秋傳（卷十六）・宣公元年「公會齊侯於平州」條。
〔註148〕胡安國，春秋傳（卷十五）・文公十六年「冬，十有一月，宋人弑其君杵臼」條。

貶絕而自見矣。見弒者豈無不善之積以及其身者乎？」因此，胡安國在痛責弒君之臣的同時，對見弒之君也多致微詞，他將春秋時期被弒之君一一點評：「衛桓則以嫡母無寵，宋殤則以亟戰疲民，齊襄則以行同鳥獸，鄭夷則以侮慢大臣，蔡固則以淫而不父，陳平國則以殺諫臣而通於夏氏，楚虔則以多行無禮，奚齊則以嬖孽而國人不之君，吳餘祭則以輕近刑人，而晉州蒲欲盡去群大夫而立其左右也。」〔註149〕〔3〕諸多見弒之君，都有「不善之積」，才會自取其亡。胡氏既貶弒君之賊，又責不善之君，前者是對君權之維護，而後者則是對君權的制約、規範，二者緊密結合在一起，正體現了胡安國《春秋》學中尊王思想與崇道思想的共生共存、并行不悖。

對於弒君之臣與見弒之君之間的是是非非，胡安國根據「人心」與「天理」來做評判。他說：「《春秋》合於人心而定罪，聖人順於天理而用刑，固不以大霈釋當誅之賊，亦不以大刑加不弒之人。」由於被弒的君主中有的本身就是無道之極的昏君，故而胡氏對弒君之臣的指摘就有了輕重的區別。胡氏曾在成公十八年「晉弒其君州蒲」條經文的解釋中對春秋歷史上的弒君者進行了羅列：

> 趙盾以不越境而書弒，許世子止以不嘗藥而書弒，鄭歸生以憚老懼讒而書弒，楚公子比以不能效死不立而書弒，齊陳乞以廢長立幼而書弒。晉欒書身為元帥，親執厲公於匠麗氏，使程滑弒公，而以車一乘葬之於翼東門之外，而《春秋》稱國以弒其君，而不著欒書之名氏，何哉？仲尼無私，與天為一，奚獨於趙盾、許止、歸生、楚比、陳乞則責之甚備，討之甚嚴，而於欒武子闊略如此乎？學者深求其旨，知聖人誅亂臣、討賊子之大要也，而後可與言《春秋》矣。〔註150〕〔3〕

雖然對所有被弒的君主和弒君的臣子，胡氏抱有相當複雜的心情，但其「合於人心而定罪」，「順於天理而用刑」的「微義」卻是可以理解的。要之，無論是對弒君之臣，還是被弒之君，胡氏均以「天理」作為評價的最終依據。君主必須遵循「天理」的規範，是胡氏此傳的核心精神。當然，對於弒君的欒書何以不書名氏，胡氏只是提出了這個問題，始終沒有明確交代答案，引

〔註149〕胡安國，春秋傳（卷二十一）·襄公七年「鄭伯髡頑如會，未見諸侯。丙戌，卒於鄵」條。

〔註150〕胡安國，春秋傳（卷二十）·成公十八年「晉弒其君州蒲」條。

來後世學者不少微詞。明儒陸粲就據此認為，「胡氏此傳演說數百言，而其指卒不可曉，或謂有微義焉。余觀之，蓋求其說而不得，而又不可以無說，故支離其辭以蓋之，無他繆巧也。」〔註151〕〔36〕筆者以為，胡氏是用反問的方式，間接地表達了他的意見。或許是因在「尊君」與「弒君」之間的複雜、矛盾的心情所致，也可能是由於這個具體的問題答案，已經暗含在開頭那句「《春秋》合於人心而定罪，聖人順於天理而用刑」的普遍性原則中，故而未作詳細的解說。陸氏專以批駁胡傳為目的，極盡諷刺之能事，是未先求胡氏之「微旨」而刻意貶低胡傳，與四庫館臣給其所下「平和通達」的評語實難相符。

4.3.4 批評當朝天子失政

最後，聯繫胡安國在兩宋之際的政治生活實踐，通過胡氏對當代帝王及朝廷政事的批評，可以略知胡氏作為當時儒林領軍人物的崇道思想及其對現實政治的批判精神。胡安國把他詮釋《春秋》經文所持的「聖人以天自處」、是「天理之所在」的觀點貫徹到了他自己的政治實踐之中。在胡氏的政治思維中，大體上遵循了這樣的邏輯：孔子筆削《春秋》，憑藉天理而褒貶天子，而聖人歿後，天理並沒有隨之消失，而是有儒者一代一代地傳承下來，這就是所謂的「道統」的傳承，那麼他作為接續了聖人道統的時儒領袖，無論是在經典詮釋中，還是在經筵進講中，抑或是在縱論時政中，假借於聖人之意而對當代帝王進行批評和指責，制約和規範現實王權，也就具有符合「天理」和王道的最高依據。

據《宋史》記載，靖康元年（1126），胡安國「朝旨屢趣行，至京師，以疾在告。一日方午，欽宗亟召見，安國奏曰：『今南向視朝半年矣，而紀綱尚紊，風俗益衰，施置乖方，舉動煩擾。大臣爭競，而朋黨之患萌；百執窺覦，而浸潤之奸作。用人失當，而名器愈輕；出令數更，而士民不信。若不掃除舊跡，乘勢更張，竊恐大勢一傾，不可復正。乞訪大臣，各令展盡底蘊，畫一具進。先宣示臺諫，使隨事疏駁。若大臣議絀，則參用臺諫之言；若疏駁不當，則專守大臣之策。仍集議於朝，斷自宸衷，按為國論，以次施行。敢有動搖，必罰無赦。庶幾新政有經，可冀中興。』欽宗曰：『比留詞掖相待，

〔註151〕陸粲，春秋胡氏傳辯疑（卷下），北京：中華書局，1991，56。

已命召卿試矣。』語未竟，日昃暑甚，汗洽上衣，遂退。」〔註152〕〔1〕胡安
國的奏疏言辭激烈，酣暢淋漓，把宋欽宗即位以來半年之內的政事包括用人
和出令等等批駁得一無是處。在胡氏看來，欽宗面對「崇寧以來，國有九失」，
「即位而不知變」〔註153〕〔2〕。欽宗皇帝當時汗流浹背，濕透了衣裳，大概
不僅是因爲「日昃暑甚」，更主要原因，恐怕還是受了胡安國奏疏的刺激。欽
宗畢竟有天子的氣度，並未因此而怒行於色，但內心深處定有不悅，因此冷
冷地說了句「已命召卿試矣」，「語未竟」，「遂退」，話未說完就匆忙離去。當
時門下侍郎耿南仲見胡安國的論奏如此尖刻地批評當朝政事，掩飾不住內心
的惱怒，「慍曰：『中興如此，而日績效未見，是謗聖德也』」〔註154〕〔1〕。我
們拋開當時政治鬥爭的因素不論，耿南仲謂胡安國「謗聖德」，正好也說明了
胡安國不畏冒犯天子權威，敢於批評現實政治，對君權的行使提出制約和規
範的要求。

又如南宋建炎元年（1127），高宗即位，安國上書，指陳徽、欽兩朝政事
說：「崇寧以來，事不稽古，姦臣擅朝，濁亂天下，論其大者，凡有九失。」
〔註155〕〔2〕從內政到外交，從民事到軍務，從人主心術到天下士風，胡氏把
徽宗和欽宗以及兩朝政事逐一批判，表達出對現實強烈不滿的情緒。高宗以
給事中召胡安國，安國上疏道：「昨因繳奏，遍觸權貴，今陛下將建中興，而
政事弛張，人才升黜，尚未合宜。陛下方圖中興，而政事人才弛張昇黜，凡
關出納，動繫安危，聞之道途，揆以愚見，尚多未合。」〔註156〕〔2〕雖然肯
定高宗有「將建中興」的主觀願望，但又對其政事、人事予以批評，並遺憾
地表示「臣竊寒心」。高宗紹興元年（1131），胡安國「除中書舍人兼侍講，遣
使趣召」，以《時政論》廿一篇獻給高宗皇帝，這廿一篇政論文章既是向高宗
獻計獻策，也有對高宗的批評指責。例如其論《定計》略曰：「陛下履極六年，
以建都，則未有必守不移之居；以討賊，則未有必操不變之術；以立政，則
未有必行不反之令；以任官，則未有必信不疑之臣。捨今不圖，後悔何及！」
〔註157〕〔2〕此時高宗即位已經六年，基本上在杭州已經站穩了腳跟，其帝位

〔註152〕脫脫，宋史（卷四三五）・儒林五・胡安國傳，北京：中華書局，1999，10072。
〔註153〕胡寅，斐然集（卷二十五）・先公行狀，長沙：嶽麓書社，2009，494。
〔註154〕脫脫，宋史（卷四三五）・儒林五・胡安國傳，北京：中華書局，1999，10072。
〔註155〕胡寅，斐然集（卷二十五）・先公行狀，長沙：嶽麓書社，2009，494。
〔註156〕胡寅，斐然集（卷二十五）・先公行狀，長沙：嶽麓書社，2009，497。
〔註157〕胡寅，斐然集（卷二十五）・先公行狀，長沙：嶽麓書社，2009，505。

已經得到了廣泛的認同和接受，正欲以「紹興」為志。胡安國從「建都」、「討賊」、「立政」、「任官」四個方面對高宗提出了嚴厲的批評，這對年輕氣盛而又滿腹猜疑的高宗無疑是當頭棒喝。

胡安國對當代天子和政事的批評言論，在《宋史》及胡寅的《先公行狀》、朱熹編撰李幼武所補編的《宋名臣言行錄》、黃宗羲的《宋元學案‧武夷學案》中都有記載，只是文字詳略不同，顯然出於相同的史源，其事應該可信。由此可見，胡安國以王道和天理詮釋《春秋》文本時所持的對君權進行制約、規範、評價和指導的崇道理念，在其政治實踐中，也得到了完整的體現和貫徹。

胡安國這種對當代帝王的批評與質疑精神，如此直率而嚴厲的態度和尖銳而激烈的言辭，在前文所述的姜寶、高拱、陸粲、徐庭垣等明、清儒者官僚看來，大概是難以容忍的目無君父的謗君行為，所以他們才會對胡氏之說產生那麼強烈的反感。胡氏之所以能夠如此尖銳地批評當代帝王而無所顧忌，除了在宋代特有的寬鬆的政治文化環境之下，士大夫享有極大的言論自由之外，更主要的原因，應該在於他有一種宋儒普遍具有的自認為是「天理之所在」的底氣和以天下為己任的社會責任感。

當然，有一個歷史事實必須面對：正是在理學發展成熟並成為統治思想的時期，中國的皇權政治達到了歷史的頂峰。理學的產生、發展、成熟的歷史過程與皇權秩序的重建、強化並達到頂峰的歷史過程在時間上大致是同步的。以理學為王朝正統思想的明清時代也正是皇權政治最為完備、發達的時期。所以，如果把儒學以及理學說成是反對君權的思想學說，肯定是大錯特錯。制約君權只是傳統儒學與理學的政治功能之一，以道制君也只是儒者多方面經世用意的一面。宋代理學家包括胡安國這種「以道制君」思想中對君權的制約和規範，並非是制度層面上的要求，也不是「硬性」的規範，而是「軟性」的，是一種帶有「誘導」和「牽引」性質的規範與約束。或者說，胡安國在批評天子的時候，主要目的還是在於引導君權的運作走上儒家理想的王道政治方向。儒家並非把道強加於王的頭上，而是致力於「引君當道」並嚮往「得君行道」，正如程頤所說的：「治道有自本而言，有就事而言。自本而言，莫大乎引君當道，君正而國定矣」〔註158〕〔29〕。批評和貶責本身不是目的，而是手段，使君權的行使符合儒家王道政治理念才是制約君權的最

〔註158〕程頤，二程集‧河南程氏粹言（卷一）‧論政篇，北京：中華書局，1981，1210。

終目的。

胡安國作爲經筵侍讀，爲高宗進講《春秋》並奉旨爲高宗撰《春秋傳》，就有「引君當道」的用意。胡安國在奏議和《時政論》中對欽宗和高宗進行批評之後，繼而陳述了解決問題的建議和對策。批評與指責不過是前奏和鋪墊，是爲了加強自己所提建議的分量，胡安國的重點還是在於後面的對策和指導性建議。一言以蔽之，胡安國《春秋傳》的崇道和「以道制君」是爲了通過制約君權的手段，來使現實政治秩序向著理想的「王道秩序」趨近的目標。

遺憾的是，胡安國的諫言與其它大多數道學家的理論與思想一樣，大多被束之高閣。即使胡氏自以爲「雖諸葛復生，爲今日計，不能易此論也」的《時政論》，亦被視爲不合時宜的迂腐之論而被棄置未用。胡安國的《春秋傳》雖然備受高宗讚揚，但高宗更多地是表達了一種崇儒或優待士大夫的政治姿態，對其有關「治道」的學說並沒有太多採用。作史者曾說：「道學盛於宋，宋弗究於用，甚至有屬禁焉，後之時君世主欲復天德王道之治，必來此取法矣」〔註159〕〔1〕，這是對宋代道學命運的感慨。胡安國的思想學術本來就屬「道學」陣營，而其命運也幾成道學命運的一道側影。胡氏之學雖然不曾遭遇「屬禁」，《春秋傳》也被用作科舉教本，但其中的政治理想大多都成了空想。然而這並不能抹殺《胡傳》的思想價值，它承載著宋代士大夫對現實社會不合理現象的批判精神和對理想政治秩序的追求勇氣，這種意義可以永恒。後世追求理想社會，「欲復天德王道之治」，雖然未必可以從《胡傳》中取法很多具體的法度措施，但必定可以從《胡傳》中「法其意」。

〔註159〕脫脫，宋史（卷四二七）·道學一，北京：中華書局，1999，9938。